中等职业教育课程改革"十四五"规划教材

出纳与资金管理

主　编○林玉芬　曾向红　史红玲
副主编○黄秀婵　曾思琴　柳春香

图书在版编目(CIP)数据

出纳与资金管理 / 林玉芬,曾向红,史红玲主编.
上海：立信会计出版社,2024.8. --(中等职业教育课程改革"十四五"规划教材). -- ISBN 978-7-5429-7662-8

Ⅰ. F830.33

中国国家版本馆 CIP 数据核字第 2024JD7377 号

策划编辑　王斯龙
责任编辑　张忠秀
美术编辑　吴博闻

出纳与资金管理
CHUNA YU ZIJIN GUANLI

出版发行	立信会计出版社	
地　　址	上海市中山西路 2230 号	邮政编码　200235
电　　话	(021)64411389	传　　真　(021)64411325
网　　址	www.lixinaph.com	电子邮箱　lixinaph2019@126.com
网上书店	http://lixin.jd.com	http://lxkjcbs.tmall.com
经　　销	各地新华书店	
印　　刷	常熟市人民印刷有限公司	
开　　本	787 毫米×1092 毫米　　1/16	
印　　张	17.25	
字　　数	330 千字	
版　　次	2024 年 8 月第 1 版	
印　　次	2024 年 8 月第 1 次	
书　　号	ISBN 978-7-5429-7662-8/F	
定　　价	48.00 元	

如有印订差错,请与本社联系调换

前　　言

为帮助中等职业学校学生(以下简称"中职学生")学习并掌握出纳与资金管理基本技能和知识,我们组织企业与学校合作编写了本书。本书以深圳诚信电子科技有限公司出纳的实际工作场景来解构出纳工作的知识点、技能点,内容涵盖出纳与资金管理的各个方面。本书采用任务驱动法,书中配有步骤明晰的实训案例指导以及同步的实训项目。本书共分为八个项目,包括出纳认知、出纳必备的业务技能、现金结算业务、银行结算业务、第三方支付管理、发票管理、日记账的登记、出纳工作的交接。

本书的特点如下:

一是紧密联系实际。本书根据中职学生的认知特点和专业需求,力求将实训目标和理论知识紧密结合,让学生在实践中巩固理论知识,提高实际操作技能水平。

二是体现时代特色。本书结合时代发展,内容涵盖相关领域的最新技术和应用,每个项目以任务驱动为主线,注重实训内容的实用性,体现真实性,使学生能够适应社会发展的需求,具备专业竞争力。

三是注重能力培养。本书通过丰富的实训练习和同步训练,以各知识点、技能点来设置明确的案例实训和对应的知识链接场景,引导学生独立思考,以培养学生的学习能力和创新能力。

本书由高级讲师林玉芬、曾向红、史红玲担任主编,高级讲师黄秀婵、曾思琴、柳春香担任副主编,陈红梅、梁瑜、林文秀、王向阳、王俊友、梁章信、余锦怀、张胜银、方锐芳和陈婉冰参与编写。具体分工如下:项目一由曾思琴编写,项目二由史红玲编写,项目三由曾向红编写,项目四由黄秀婵、柳春香、陈红梅和梁瑜编写,项目五由林文秀编写,项目六由梁章信、王俊友和王向阳编写,项目七由余锦怀和张胜银编写,项目八由林玉芬、方锐芳和陈婉冰编写。

希望本书能帮助读者快速掌握各种技能,提高工作效率,成为中职学生学习和实践的得力助手。

因时间仓促,书中如有错漏之处,敬请读者朋友批评指正。

编　者

2024 年 6 月

目　录

项目一　出纳认知 ……………………………………………………………… 1

项目二　出纳必备的业务技能 …………………………………………………… 5
  任务一　出纳书写的规范 ……………………………………………………… 5
  任务二　真假币鉴别与点钞技术 ……………………………………………… 7
  任务三　印章的管理 …………………………………………………………… 9

项目三　现金结算业务 ………………………………………………………… 12
  任务一　现金管理的制度 …………………………………………………… 12
  任务二　资金的提取和送存 ………………………………………………… 14
    练习一　现金送存业务 ………………………………………………… 17
    练习二　现金提取业务 ………………………………………………… 19
  任务三　库存现金收支业务 ………………………………………………… 22
    练习一　填写借支单 …………………………………………………… 23
    练习二　填写收款收据 ………………………………………………… 25
    练习三　填写费用报销单 ……………………………………………… 27
    练习四　销售日报表的填写 …………………………………………… 29
  任务四　库存现金的清查 …………………………………………………… 34
    练习　填写库存现金盘点表 …………………………………………… 35

项目四　银行结算业务 ………………………………………………………… 38
  任务一　银行结算管理 ……………………………………………………… 38
  任务二　支票结算业务管理 ………………………………………………… 44
    练习一　现金支票支付业务 …………………………………………… 47
    练习二　转账支票付款业务 …………………………………………… 49
    练习三　转账支票收款业务 …………………………………………… 53
  任务三　银行本票结算业务处理 …………………………………………… 56
    练习一　银行本票支付业务 …………………………………………… 57

练习二　银行本票收款业务 ………………………………………………… 61
任务四　银行汇票结算业务处理 ………………………………………………… 66
　　练习一　银行汇票支付业务 ………………………………………………… 69
　　练习二　银行汇票收款业务 ………………………………………………… 75
任务五　商业汇票结算业务处理 ………………………………………………… 78
　　练习一　银行承兑汇票支付业务 …………………………………………… 80
　　练习二　收到银行承兑汇票业务 …………………………………………… 87
　　练习三　商业承兑汇票支付业务 …………………………………………… 90
　　练习四　收到商业承兑汇票业务 …………………………………………… 95
任务六　汇兑结算方式 …………………………………………………………… 97
任务七　托收承付结算方式 …………………………………………………… 101
任务八　委托收款结算方式 …………………………………………………… 105
任务九　信用卡结算方式 ……………………………………………………… 107
任务十　银行存款的清查 ……………………………………………………… 108
　　练习　编制银行余额调节表 ……………………………………………… 110

项目五　第三方支付管理 ……………………………………………………… 113
任务一　企业支付宝账户的使用 ……………………………………………… 113
任务二　企业微信账户的使用 ………………………………………………… 115
任务三　银企直联业务的介绍 ………………………………………………… 117

项目六　发票管理 ………………………………………………………………… 122
任务一　发票的基础知识 ……………………………………………………… 122
任务二　开具增值税普通发票 ………………………………………………… 136
　　练习　开具增值税普通发票 ……………………………………………… 138
任务三　开具增值税专用发票 ………………………………………………… 145
　　练习　开具增值税专用发票 ……………………………………………… 148
任务四　电子发票概述 ………………………………………………………… 154
任务五　开具增值税电子普通发票 …………………………………………… 156
　　练习　开具增值税电子普通发票 ………………………………………… 157
任务六　开具增值税电子专用发票 …………………………………………… 165
　　练习　开具增值税电子专用发票 ………………………………………… 166
任务七　开具数字化电子发票 ………………………………………………… 173
　　练习　开具数电发票（增值税专用发票） ……………………………… 174

项目七　日记账的登记 ······ 182
任务一　日记账的理论知识 ······ 182
任务二　现金日记账的登记 ······ 186
练习　现金日记账的登记 ······ 187
任务三　银行存款日记账的登记 ······ 189
练习　银行存款日记账的登记 ······ 190

项目八　出纳工作的交接 ······ 192
任务一　出纳工作交接概述 ······ 192
任务二　出纳工作交接的过程 ······ 194

附　资料与单据 ······ 197
"深圳诚信电子科技有限公司"基本资料 ······ 197
"深圳瑞致食品有限公司"基本资料 ······ 199
教材空白单据练习 ······ 201
同步训练空白单据练习 ······ 225
空白记账凭证 ······ 249

项目一　出纳认知

【实训目的】

通过本节课的学习，学生能够了解出纳工作的概念、内容和基本原则，出纳业务账务处理流程及出纳岗位的职责。

【知识储备】

一、出纳工作的概念

出纳是随着货币及货币兑换业的出现而产生的，所谓"出"即支出、付出；而"纳"即收入。具体地讲，出纳工作是管理货币资金、票据、有价证券进和出的一项工作。

广义的出纳工作既包括单位会计部门专设出纳机构的各项票据、货币资金、有价证券收付业务的处理、整理、保管、核算等各项工作，也包括各单位业务部门的货币资金收付、保管等方面的工作。

狭义的出纳工作则仅指各单位会计部门专设出纳岗位或人员的各项工作。

二、出纳工作的内容

1. 货币资金核算

（1）办理现金收付，严格按规定收付款项。

（2）办理银行结算，规范使用支票，严格控制签发空白支票。

（3）登记日记账，保证日清月结。根据已经办理完毕的收付款凭证，逐笔顺序登记现金日记账和银行存款日记账，并结出余额。

（4）保管库存现金，保管有价证券。对于现金和各种有价证券，要确保其安全和完整无缺。

（5）保管有关印章，登记注销支票。

（6）复核收入凭证，办理销售结算。

2. 往来结算

（1）办理往来结算，建立清算制度。

（2）核算其他往来款项，防止坏账损失。

3. 工资结算

（1）执行工资计划，监督工资使用。

（2）审核工资单据，发放工资和奖金。

（3）负责工资核算，提供工资数据。按照工资总额的组成和工资的领取对象，进行明细核算。根据管理部门的要求，编制有关工资总额报表。

三、出纳工作的基本原则

出纳工作的基本原则是内部牵制原则。这一原则要求，涉及款项和财物收付、结算及登记的任何工作，必须由两人或两人以上分工办理，以实现相互制约。这样的机制有助于防止工作误差和营私舞弊。例如，现金和银行存款的支付需要会计主管人员或其授权代理人审核和批准，出纳人员执行付款，记账人员负责记账。此外，《中华人民共和国会计法》（以下简称《会计法》）规定出纳人员不得兼任稽核、会计档案保管及收入、费用、债权债务账目的登记工作，以确保会计核算的质量，防止舞弊行为发生。

四、出纳业务账务处理流程

（1）按照经济业务内容设置出纳账户。

（2）按照各项规章制度审核原始凭证。

（3）根据审核无误的原始凭证填制相关记账凭证。

（4）登记现金日记账、银行存款日记账及相关备查账簿。

（5）财产清查，保证账实相符、账账相符。

（6）编制出纳报告。

（7）保管出纳资料，按规定办理移交手续。

五、出纳岗位的职责

出纳是会计工作的重要环节，涉及现金收付、银行结算等活动，而这些又直接关系到职工个人、单位乃至国家的经济利益，工作出了差错，就会造成不可挽回的损失。因此，明确出纳人员的职责和权限，是做好出纳工作的起码条件。根据《会计法》《会计基础工作规范》等财会法规，出纳员具有以下职责：

（1）按照国家有关现金管理和银行结算制度的规定，办理现金收付和银行结算业务。出纳员应严格遵守现金开支范围，非现金结算范围不得用现金收付；遵守库存现金限额，超限额的现金按规定及时送存银行；现金管理要做到日清月结，账面余额与库存现金每日下班前应核对，发现问题应及时查对；银行存款账与银行对账单也要及时核对，如有不符，应立即通知银行调整。

（2）根据会计制度的规定，在办理现金和银行存款收付业务时，要严格审核有关原始凭证，再据以编制收付款凭证，然后根据编制的收付款凭证逐笔顺序登记现金日记账和银行存款日记账，并结出余额。

（3）按照国家外汇管理和结汇、购汇制度的规定及有关批件，办理外汇出纳业务。

外汇出纳业务是政策性很强的工作,随着改革开放的深入发展,国际经济交往日益频繁,外汇出纳也越来越重要。出纳人员应熟悉国家外汇管理制度,及时办理结汇、购汇、付汇;避免国家外汇损失。

(4) 掌握银行存款余额,不准签发空头支票,不准出租、出借银行账户为其他单位办理结算。这是出纳员必须遵守的一条纪律,也是防止经济犯罪、维护经济秩序的重要措施。出纳员应严格遵守支票和银行账户的使用和管理规定,从出纳这个岗位上堵住结算漏洞。

(5) 保管库存现金和各种有价证券(如国库券、债券、股票等)的安全与完整。要建立适合本单位情况的现金和有价证券保管责任制,如发生短缺,属于出纳员责任的,出纳员要进行赔偿。

(6) 保管有关印章、空白收据和空白支票。印章、空白票据的安全保管十分重要,在实际工作中,因丢失印章和空白票据给单位带来经济损失的不乏其例。对此,出纳员必须高度重视,建立严格的管理办法。通常,单位财务公章和出纳员私章要实行分管,交由出纳员保管的出纳印章要严格按规定用途使用,各种票据要办理领用和注销手续。

六、出纳与会计之间的关系

会计,从其分管的账簿来看,可分为总账会计、明细账会计和出纳。三者既互相区别又有联系,是分工与协作的关系。

(1) 分工各有不同。总账会计负责企业经济业务的总括核算,为企业经济管理和经营决策提供总括的全面的核算资料;明细账会计分管企业的明细账,为企业经济管理和经营决策提供明细分类核算资料;出纳则分管企业票据、货币资金,以及有价证券等的收付、保管、核算工作,为企业经济管理和经营决策提供各种金融信息。总体上讲,会计工作必须实行钱账分管,出纳人员不得兼管稽核和会计档案保管,不得负责收入、费用、债权债务等账目的登记工作,总账会计和明细账会计则不得管钱管物。

(2) 既互相依赖又互相牵制。出纳、明细账会计、总账会计之间,有着很强的依赖性。它们核算的依据是相同的,都是会计原始凭证和会计记账凭证。这些作为记账凭据的会计凭证必须在出纳、明细账会计、总账会计之间按照一定的顺序传递,它们相互利用对方的核算资料,共同完成会计任务,缺一不可。同时,它们之间又互相牵制与控制。出纳填制的现金和银行存款日记账与总账会计填制的现金和银行存款总分类账,总账会计填制的总分类账与其所属的明细分类账,明细账中的有价证券账与出纳账中相应的有价证券账,有金额上的等量关系。这样,出纳、明细账会计、总账会计三者之间就构成了相互牵制与控制的关系,三者之间必须相互核对,保持一致。

(3) 出纳与明细账会计的区别只是相对的,出纳核算也是一种特殊的明细核算。出纳核算要求分别按照现金和银行存款设置日记账,银行存款要按照存入的不同户头分别设置日记账,逐笔序时地进行明细核算。"现金日记账"要每天结出余额,并与库存数进行核对;"银行存款日记账"要在月内多次结出余额,与开户银行进行核对。现金日记账和银行存款日记账月末都必须按规定进行结账;月内还要多次出具报告单,报告核算结果,并与现金和银行存款总分类账进行核对。

(4)出纳工作是一种账实兼管的工作。出纳工作,主要包括现金、银行存款和各种有价证券的收支与结存核算,以及现金、有价证券的保管和银行存款账户的管理工作。现金和有价证券放在出纳的保险柜中保管;银行存款,由出纳办理收支结算手续,既要进行出纳账务处理,又要进行现金、有价证券等实物的管理和银行存款收付业务。在这一点上,出纳工作和其他财会工作有着显著的区别。除了出纳人员,其他财会人员是管账不管钱,管账不管物的。对出纳工作的这种分工,并不违背财务"钱账分管"的原则,这是由于出纳账是一种特殊的明细账,总账会计还要设置"库存现金""银行存款""长期投资""短期投资"等相应的总分类账对出纳保管和核算的现金、银行存款、有价证券等进行总金额的控制。其中,有价证券还应有出纳核算以外的其他形式的明细分类核算。

(5)出纳工作直接参与经济活动过程。货物的购销必须经过两个过程,即货物移交和货款的结算。其中,货款的结算,即货物价款的收入与支付必须通过出纳工作来完成;往来款项的收付、各种有价证券的经营以及其他金融业务的办理,更是离不开出纳人员的参与。这也是出纳工作的一个显著特点。其他财务工作一般不直接参与经济活动过程,而只对经济活动进行反映和监督。

项目二 出纳必备的业务技能

任务一 出纳书写的规范

【实训目的】

通过本节课的学习,学生能够掌握出纳书写的规范,如日期和金额书写的规范。

【知识储备】

一、日期书写规范

中文日期数字的大写,是出纳必须掌握的一项基础技能。

1. 年份的书写

年份直接根据中文日期数字填写,如"2018 年"应写成"贰零壹捌年"。

2. 月份的书写

月份为 3～9 月的,根据中文日期数字填写不加零;月份为 1、2、10 的,必须在大写前加"零",如"10 月"应写成"零壹拾月";月份为 11、12 的,必须在大写前面加"壹",如"11 月"应写成"壹拾壹月"。

3. 日的书写

日为 1～9 和 10、20、30 的,必须在前面加"零",如"8 日"应写成"零捌日";日为 11 至 19 的,必须在前面加"壹",如"11 日"应写成"壹拾壹日"。

二、金额书写规范

(一) 小写数字

阿拉伯数字金额前,均应填写人民币符号"¥",阿拉伯数字不得连写,如图 2-1 所示。

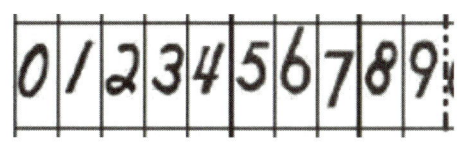

图 2-1 小写数字书写

(1) 数字大小匀称,笔顺清晰,流畅、自然。

(2) 字迹工整,排列整齐有序,有一定的倾斜度(数字60°的倾斜)并以向左下方倾斜为好。

(3) 书写数字时,应使每位数字(7、9除外)紧靠底线且不要满格。

(4) 应按照自左向右的顺序进行书写,不可逆方向书写。

(5) 除4、5以外的各单数字,均应一笔写成,不能人为地增加数字的笔划。

(6) 书写"0"时,紧贴底线,圆要闭合,不宜过小,否则易改为"9"字;几个"0"连写时不要连笔书写。

(7) 书写"1"时,要斜直,不能比其他数字短,且要合乎斜度要求,否则易改成"4""6""7""9"等。

(8) 书写"2"时,不能写作"Z",落笔应紧贴底线,收笔时笔锋上绕,否则易被改成"3"字。

(9) 书写"3"时,拐弯处光滑流畅,起笔处至拐弯处距离稍长,不宜过短,否则易被改成"5""8"。

(10) 书写"4"时,"∠"角要死折,即竖要斜写,横要平直且长,折角不能加圆滑,否则易被改成"6"。

(11) 书写"5"时,横、钩必须明显,不可拖泥带水,否则易被改成或混淆成"8"。

(12) 书写"6"时,起笔处在上半格的1/4处,下圆要明显,否则易被改成"8"。

(13) 书写"7"时,横书写要平直(即稍长),落笔可下伸到底线外,竖稍斜,拐弯处不能圆滑,否则易与"1""9"相混淆。

(二) 大写数字

1. "人民币"字样

中文大写金额前应标有"人民币"字样。在填写大写金额时应紧接"人民币"填写,不得留有空白,未印有"人民币"的,应加填"人民币"。

2. "整"字的用法

中文大写金额到"元"及以上的,必须在"元"之后写"整"或"正",如"￥8 888.00"应写为"人民币捌仟捌佰捌拾捌元整"。

大写金额到"角"的,可在"角"之后写"整"或"正",也可不写,如"￥8 888.80"可写为"人民币捌仟捌佰捌拾捌元捌角整"或"人民币捌仟捌佰捌拾捌元捌角"。

大写金额到"分"的,"分"后面不写"整",如"￥8 888.88"应写成"人民币捌仟捌佰捌拾捌元捌角捌分"。

3. "0"的写法

金额数字中间有"0"时,中文大写应按照汉语语言规律、金额数字构成和防止涂改的要求进行书写,具体包括以下几个方面:

(1) 金额数字中间有一个"0"时,中文大写金额要写"零"字,如"￥10 500.00"应写成"壹万零伍佰元整"。

（2）金额数字中间连续有几个"0"时，中文大写金额中间只写一个"零"字，如"￥10 050.00"应写成"壹万零伍拾元整"。

（3）金额数字万位或元位为"0"，但对应的千位或角位不为"0"时，中文大写金额可以只写一个"零"字，也可以不写，如"￥109 000.00"可以写成"壹拾万玖仟元整"或"壹拾万零玖仟元整"。

（4）金额数字角位是"0"，而分位不是"0"时，中文大写金额"元"后面必须写"零"字，如"￥10 050.05"应写成"壹万零伍拾元零伍分"。

任务二　真假币鉴别与点钞技术

【实训目的】

通过本节课的学习，学生能够掌握辨别真假币的技能，了解点钞技术。

【知识储备】

一、真假币的鉴别

假币是指非法制造或伪造的货币（图2-2），其目的是欺骗人们，获取非法利益。为了保护公众的财产安全，我们每个人都应该学会如何识别真假币。

图2-2　人民币假币

1. 观察纸张质地

真币的纸张质地通常比较特殊，触感比较硬而有弹性。假币则通常使用普通的纸张，质地较软，触感不如真币强烈。因此，我们可以用手指轻轻折叠纸币。真币会有明显的弹性，而假币则没有这种特征。

2. 观察水印

真币上的水印是通过特殊工艺制成的，通过观察我们可以看到与正面图案相对应的图案。而假币的水印通常是通过印刷方式制作的，没有与正面图案相对应的图案。因此,我们可以通过观察纸币透光处的水印来判断其真伪。

3. 观察隐形图案

真币上通常有隐形图案,需要借助紫外线灯才能看到。使用紫外线灯照射纸币我们可以发现,真币上的隐形图案会发出荧光,而假币则没有这种特征。因此,使用紫外线灯可以有效地辨别真币与假币。

4. 观察光变油墨

真币上的光变油墨是一种特殊的油墨,可以在不同光线下呈现不同的颜色。通过倾斜纸币观察,真币上的光变油墨会呈现出绿色或蓝色,而假币则没有这种特征。

5. 观察微缩文字

真币上通常有微缩文字,需要借助放大镜才能看清。通过放大镜观察纸币上的微缩文字,可以看到清晰的字迹。而假币上的微缩文字通常模糊不清,甚至无法辨认。因此,观察微缩文字也是识别真币与假币的一种有效方法。

6. 观察立体感

真币上的图案通常具有立体感,通过观察可以看到图案的层次感。而假币的图案通常是平面的,没有立体感。因此,通过观察图案的立体感也可以判断纸币的真伪。

二、假币的处理

出纳人员在日常工作中一旦发现假钞,应当场予以没收,没收的假钞应一律上缴银行。如一时难以确定票币的真假,出纳人员可给持票人开具临时收据,然后将可疑票币送银行鉴定。假钞绝不允许继续流通,如有人发现假钞仍有意继续使用,则属于违法行为,其将被依法追究刑事责任。倒卖假钞或用假钞套取真钞的行为人将被依法追究刑事责任。

三、残缺人民币的处理

(1)凡残缺人民币属于下列情况之一者,可持币向银行营业部门全额兑换:①票面残缺部分不超过1/5,其余部分的图案、文字能照原样连接者;②票面污损、熏焦、水湿、油浸、变色、但能辨别真假,票面完整或残缺不超过1/5,票面其余部分的图案、文字能照原样连接者。

(2)凡残缺人民币属于下列情况者,可半额兑换:票面残缺1/5以上至1/2,其余部分的图案、文字能照原样连接者,不得流通使用。

(3)凡残缺人民币属于下列情况之一者,不予兑换:①票面残缺1/2以上者;②票面污损、熏焦、水湿、变色不能辨别真假者;③故意挖补、涂改、剪贴、拼凑、揭去一面者。

任务三 印章的管理

【实训目的】

通过本节课的学习,学生能够了解印章的管理要求。

【知识储备】

一、出纳常用的印章

(1)公章。
(2)合同专用章。
(3)财务专用章。
(4)法定代表人章。
(5)发票专用章。
(6)会计专用章,包括银行付讫、银行收讫、现金付讫、现金收讫等。

出纳人员常用的印章,如图2-3所示。

图2-3 出纳人员常用的印章

二、印章的使用和管理制度

(1)印章的使用管理实行"专人管理,领导审批,登记备案"制度。
(2)印章由办公室专人负责保管。印章放置的地方要安全,用印后要随时上锁,节假日要采取防范措施。

（3）单位发文用印，必须经领导签发后方可用印；出具介绍信、证明信用印，要审阅清楚、确保无误，经主管批准后方可用印。对于涉及干部人事方面、晋升奖惩证明、劳动合同或经济合同签订等用印事宜，必须请示主管领导同意后，方可用印。

（4）实行用印登记备案制度，即说明用印时间、单位、事由、批准人、经办人、盖章人等事项；出具介绍信要保留存根以备查。

（5）印章限定在办公室使用，严禁随意带出单位和交给与工作无关的人员保管、使用。

（6）用印要符合要求，印章与发文单位落款一致，盖出的印应位置恰当、图形清晰。

（7）对未经审批、登记，擅自使用印章的，一经发现，应按照有关规定从严追究相关人员责任。

三、预留印章的更换

如果需要更换预留印章，应填写“印章更换申请书”，同时出具证明情况的公函，一并交开户银行，经银行同意后，在银行发给的新印章卡的背面加盖原预留银行印章，在正面加盖新启用的印章，如图 2-4 所示。

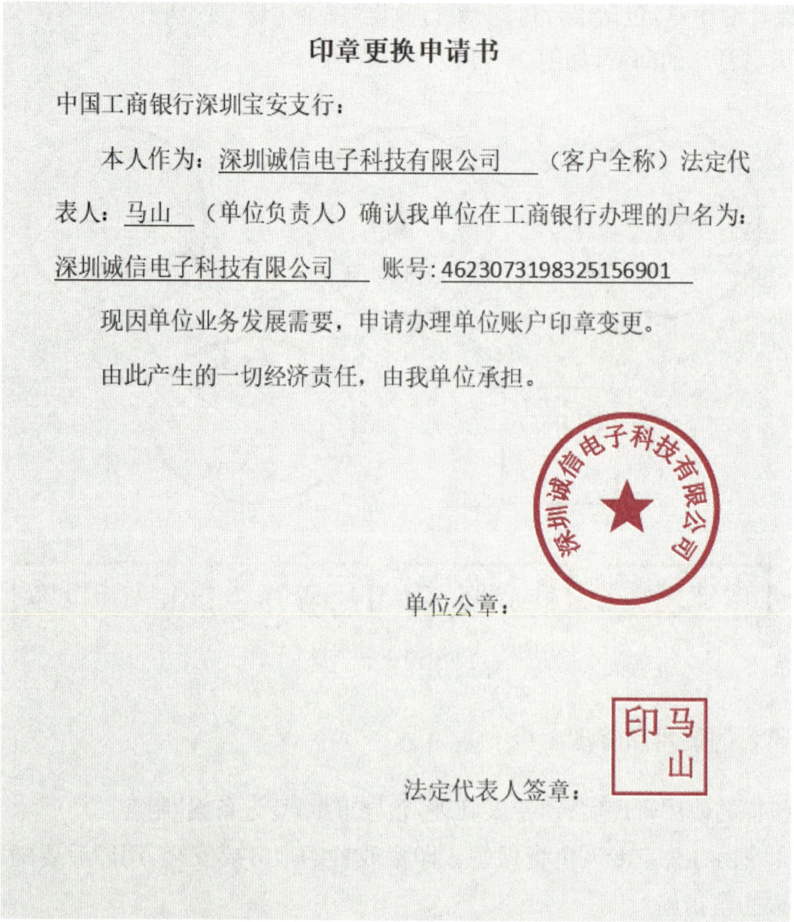
印章更换申请书

中国工商银行深圳宝安支行：

本人作为：深圳诚信电子科技有限公司（客户全称）法定代表人：马山（单位负责人）确认我单位在工商银行办理的户名为：深圳诚信电子科技有限公司 账号：4623073198325156901

现因单位业务发展需要，申请办理单位账户印章变更。

由此产生的一切经济责任，由我单位承担。

单位公章：

法定代表人签章：

图 2-4 印章更换申请书

四、预留印章的遗失

出纳人员遗失单位印章后,应由企业财务主管出具证明,并经开户银行同意后,及时办理更换印章的手续。

五、印章的销毁

由于单位变动、更名或其他原因停止使用印章,或其破损无法使用时,应由保管人员报单位领导批准,对其进行封存或销毁,并由办公室或行政部门办理新章刻制事宜。

项目三　现金结算业务

任务一　现金管理的制度

【实训目的】

通过本节课的学习,学生能够了解现金管理制度的基本理论知识。

【知识储备】

一、现金的概念

会计范畴的现金又称库存现金,是指存放在企业并由出纳人员保管的现钞,包括库存的人民币和各种外币。现金是流动性最大的一种货币资金,它可以随时用以购买物资,支付日常零星开支、偿还债务等。

现金从理论上讲有广义与狭义之分:广义的现金是指随时可作为流通与支付手段的票证,不论是法定货币或信用票据,只要具有购买或支付能力,均可视为现金,包括库存现金和视同现金的各种银行存款、流通证券等;狭义的现金是指企业出纳人员保管作为零星业务开支之用的库存现金,包括企业所拥有的硬币、纸币。

狭义的现金是会计范畴的现金。加强库存现金的管理,建立健全现金保管制度,是各单位及出纳人员的重要职责。

二、现金的使用范围

《现金管理暂行条例》第 5 条规定,开户单位可以在下列范围内使用现金:

(1) 职工工资、各种工资津贴。

(2) 个人劳动报酬,包括稿费和讲课费及其他专门工作的报酬。

(3) 支付给个人的奖金,包括根据国家规定颁发给个人的科学技术、文化艺术、体育等各种奖金。

(4) 各种劳保、福利费及国家规定的对个人的其他支出,如转业、复员、退伍退职、退休费和其他按规定发给个人的费用。

(5) 向个人购买农副产品和其他物资支付的价款。

(6) 出差人员必须随身携带的差旅费。

(7) 支付各单位间在转账结算起点(1 000.00元)以下的零星支出。

(8) 中国人民银行确定需要支付现金的其他支出。

凡是不属于现金结算范围的,应通过银行进行转账结算。

需要注意的是,除第(5)、(6)项外,开户单位支付给个人的款项超过结算起点1 000.00元的部分应当以支票和银行本票支付,确需全额支付现金的,经开户银行审核后,予以支付现金。

三、现金管理的基本原则

现金管理就是对现金的收、付、存等各环节进行的管理。依据《现金管理暂行条例》,现金管理的基本原则如下:

(1) 开户单位库存现金一律实行限额管理。

(2) 不准擅自坐支现金。坐支现金容易扰乱现金收支,不利于开户银行对企业的现金进行有效的监督和管理。

(3) 企业收入的现金不准作为个人储蓄存款存储。

(4) 收入现金应及时送存银行,企业的现金收入应于当天送存开户银行,确有困难的,应由开户银行确定送存时间。

(5) 严格按照国家规定的开支范围使用现金,结算金额超过起点的,不得使用现金。

(6) 不准编造用途套取现金。企业在国家规定的现金使用范围和限额内需要现金,应从开户银行提取,提取时应写明用途,不得编造用途套取现金。

(7) 企业之间不得相互借用现金。

四、现金日常管理制度

现金日常管理制度如下:

(1) 出纳人员负责公司的现金收支与保管、银行存款的结算与核对、现金日记账和银行存款日记账的登记工作。

(2) 经管现金的出纳人员不得兼管收入、费用、债权、债务等账簿的登记工作及会计稽核和会计档案保管工作;用于银行结算的有关印鉴不能集中由出纳人员保管,应实行印鉴分管制度。

(3) 当天发生的现金收支必须及时入账,不得无故拖延。

(4) 对库存现金实行限额管理。每日现金的结存数一般不得超过核定的限额,超过部分应及时送存银行,以保证现金的安全;也不得低于限额,不足部分应及时补足,以保证日常工作的正常开展。

开户银行根据实际需要,原则上以开户单位3天至5天的日常零星开支所需核定库存现金限额。边远地区和交通不发达地区的开户单位的库存现金限额可以适当放宽,但最多不得超过15天的日常零星开支。

（5）库存现金应做到日清月结，由财务主管人员进行定期或不定期的抽查与稽核，做到账账相符（日记账和总账）、账实相符，不准用不符合财务制度规定的凭证（如白条等）顶替库存现金，不准谎报用途套取现金；对发现的现金余缺必须认真查明原因，并按规定进行处理。

（6）出纳人员对银行存款余额应做到心中有数，不准签发空头支票或签发与预留印鉴不符的支票。

（7）银行存款要及时对账，尽量做到账账相符（银行对账单、日记账、总账）；每月底按时到银行打出银行对账单，如有未达账项，应由出纳人员会同会计人员编制银行存款余额调节表；如仍然不符的，要及时查明原因，并上报有关负责人进行处理。

（8）不准利用公司银行账户代他人存取现金或转账，不准将公司的现金以个人名义进行储蓄。

任务二　资金的提取和送存

【实训目的】

通过本节课的学习，学生能够了解资金的提取和送存的基本理论知识；熟悉资金的提取和送存办理流程与相关规定，能够正确填写现金缴款单等原始单据。

【知识储备】

一、现金提取和送存的规定

现金提取和送存的规定如下：

（1）开户单位现金收入应当于当日送存开户银行。当日送存确有困难的，由开户银行确定送存时间。

开户单位支付现金，可以从本单位存现金限额中支付或者从开户银行提取，不得从本单位的现金收入中直接支付（即坐支）。

（2）需要坐支现金的，应当事先报经开户银行审查批准，由开户银行核定坐支范围和限额。坐支单位必须在现金账上如实反映坐支金额，并按月向开户银行报送坐支金额和使用情况。

（3）出纳人员从开户银行提取现金，应当如实写明用途，由本单位财会部门负责人签字盖章，经开户银行审核批准后予以支付。

（4）因采购地点不固定、交通不便、抢险救灾及其他特殊情况，办理转账结算不够方便，必须使用现金的开户单位，要向开户银行提出书面申请，由本单位财会部门负责人签字盖章，经开户银行审核批准后，予以支付现金。

二、现金的送存

1. 现金整理

各单位出纳人员在将现金送存银行之前,应对送存现金进行分类整理,其整理方法为:纸币应按照票面额(即券别)分别整理。纸币可分为主币和辅币,主币包括100元、50元、20元、10元、5元、2元和1元,辅币包括5角、2角和1角。出纳人员应将各种纸币打开铺平,然后按币别每100张为一把,用纸条或橡皮筋箍好,每10把扎成一捆。铸币包括1元、5角、1角、5分、2分和1分。铸币也应按币别整理,同一币别每50枚为一卷,用纸包紧卷好,每10卷为一捆。不满50枚的硬币,用纸包好另行放好。

残缺破损的纸币和已经穿孔、裂口、破缺、压薄、变形及正面的国徽、背面的数字模糊不清的铸币,应单独剔出、另行包装,整理方法与前同。

2. 填写现金缴款单

现金整理完后,出纳人员应根据整理后的金额填写现金缴款单。出纳人员在填写现金缴款单时,要按格式规定如实填写有关内容,包括收款单位名称、款项来源、开户银行、送款日期、送款金额的大、小写及各券别的数量等。

三、现金的提取

各单位必须在银行规定的现金使用范围内办理提取现金业务,一般由出纳人员填写现金支票到银行提取现金。现金支票的填写要求如下:

(1) 必须使用签字笔或钢笔,按支票号码顺序填写,书写要认真,不能潦草,不能用红、蓝色笔填写。

(2) 签发日期应填写实际出票日期,不得补填或预填日期。

(3) 大小写金额必须按规定书写,如有错误,不得修改,须作废重填。

(4) 用途栏应填清真实用途。

(5) 签章不能缺漏。

(6) 支票背面要由取款单位或取款人背书(即签章)。如果凭印鉴支付,则出纳人员核对无误后送交银行结算柜台,然后银行发牌作为取款对号的证明,到出纳柜台对号取款。如果凭支付密码支付,则出纳人员持支票直接到出纳柜台取款。

(7) 取款时要按支票上填写的金额当面清查现金。

四、备用金制度

(一) 备用金的概念

备用金是企业、机关、事业单位或其他经济组织等拨付给非独立核算的内部单位或工作人员备作差旅费、零星采购、零星开支等用的款项。

备用金应指定专人负责管理,按照规定用途使用,不得转借给他人或挪作他用。

(二)备用金的使用范围

备用金主要用于小额零星报销费用支出,其使用范围为:除工资统发项目外的国家规定对个人的其他支出;出差人员必须随身携带的差旅费;其他确需支付现金的支出等。

对使用部门的要求如下:

(1)企业各部门填制"备用金借款单",如图 3-1 所示。一方面,财务部门核定其零星开支便于管理;另一方面,出纳人员凭此单据支给现金。

\multicolumn{7}{c}{备用金借款单}						
借款部门		借款人		还款期限		
款项类别						
借款用途及理由						
借款金额	(大写):				小写:¥	
还款方式						
部门审批		会计核准		财务经理批准		董事长审批
备注:1. 借款金额参照规定额度;2. 逾期不还,公司有权从工资中扣除。						

图 3-1 备用金借款单

(2)各部门零星备用金一般不得超过规定数额,若遇特殊需要,应由企业部门经理核准。

(3)各部门零星备用金借支应将取得的正式发票定期送到财务部门备用金管理人员(出纳人员)手中,冲转借支款或补充备用金。

对出纳人员的要求如下:

(1)备用金收支应设置"备用金"账户,并编制"收、支日报表"送经理。

(2)备用金定期根据取得的发票编制"备用金支出一览表",及时反映备用金支出情况。

(3)"备用金"账户应做到逐月结清。

(4)出纳人员应妥善保管各种与备用金相关的各种票据。

备用金的管理不论采用何种办法,都应严格备用金的预借、使用和报销的手续制度。

(三)备用金的核算

1. 定额管理

定额管理是指按用款部门的实际需要,核定备用金定额,并按定额拨付现金的管理办法。用款部门按规定的开支范围支用备用金后,凭有关支出凭证向财会部门报销,财会部门如数付给现金,使备用金仍与定额保持一致。一般对用于费用开支的小额备用金,实行定额管理的办法;对用于销售找零用的备用金,按营业柜组核定定额,并拨给现金。各柜组可从销货款中经常保留核定的找零款,不存在支出和报销的问题。

2. 非定额管理

非定额管理是指用款部门根据实际需要向财会部门领款的管理办法。在凭有关支出凭证向财会部门报销时,作为减少备用金处理,直到用完为止。如需补充备用金,则再另行办理拨款和领款手续。对用于收购农副产品的备用金,在集中收购旺季时一般采用非定额管理的办法,在淡季零星收购时则采用定额管理的办法,实行交货补款。

总而言之,无论实行哪种管理办法,都要建立健全备用金的领用、保管和报销等手续制度,并指定专人负责经管备用金。经管人员发生变动时,必须办理交接手续,以明确经济责任。

备用金的核算,可在"其他应收款"账户内核算,也可单独设置"备用金"账户。它属于资产类账户,借方登记增加数,贷方登记减少数,余额表示库存的备用金数额,并按照领用单位或个人设明细分类账户核算。

(四) 备用金的管理

(1) 设置批准制度。对哪些部门、哪些业务实施备用金管理,应建立一个规范的申请、批准制度。

(2) 定额管理制度。对批准使用备用金的部门,必须根据需要事先核定一个科学合理的备用金定额。

(3) 日常管理责任制度。使用部门必须对备用金指定专人管理,并明确管理人员必须执行的现金管理制度、按规定的使用范围和开支权限使用、接受财会部门的管理及定期报账等各项责任制度。

(4) 清查盘点制度。财会部门必须对备用金建立定期与不定期相结合的清查盘点,防止挪用或滥用,保证备用金的安全完整。

(5) 审查入账制度。对备用金使用部门报销的所有票据,财会部门都要像对其他原始凭证一样,进行严格的审核后,方能付款记账。

练习一 现金送存业务

【任务背景】

2023 年 11 月 10 日,深圳诚信电子科技有限公司财务部出纳李芳芳到银行存入货款,共 4 505.00 元(20 张 100.00 元,50 张 50.00 元,5 张 1.00 元)。假设你是李芳芳,请你填写一张现金缴款单。

【工作流程】

步骤 1：出纳李芳芳对货款进行清点，清点确认金额为 4 505.00 元，并当日将款项送存银行。

步骤 2：确认金额无误后，出纳李芳芳填写一式两联的现金缴款单（第一联为回单，第二联为收入凭证），如图 3-2 所示，并将现金连同现金缴款单一并送存银行。

中国工商银行 现金缴款单

入账日期：2023年11月10日

地区号：434026　　时间：11:00:00

收款人户名：深圳诚信电子科技有限公司

收款人账号：4623073198325156901

收款人开户行：中国工商银行深圳宝安支行

币种：人民币（本位币）　　金额（小写）：4,505.00

金额（大写）：肆仟伍佰零伍元整

摘要：　　渠道：

交易机构号：385576　　记账柜员：70877　　交易代码：6582

缴款人：李芳芳　　券别：　　张数：　　券别：　　张数：

客户填写				
收款人户名	深圳诚信电子科技有限公司			
收款人账号	4623073198325156901		收款人开户行	中国工商银行深圳宝安支行
缴款人	李芳芳		款项来源	货款
币种（√）	人民币 ☑ / 外币：	大写：肆仟伍佰零伍元整		亿 千 百 十 万 千 百 十 元 角 分：¥ 4 5 0 5 0 0

券别	100元	50元	20元	10元	5元	2元	1元			辅币（金额）
	20	50					5			

010030lGG 210×148mm

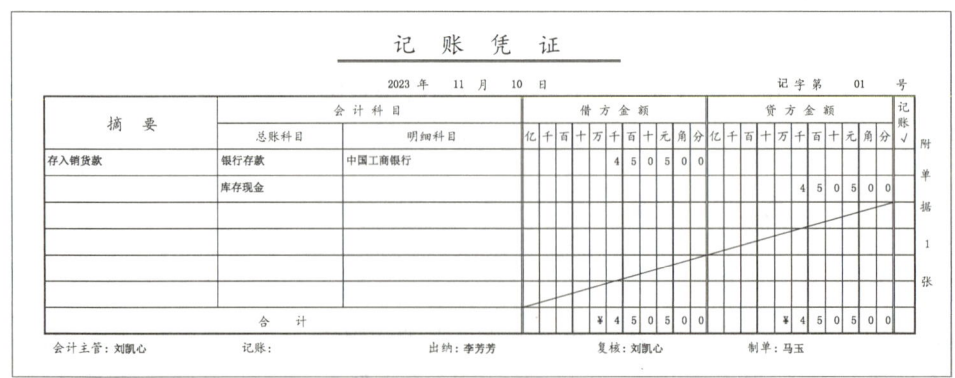

图 3-2　填写现金缴款单

步骤 3：出纳李芳芳将现金缴款单（回单）传递给会计马玉，会计马玉编制记账凭证。

步骤 4：相关人员审核记账凭证并签名，如图 3-3 所示。

记 账 凭 证

2023 年 11 月 10 日　　　　记字第 01 号

摘要	总账科目	明细科目	借方亿	千	百	十	万	千	百	十	元	角	分	贷方亿	千	百	十	万	千	百	十	元	角	分	记账√
存入销货款	银行存款	中国工商银行						4	5	0	5	0	0												
	库存现金																		4	5	0	5	0	0	
合计							¥	4	5	0	5	0	0					¥	4	5	0	5	0	0	

附单据 1 张

会计主管：刘凯心　　记账：　　出纳：李芳芳　　复核：刘凯心　　制单：马玉

图 3-3　记账凭证

【同步训练】

2023 年 11 月 10 日,深圳瑞致食品有限公司出纳黄小丹到银行存入货款,共 6 720.00 元(50 张 100.00 元,30 张 50.00 元,10 张 20.00 元,2 张 10.00 元)。

要求:请你填写一张现金缴款单和相关业务记账凭证。(附:空白现金缴款单)

练习二　现金提取业务

【任务背景】

现金提取业务

2023 年 11 月 15 日,深圳诚信电子科技有限公司出纳李芳芳到银行提取备用金,共 1 000.00 元。假设你是李芳芳,请你填写现金支票登记簿和一张现金支票。

【工作流程】

步骤 1:财务部提出提现申请,填写现金支票登记簿,如图 3-4 所示。

深圳诚信电子科技有限公司需提取备用金 1 000.00 元,提现申请已批准,请出纳人员填写现金支票登记簿。

日期:2023 年 11 月 15 日

用途:备用金

支票号:68809102

单位名称:深圳诚信电子科技有限公司

金额:1 000.00 元

经办人:李芳芳

现金支票登记簿

日期	用途	支票号	单位名称	金额	经办人	备注
2023.11.01	备用金	59986243	深圳诚信电子科技有限公司	1,000.00	李芳芳	
2023.11.03	备用金	65122315	深圳诚信电子科技有限公司	1,000.00	李芳芳	
2023.11.07	差旅费	86544532	深圳诚信电子科技有限公司	3,500.00	李芳芳	
2023.11.08	备用金	56331233	深圳诚信电子科技有限公司	1,000.00	李芳芳	
2023.11.11	备用金	75218717	深圳诚信电子科技有限公司	1,000.00	李芳芳	
2023.11.13	备用金	68215521	深圳诚信电子科技有限公司	1,000.00	李芳芳	
2023.11.15	备用金	66809102	深圳诚信电子科技有限公司	1,000.00	李芳芳	

图 3-4　填写现金支票登记簿

步骤 2：填写现金支票正面的信息，如图 3-5 所示。

现金支票的填写要求非常严格，要注意日期、金额的书写规范，大小写金额要一致，用途填写清楚，字迹要清晰。

出票日期：2023 年 11 月 15 日

付款行名称：中国工商银行深圳宝安支行

收款人名称：深圳诚信电子科技有限公司

出票人账号：4623073198325156901

金额：1 000.00 元

用途：备用金

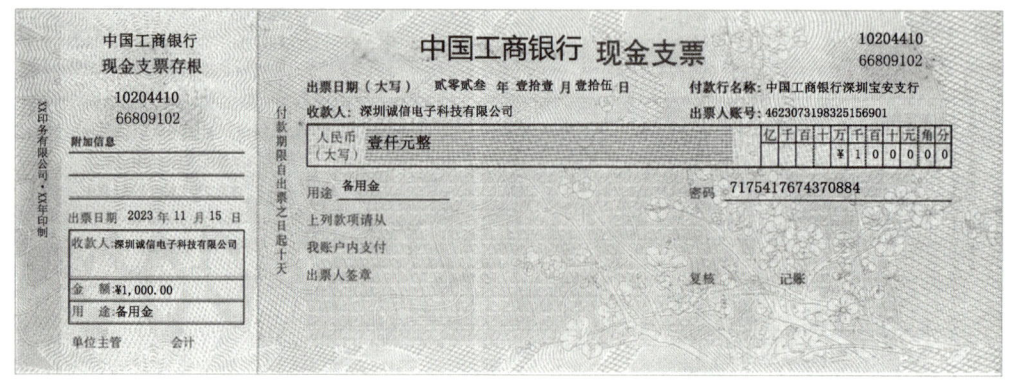

图 3-5　填写现金支票正面

步骤 3：现金支票填写好以后，必须在支票的正面加盖银行预留印章，如图 3-6 所示。盖章必须用与银行预留印鉴颜色一样的印泥，印章必须清晰且不能出现重叠。

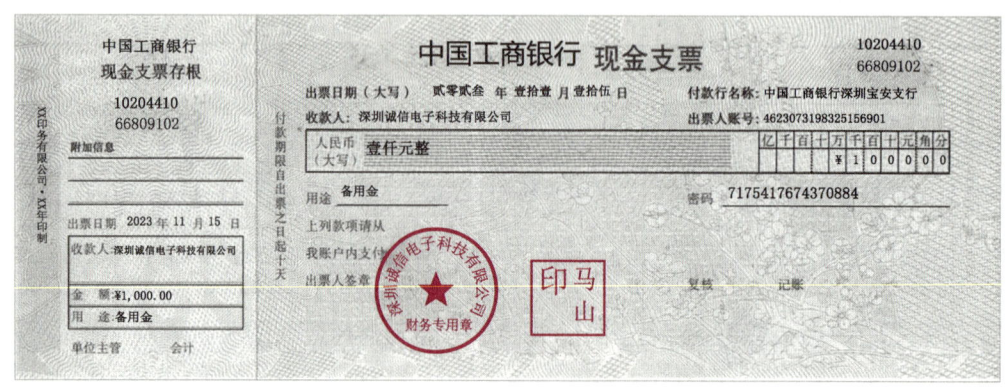

图 3-6　加盖银行预留印章

步骤 4：出纳李芳芳携带个人证件（图 3-7）和签发的现金支票到银行办理取款业务，填写现金支票背面的信息（图 3-8）。

步骤 5：出纳李芳芳将现金支票存根（图 3-9）传递给会计马玉，会计马玉编制记账凭证。

项目三 现金结算业务

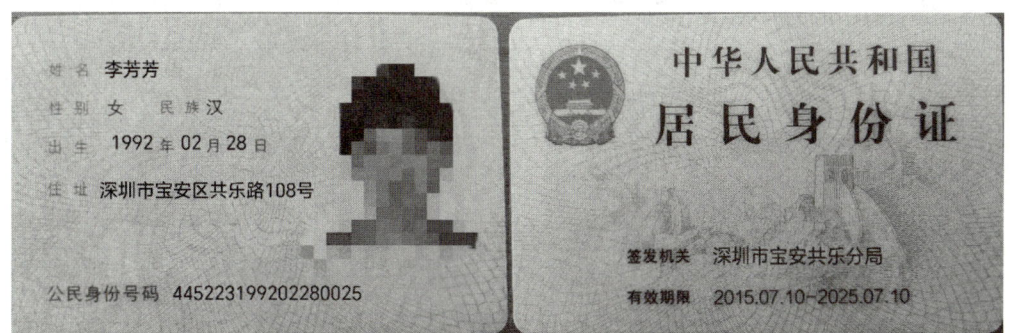

图 3-7　李芳芳身份证

图 3-8　填写现金支票背面

图 3-9　现金支票存根

步骤 6：相关人员审核记账凭证并签名，如图 3-10 所示。

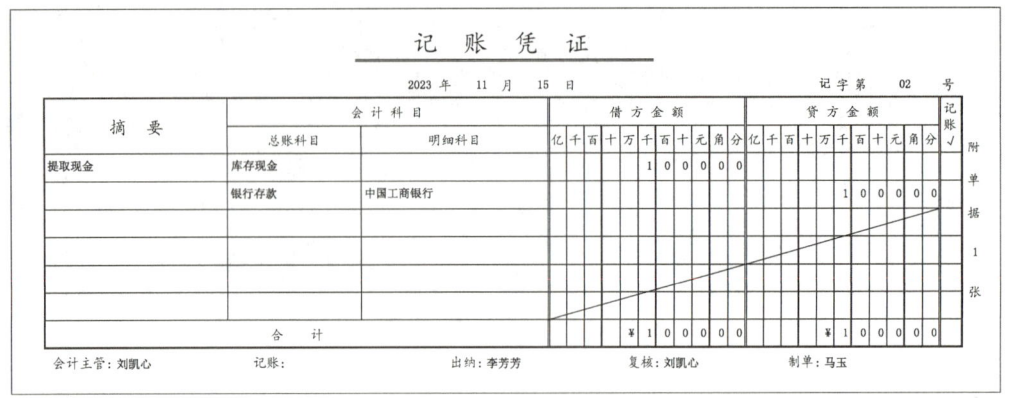

图 3-10　记账凭证

【同步训练】

2023 年 11 月 15 日，深圳瑞致食品有限公司出纳黄小丹到银行提取备用金，共 1 000.00 元。

要求：请你填写现金支票登记簿和一张现金支票，并填写相关业务记账凭证。［附：空白现金支票登记簿、空白现金支票（正面）、空白现金支票（背面）］

任务三　库存现金收支业务

【实训目的】

通过本节课的学习，学生能够了解库存现金收支的管理；熟悉库存现金收支办理流程与相关规定，能够正确填写借支单和收款收据等原始单据。

【知识储备】

一、现金收支的概念

现金收支是指企业的一切现金收支必须取得原始凭证，出纳人员根据审校后的收、付款凭证上加盖"收讫"或"付讫"戳记并签章，并逐笔按时间顺序记入现金日记账。

二、现金收支的管理

（1）财务人员要根据国家及公司的有关规定，对任何现金形式的收支业务进行认真审验，对于超出标准和未经批准开支的款项，一律不予报销。

（2）报销的凭证无论是外来原始发票还是本单位自制原始凭证，都必须内容属实、数字正确、手续完备，外来原始凭证必须有填发单位财务专用章，并在其背面左上角由上述规定的相关人员同意签字后,方可到财务部报销。对于内容不全、手续不齐、数字有差错的发票(单据)应予以退回、补填或更正;对于伪造或涂改的凭证应拒绝办理。

(3) 现金收入必须于当天送交银行,不得在保险柜内留存;公司财务部门支付现金,应从本单位库存现金限额中支付或从开户银行提取,不得坐支现金。

(4) 日常零星支出需使用现金,可由经办人预先垫付,数额较大需借款的应填写现金借款单,注明借款理由、金额,经财务经理和总经理批准签字后到财务部领取备用金,但应在 3 天内归还,可用发票报账补齐或退回所借金额。

(5) 公司职工因工出差借款要填写一式两联的借款单,注明出差事由、地点、金额,经总经理批准签字后到财务部领取借款(大额出差借款要提前 3 天通知财务部)。

(6) 出差人员要于返回 3 日内到财务部报销冲账,报销时根据公司差旅费报销标准,如实填写"差旅费报销单",经财务人员审核后,报总经理批准签字即可报销。

(7) 每笔现金收支后出纳人必须立即在支出凭证上加盖"现金收付讫"戳记,如是外来原始凭证,在付款前应在复核后的原始凭证上加盖现金付讫印章。

(8) 设置"现金日记账",按照现金业务发生的先后顺序逐笔序时登记。每日业务终了,必须结出现金日记账余额并与实存现金进行核对,保证账款相符;如发现不符,应及时查明原因,进一步处理。

三、现金支出业务的办理原则

出纳人员必须以严肃谨慎的态度处理现金支出业务,因为一旦发生失误,将会造成不可追补的经济损失。现金支出时要遵循以下几个原则:

(1) 现金支出内容的合法性。出纳人员必须以内容真实、准确、合法的付款凭证为依据,在付款前其付款手续必须完备,有关领导已经签字或已审核无误。

(2) 现金支出手续的完备性。出纳人员应按规定的程序审核并办理现金支付手续,做到支付凭证合法、审核手续齐全有效、支付事项当面结清、账务处理正确合理。

(3) 不能套取现金用于支付。

练习一　填写借支单

填写借支单

【任务背景】

2023 年 11 月 25 日,深圳诚信电子科技有限公司销售部业务员张小军准备到上海商洽商品合同,事前先到财务部预借差旅费 2 000.00 元。假设你是张小军,请你填写一张借支单。

【工作流程】

步骤 1:收到销售部业务员张小军借支申请。

2023 年 11 月 25 日,销售部业务员张小军准备到上海商洽商品合同,预借差旅费 2 000.00 元。

步骤 2:张小军填写借支单,如图 3-11 所示。

日期:2023 年 11 月 25 日

部门:销售部

借支人姓名:张小军

职务:业务员

借支事由:到上海商洽商品合同

金额:2 000.00 元

借　支　单

2023 年 11 月 25 日　　　　部门:销售部

借支人姓名	张小军			职 务	业务员		
借支事由	到上海商洽商品合同						
人民币（大写）	贰仟元整				￥ 2,000.00		
核准		会计		出纳		借支人	张小军

图 3-11　填写借支单

步骤 3:相关人员审核签名,出纳李芳芳根据审核无误的单据付讫现金,如图 3-12 所示。

借　支　单

2023 年 11 月 25 日　　　　部门:销售部

借支人姓名	张小军			职 务	业务员		
借支事由	到上海商洽商品合同				现金付讫		
人民币（大写）	贰仟元整				￥ 2,000.00		
核准	马山	会计	马玉	出纳	李芳芳	借支人	张小军

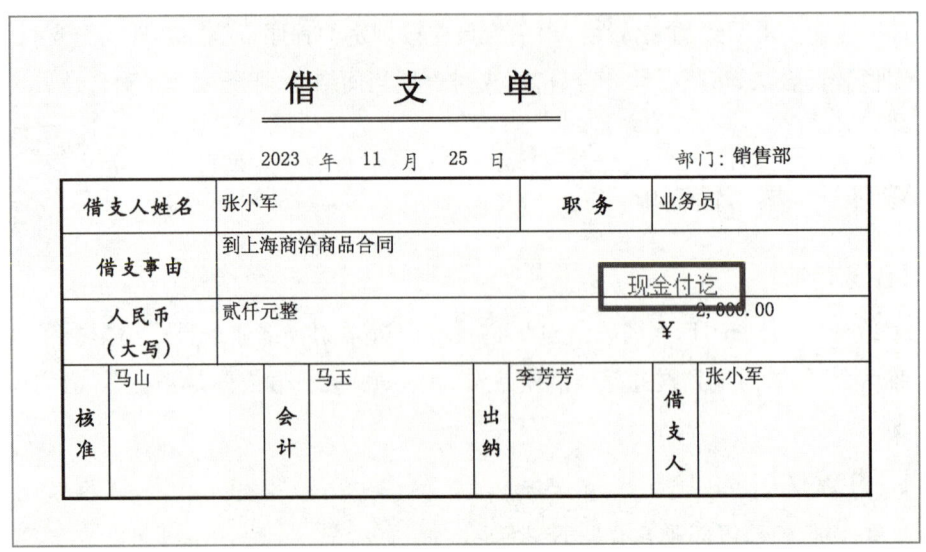

图 3-12　审核借支单

步骤 4：出纳李芳芳将借支单传递给会计马玉，会计马玉编制记账凭证。

步骤 5：相关人员审核记账凭证并签名，如图 3-13 所示。

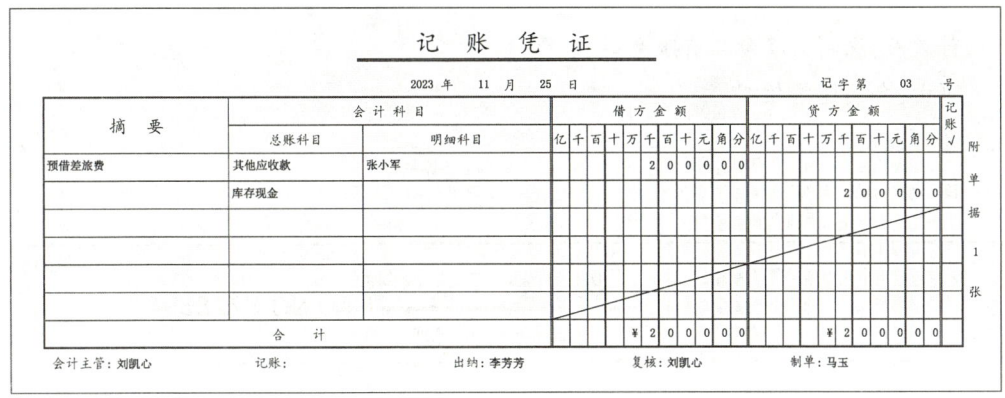

图 3-13　记账凭证

【同步训练】

2023 年 11 月 25 日，深圳瑞致食品有限公司采购部主管胡婉萍准备到广州商洽购货合同，事前先预借差旅费 500.00 元。

要求：请你填写一张借支单和相关业务记账凭证。（附：空白借支单）

练习二　填写收款收据

【任务背景】

2023 年 11 月 26 日，深圳诚信电子科技有限公司财务部出纳李芳芳收到深圳兴隆食品有限公司缴纳的 200.00 元合同违约金。假设你是李芳芳，请你填写一张收款收据。

填写收款收据

【工作流程】

步骤 1：2023 年 11 月 26 日，出纳李芳芳收到 200.00 元。经查明，该款项为深圳兴隆食品有限公司缴纳的合同违约款，如图 3-14 所示。

会议纪要

按照 2023 年 11 月 10 日与深圳兴隆食品有限公司签订的合同，双方出现了违约情形的，处以赔偿款的决定。现深圳兴隆食品有限公司出现违约情形，经股东大会决定，对深圳精益电子有限公司处以违约金 500.00 元的处罚。

深圳诚信电子科技有限公司
2023 年 11 月 26 日

图 3-14　会议纪要

步骤 2：确认金额无误后，出纳李芳芳填写一式三联的收款收据（第一联存根，第二联收据，第三联记账），如图 3-15 所示。

日期：2023 年 11 月 26 日

付款人：深圳兴隆食品有限公司

事由：合同违约款

金额：200.00 元

经办人：李芳芳

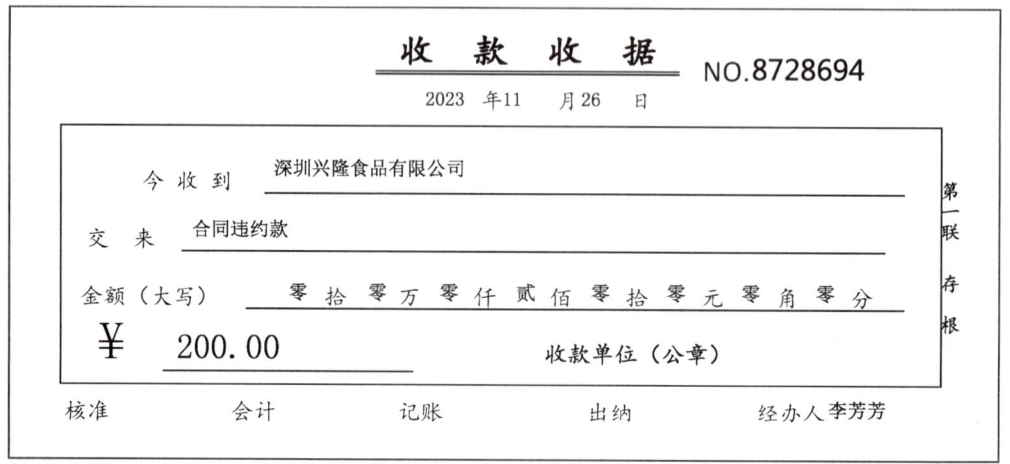

图 3-15　填写收款收据

步骤 3：相关人员审核收款收据并签名，如图 3-16 所示。

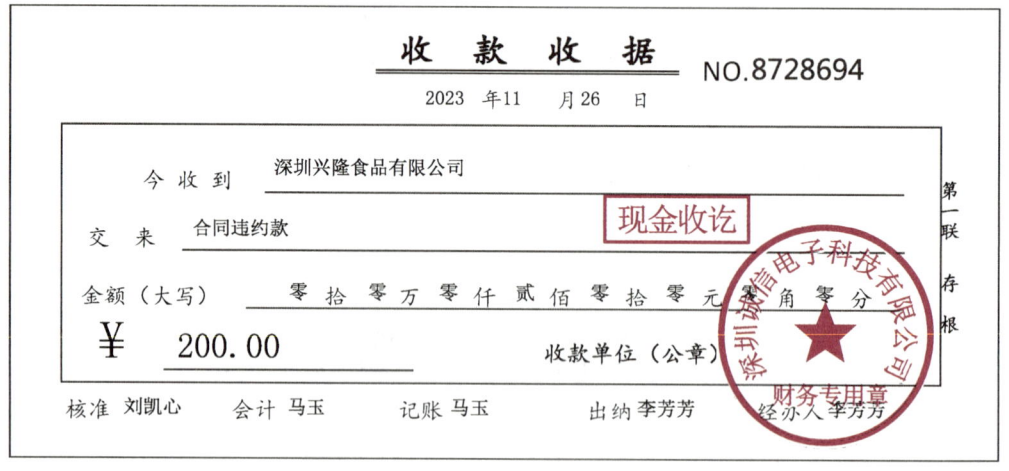

图 3-16　审核收款收据

步骤 4：出纳李芳芳将收款收据传递给会计马玉，会计马玉编制记账凭证。

步骤 5：相关人员审核记账凭证并签名，如图 3-17 所示。

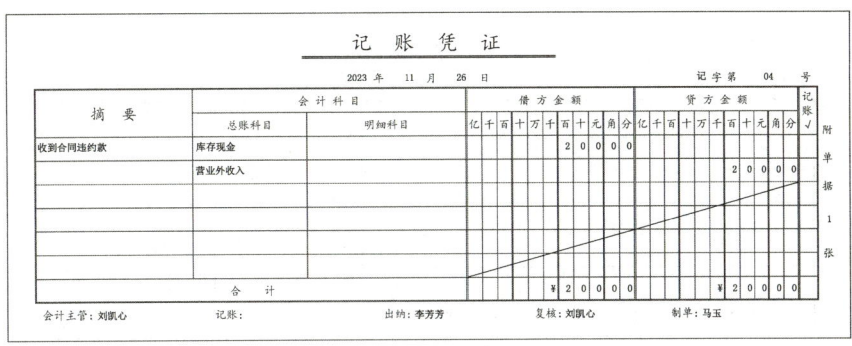

图 3-17 记账凭证

【同步训练】

2023 年 11 月 26 日,深圳瑞致食品有限公司出纳黄小丹收到员工梁明明的旷工罚款 500.00 元。

要求:请你填写一张收款收据和相关业务记账凭证。(附:空白收款收据)

练习三 填写费用报销单

填写费用报销单

【任务背景】

2023 年 11 月 26 日,深圳诚信电子科技有限公司销售部经理梁梓阳购买办公用品报销费用,并根据发票填写费用报销单,财务部出纳李芳芳审核,若审核无误后即可办理报销业务。

【工作流程】

步骤 1:2023 年 11 月 26 日,销售部经理梁梓阳根据深圳赛林办公有限公司开具的增值税电子普通发票填写费用报销单,如图 3-18 和图 3-19 所示。

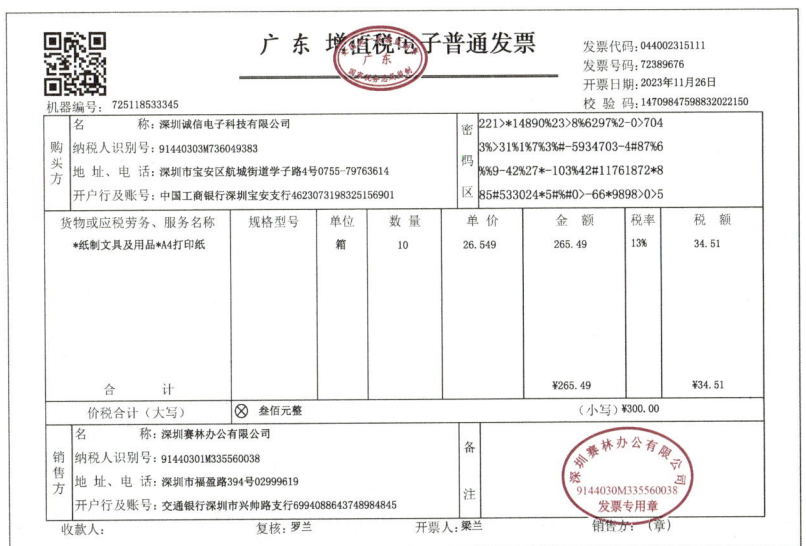

图 3-18 收到增值税电子普通发票

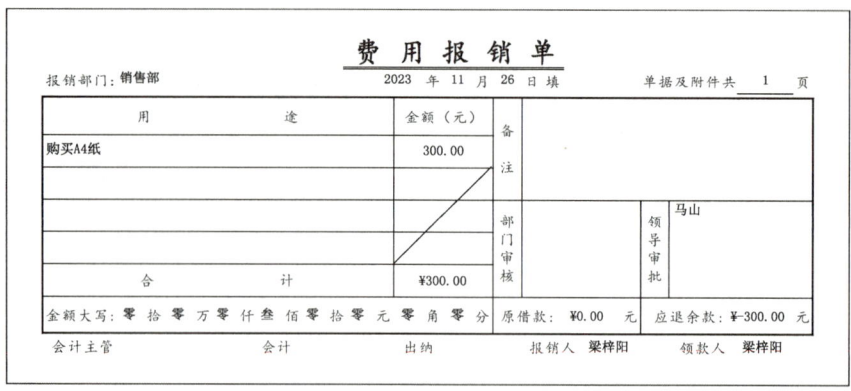

图 3-19　填写费用报销单

日期:2023 年 11 月 26 日

报销部门:销售部

用途:购买 A4 纸

金额:300.00 元

步骤 2:相关人员审核费用报销单并签名,李芳芳根据审核无误的单据付讫现金,如图 3-20 所示。

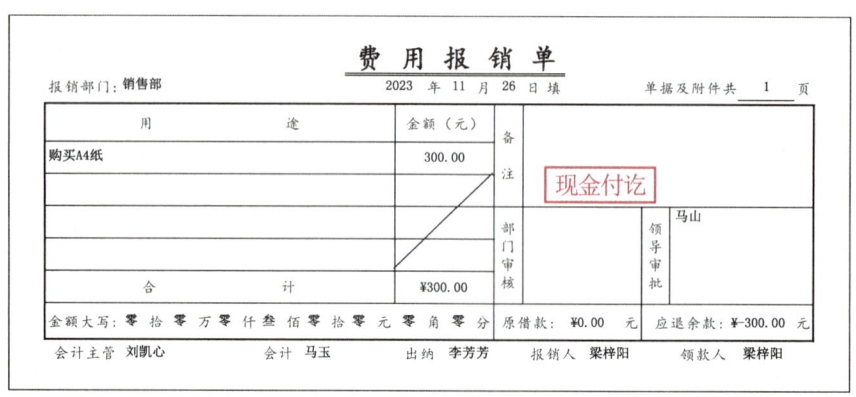

图 3-20　审核费用报销单

步骤 3:出纳李芳芳将费用报销单传递给会计马玉,会计马玉编制记账凭证。

步骤 4:相关人员审核记账凭证并签名,如图 3-21 所示。

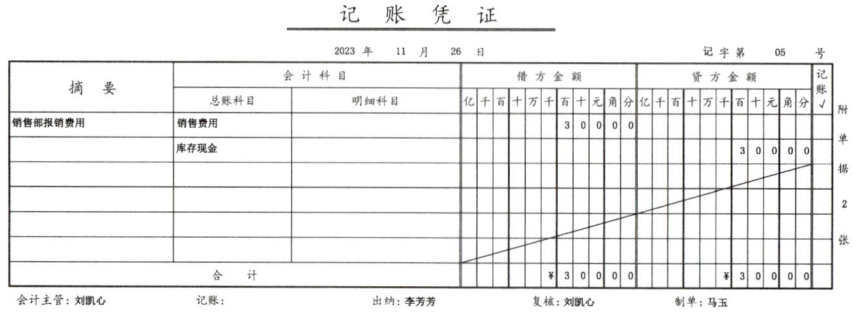

图 3-21　记账凭证

【同步训练】

2023年11月27日,深圳瑞致食品有限公司采购部赵青青购买电脑桌,并根据发票填写费用报销单,出纳黄小丹审核,若审核通过,请给予办理报销,发票如图3-22所示。

要求:请你填写一张费用报销单和相关业务记账凭证。(附:空白费用报销单)

图3-22　收到增值税电子专用发票

练习四　销售日报表的填写

销售日报表的填写

【任务背景】

2023年11月30日,深圳诚信电子科技有限公司销售部经理梁梓阳交来当天的销售款19 725.00元,并根据销售单填写销售日报表,出纳李芳芳审核销售日报表,若无误,请加盖现金收讫印章。

【工作流程】

步骤1:11月30日,销售部经理梁梓阳根据销售单填写销售日报表,出纳李芳芳审核销售日报表金额,如图3-23至图3-29所示。

图3-23　销售单1

销 售 单

购货单位：	广州讯驰贸易有限公司	地址和电话：	广州市科诚路909号64561207		单据编号：	0421	
纳税识别号：	91440100M795457669	开户行及账号：	中国工商银行广州市国为路支行4217146941447651048		制单日期：	2023年11月30日	

编码	产品名称	规格	单位	单价	数量	金额	备注
	鼠标			40.00	25	1,000.00	
	充电宝			70.00	15	1,050.00	
	小杜音箱			60.00	27	1,620.00	
	儿童手表			40.00	1	40.00	
合计	人民币（大写）：	叁仟柒佰壹拾元整				¥3,710.00	

总经理：马山　　销售经理：梁梓阳　　经手人：罗兰　　会计：马玉　　签收人：

图 3-24　销售单 2

销 售 单

购货单位：	深圳普爱商品批发	地址和电话：	深圳宝安区雅丹路166号17373148		单据编号：	9411	
纳税识别号：	91440306M117885128	开户行及账号：	中国工商银行深圳宝安区德月路支行9089624957808428677		制单日期：	2023年11月30日	

编码	产品名称	规格	单位	单价	数量	金额	备注
	女士手表			55.00	5	275.00	
	充电宝			70.00	8	560.00	
	男士手表			70.00	20	1,400.00	
	键盘			60.00	10	600.00	
合计	人民币（大写）：	贰仟捌佰叁拾伍元整				¥2,835.00	

总经理：马山　　销售经理：梁梓阳　　经手人：罗兰　　会计：马玉　　签收人：

图 3-25　销售单 3

销 售 单

购货单位：	珠海鼎力电子有限公司	地址和电话：	珠海金湾区蓝致路809号16365538		单据编号：	9411	
纳税识别号：	91440404M213490972	开户行及账号：	中国工商银行珠海金湾区扬奇路支行9407589079536339966		制单日期：	2023年11月30日	

编码	产品名称	规格	单位	单价	数量	金额	备注
	鼠标			55.00	20	1,100.00	
	充电宝			70.00	8	560.00	
	男士手表			70.00	10	700.00	
	键盘			60.00	5	300.00	
合计	人民币（大写）：	贰仟陆佰陆拾元整				¥2,660.00	

总经理：马山　　销售经理：梁梓阳　　经手人：罗兰　　会计：马玉　　签收人：

图 3-26　销售单 4

销 售 单

购货单位：	广州百林科技有限公司	地址和电话：	广州黄埔区诗骏路595号13192027		单据编号：	9411	
纳税识别号：	91440112M808914228	开户行及账号：	中国工商银行广州黄埔区兴虹路支行5353712530206336729		制单日期：	2023年11月30日	

编码	产品名称	规格	单位	单价	数量	金额	备注
	鼠标			55.00	5	275.00	
	儿童手表			40.00	5	200.00	
	小杜音箱			60.00	20	1,200.00	
	键盘			60.00	5	300.00	
合计	人民币（大写）：	壹仟玖佰柒拾伍元整				¥1,975.00	

总经理：马山　　销售经理：梁梓阳　　经手人：罗兰　　会计：马玉　　签收人：

图 3-27　销售单 5

销 售 单

| 购货单位: | 深圳奥丰电子科技有限公司 | 地址和电话: | 深圳南山区略泓路301号34776407 | 单据编号: | 9411 |
| 纳税识别号: | 91440305M614758013 | 开户行及账号: | 中国工商银行深圳南山区鸿盈路支行3400150485556728718 | 制单日期: | 2023年11月30日 |

编码	产品名称	规格	单位	单价	数量	金额	备注
	鼠标			55.00	10	550.00	
	儿童手表			40.00	2	80.00	
	小杜音箱			60.00	50	3,000.00	
	键盘			60.00	50	3,000.00	
合计	人民币（大写）：	陆仟陆佰叁拾元整				¥6,630.00	

总经理：马山　　销售经理：梁梓阳　　经手人：罗兰　　会计：马玉　　签收人：

图 3-28　销售单 6

深圳诚信电子科技有限公司 销售日报表

填表日期：　2023 年　11 月　30 日

销售日期	存货编码	货品名称	规格型号	单位	数量	单价	金额
2023-11-30		键盘			12	60.00	720.00
2023-11-30		女士手表			5	55.00	275.00
2023-11-30		充电宝			12	70.00	840.00
2023-11-30		儿童手表			2	40.00	80.00
2023-11-30		鼠标			25	40.00	1,000.00
2023-11-30		充电宝			15	70.00	1,050.00
2023-11-30		小杜音箱			27	60.00	1,620.00
2023-11-30		儿童手表			1	40.00	40.00
2023-11-30		女士手表			5	55.00	275.00
2023-11-30		充电宝			8	70.00	560.00
2023-11-30		男士手表			20	70.00	1,400.00
2023-11-30		键盘			10	60.00	600.00
2023-11-30		鼠标			20	55.00	1,100.00
2023-11-30		充电宝			8	70.00	560.00
2023-11-30		男士手表			10	70.00	700.00
2023-11-30		键盘			5	60.00	300.00
2023-11-30		鼠标			5	55.00	275.00
2023-11-30		儿童手表			5	40.00	200.00
2023-11-30		小杜音箱			20	60.00	1,200.00
2023-11-30		键盘			5	60.00	300.00
2023-11-30		鼠标			10	55.00	550.00
2023-11-30		儿童手表			2	40.00	80.00
2023-11-30		小杜音箱			50	60.00	3,000.00
2023-11-30		键盘			50	60.00	3,000.00
合计							19,725.00

图 3-29　填写销售日报表

步骤2：出纳审核无误，收存现金并加盖现金收讫印章，如图3-30所示。

深圳诚信电子科技有限公司 销售日报表

填表日期： 2023 年 11 月 30 日

销售日期	存货编码	货品名称	规格型号	单位	数量	单价	金额
2023-11-30		键盘			12	60.00	720.00
2023-11-30		女士手表			5	55.00	275.00
2023-11-30		充电宝			12	70.00	840.00
2023-11-30		儿童手表			2	40.00	80.00
2023-11-30		鼠标			25	40.00	1,000.00
2023-11-30		充电宝			15	70.00	1,050.00
2023-11-30		小杜音箱			27	60.00	1,620.00
2023-11-30		儿童手表			1	40.00	40.00
2023-11-30		女士手表			5	55.00	275.00
2023-11-30		充电宝			8	70.00	560.00
2023-11-30		男士手表			20	70.00	1,400.00
2023-11-30		键盘			10	60.00	600.00
2023-11-30		鼠标			20	55.00	1,100.00
2023-11-30		充电宝			8	70.00	560.00
2023-11-30		男士手表			10	70.00	700.00
2023-11-30		键盘			5	60.00	300.00
2023-11-30		鼠标			5	55.00	275.00
2023-11-30		儿童手表			5	40.00	200.00
2023-11-30		小杜音箱			20	60.00	1,200.00
2023-11-30		键盘			5	60.00	300.00
2023-11-30		鼠标			10	55.00	550.00
2023-11-30		儿童手表			2	40.00	80.00
2023-11-30		小杜音箱			50	60.00	3,000.00
2023-11-30		键盘			50	60.00	3,000.00
合计							19,725.00

（表中加盖"现金收讫"印章）

图 3-30 审核销售日报表

【同步训练】

2023年11月30日，深圳瑞致食品有限公司销售部李小军交来当天的销售款1 211.00元，并根据销售单填写销售日报表，出纳黄小丹审核销售日报表，若无误，请加盖现金收讫印章,如图 3-31 至图 3-34 所示。

要求:请你填写一张销售日报表。(附:空白销售日报表)

销 售 单

购货单位:	深圳德壹食品有限公司	地址和电话:	深圳市格旭路725号36069624		单据编号:	4951
纳税识别号:	91440300M204840984	开户行及账号:	中国工商银行深圳市廉致路支行9301979199075688795		制单日期:	2023年11月30日

编码	产品名称	规格	单位	单价	数量	金额	备注
	牛奶糖			23.00	15	345.00	
	酸奶糖			18.00	20	360.00	
	水果糖			10.00	10	100.00	
合计	人民币(大写):	捌佰零伍元整				¥805.00	

总经理: 陈媛媛　　销售经理: 王浩宇　　经手人: 林秀　　会计: 张竣威　　签收人:

图 3-31　销售单 7

销 售 单

购货单位:	深圳鼎力食品有限公司	地址和电话:	深圳市诺策路097号57838281		单据编号:	9373
纳税识别号:	91440300M948774908	开户行及账号:	中国工商银行深圳市鹏天路支行6750329347150164438		制单日期:	2023年11月30日

编码	产品名称	规格	单位	单价	数量	金额	备注
	水果糖			10.00	12	120.00	
	牛奶糖			23.00	2	46.00	
	巧克力			30.00	8	240.00	
合计	人民币(大写):	肆佰零陆元整				¥406.00	

总经理: 陈媛媛　　销售经理: 王浩宇　　经手人: 林秀　　会计: 张竣威　　签收人:

图 3-32　销售单 8

销 售 单

购货单位:	深圳远洋食品制造有限公司	地址和电话:	深圳龙岗区鼎力路018号22755516		单据编号:	7528
纳税识别号:	91440307M697848357	开户行及账号:	交通银行深圳龙岗区昂泽路支行9527851732512299318		制单日期:	2023年11月30日

编码	产品名称	规格	单位	单价	数量	金额	备注
	水果糖			10.00	50	500.00	
	牛奶糖			23.00	5	115.00	
	巧克力			30.00	10	300.00	
合计	人民币(大写):	玖佰壹拾伍元整				¥915.00	

总经理: 陈媛媛　　销售经理: 王浩宇　　经手人: 林秀　　会计: 张竣威　　签收人:

图 3-33　销售单 9

销 售 单

购货单位:	佛山尔才食品有限公司	地址和电话:	佛山禅城区德月路657号39339470		单据编号:	8655
纳税识别号:	91440604M492367799	开户行及账号:	中国工商银行佛山禅城区晨誉路支行7562055250013533975		制单日期:	2023年11月30日

编码	产品名称	规格	单位	单价	数量	金额	备注
	酸奶糖			18.00	50	900.00	
	牛奶糖			23.00	20	460.00	
	巧克力			30.00	35	1,050.00	
合计	人民币(大写):	贰仟肆佰壹拾元整				¥2,410.00	

总经理: 陈媛媛　　销售经理: 王浩宇　　经手人: 林秀　　会计: 张竣威　　签收人:

图 3-34　销售单 10

任务四　库存现金的清查

【实训目的】

通过本节课的学习,学生能够了解库存现金清查的概念、方法和内容,能够正确填写库存现金盘点表等原始单据。

【知识储备】

一、清查库存现金的概念和目的

库存现金的清查,采用实地盘点法确定库存现金的实存数,然后与现金日记账的账面余额相核对,确定账实是否相符。库存现金的清查一般由主管会计或财务负责人和出纳人员共同清点出各种纸币的张数和硬币的个数,并填制库存现金盘点报告表。

库存现金清查的目的是能及时地发现现金的长款与短款,防止贪污、盗窃、挪用公款等不法行为的发生,确保库存现金的安全与完整。

二、库存现金清查的方法

库存现金的清查方法主要有定期(日常)清查和不定期清查两种。

1. 定期清查

定期清查是要求出纳人员对库存现金做到日清月结。如果发现差错,先要看差数的多少及其特点,然后确定查找方法。

假设出纳当天收付数与记账收付数不符,就是现金保管出现了差错。查找步骤如下:

第一步:确定查找方法。

查看有无凭证丢失、漏记情况,再看是否有金额大小写的错误;如发现现金差数既非金额大小写的差错,又不是颠倒的差错,那就要检查是否是由于重记、漏记或误记而引起的差错。

第二步:查库存现金。

查库存现金就是要对所有的票币逐张复点,并加计总数后看是否有误。

2. 不定期清查

不定期清查是事先不规定清查时间,由专人组成清查小组对库存现金所进行的突击财产清查。不定期清查一般采用实地盘点法来清点票数从而确定现金的实存数,再以实存数与现金日记账的账面余额进行核对,以查明盈亏情况。

三、库存现金清查的重点内容

库存现金清查的内容主要包括以下几个方面:
(1) 检查企业内部是否存在白条抵库的行为。
(2) 检查企业是否存在超过规定范围的留存现金。
(3) 检查企业是否存在坐支现金的情况。

填写库存
现金盘点表

练习 填写库存现金盘点表

【任务背景】

2023年11月30日,深圳诚信电子科技有限公司出纳李芳芳进行现金盘点(6张100.00元,1张50.00元,2张20.00元,5张5.00元,6张1.00元,3张5角)。假设你是李芳芳,请你填写一张库存现金盘点表。

【工作流程】

步骤1:11月30日,出纳李芳芳进行现金盘点,发现盘亏10.00元,如图3-35所示。

库 存 现 金 盘 点 表

2023 年 11 月 30 日　　　　　　　　　　单位:元

票面额	张数	金额	票面额	张数	金额
壹佰元	6	600.00	伍 角	3	1.50
伍拾元	1	50.00	贰 角		
贰拾元	2	40.00	壹 角		
拾 元			伍 分		
伍 元	5	25.00	贰 分		
贰 元			壹 分		
壹 元	6	6.00	合 计	23	¥722.50

现金日记账账面余额:¥732.50

差额:¥-10.00

处理意见:

审批人(签章):　　　　　　监盘人(签章):　　　　　　盘点人(签章):

图 3-35 填写库存现金盘点表

步骤2:出纳李芳芳将库存现金盘点表传递给会计马玉,会计马玉编制记账凭证。
步骤3:相关人员审核记账凭证并签名,如图3-36所示。
步骤4:11月30日,经查明,该10.00元盘亏为出纳的责任,由出纳赔偿。相关人员审核"库存现金盘点表"并签字,如图3-37所示。

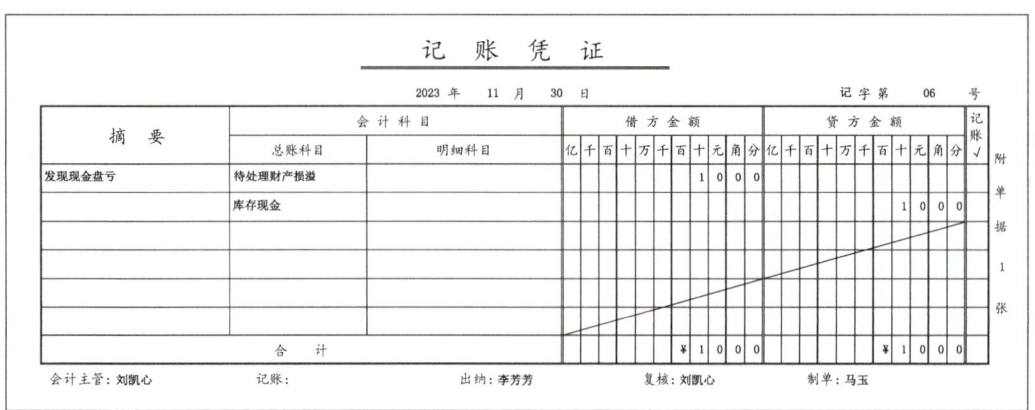

图 3-36 记账凭证

库 存 现 金 盘 点 表

2023 年 11 月 30 日　　　　　　　单位：元

票面额	张数	金额	票面额	张数	金额
壹佰元	6	600.00	伍 角	3	1.50
伍拾元	1	50.00	贰 角		
贰拾元	2	40.00	壹 角		
拾 元			伍 分		
伍 元	5	25.00	贰 分		
贰 元			壹 分		
壹 元	6	6.00	合 计	23	¥722.50

现金日记账账面余额：¥732.50

差额：¥-10.00

处理意见：
出纳赔偿

审批人（签章）：刘凯心　　　监盘人（签章）：马玉　　　盘点人（签章）：李芳芳

图 3-37 审核库存现金盘点表

步骤 5：出纳李芳芳将"库存现金盘点表"传递给会计马玉，会计马玉编制记账凭证。

步骤 6：相关人员审核记账凭证并签名，如图 3-38 所示。

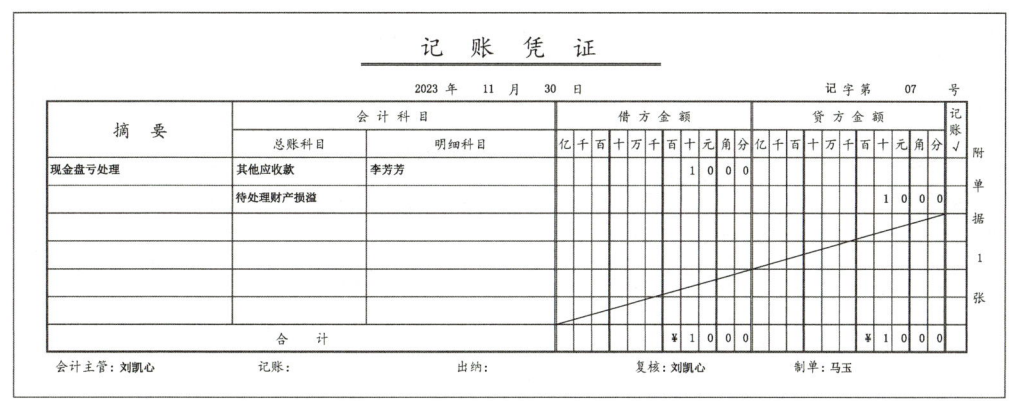

图 3-38 记账凭证

【同步训练】

2023年11月30日,深圳瑞致食品有限公司出纳黄小丹进行现金盘点(3张100.00元,2张50.00元,5张20.00元,6张5.00元,2张1.00元,3张5角)(现金日记账余额为513.5元)。

要求:请你填写一张库存现金盘点表和相关业务记账凭证。(附:空白库存现金盘点表)

项目四 银行结算业务

任务一 银行结算管理

【实训目的】

通过本节课的学习,学生能够了解银行结算账户管理的基本理论知识;掌握银行结算账户的开立、变更和撤销的基本规定和程序。

【知识储备】

一、银行结算的概念和方式

银行结算是指各单位通过银行账户办理货币资金往来收支业务的行为。各单位的各项经济业务往来,除了按照国家现金管理规定可以使用现金结算的,都必须通过银行办理转账结算。

国内银行结算方式主要有支票、银行本票、银行汇票、商业汇票、委托收款、汇兑、托收承付、信用卡。

常见的国内银行结算方式介绍如下。

1. 支票

支票是存款人签发的,委托其开户银行在见票时无条件支付一定金额给收款人或持票人的票据。

2. 银行本票

银行本票是银行签发的,承诺自己在见票时无条件支付确定的金额给收款人或者持票人的票据。

3. 银行汇票

银行汇票是申请人将款项交存当地银行,由其在见票时按照实际结算金额无条件支付给收款人或者持票人的票据。

4. 商业汇票

商业汇票是由收款人或付款人(或承兑申请人)签发,由承兑人承兑并于到期日向收款人或被背书人支付款项的票据。

5. 委托收款

委托收款是收款人委托银行向付款人收取款项的结算方式。

6. 汇兑

汇兑是付款人委托银行将款项汇给外地收款人的结算方式。

7. 托收承付

托收承付是根据购销合同由收款人发货后委托银行向异地付款人收取款项，由付款人向银行承诺付款的结算方式。

8. 信用卡

信用卡是指商业银行向个人和单位发行的，凭以向特约单位购物、消费和向银行存取现金，且具有消费信用的特制载体卡片。

二、银行结算账户的种类

银行结算账户按存款人的不同，分为单位银行结算账户和个人银行结算账户。存款人以单位名称开立的银行结算账户为单位银行结算账户。

单位银行结算账户按照用途不同，又可分为基本存款账户、一般存款账户、临时存款账户和专用存款账户。

（1）基本存款账户。存款单位的现金支取，只能通过基本存款账户办理。一个单位只能选择一家银行的一个营业机构开立一个基本存款账户，不得同时开立多个基本存款账户。存款人的工资、奖金等现金的支取，只能通过基本存款账户办理。

（2）一般存款账户。一般存款账户可以办理现金缴存，但不得办理现金支取。

（3）临时存款账户。临时存款账户，是指存款人因临时需要并在规定期限内使用而开立的银行结算账户。

（4）专用存款账户。专用存款账户，是指存款人按照法律、行政法规和规章，对有特定用途资金进行专项管理和使用而开立的银行结算账户。特定用途资金主要包括基本建设资金、更新改造资金等需要专户管理的资金。专用存款账户的开设，体现了专户存储、专项管理、专款专用、专业监督的指导思想。

三、银行结算账户管理的基本原则

银行结算账户管理的基本原则如下。

1. 一个基本账户原则

单位银行结算账户的存款人只能在一家银行开立一个基本存款账户，不得多开。

2. 自主选择原则

存款人可以自主选择银行开立银行结算账户，除国家法律、行政法规和国务院另有规定，任何单位和个人不得强令存款人到指定银行开立银行结算账户。

3. 守法合规原则

银行结算账户的开立和使用应遵守我国的法律、法规和其他相应的规章制度,不得利用银行结算账户进行偷逃税款、逃避债务、套取现金及其他违法犯罪活动。

4. 存款信息保密原则

银行应依法为存款人的银行结算账户信息保密。对单位银行结算账户的存款和有关资料,除国家法律、行政法规另有规定,银行有权拒绝任何单位或个人查询。对个人银行结算账户的存款和有关资料,除国家法律另有规定,银行有权拒绝任何单位或个人查询。

四、银行结算账户的开立

银行结算账户的开立是一项相对简单但重要的业务。

第一步:选择合适的银行。

在开立银行账户之前,首先需要选择一家合适的银行。一般来说,大型银行具有更完善的服务体系,网点分布更广泛,可以更好地满足客户的需求。此外,还可以根据自己的需求和偏好,选择不同银行的不同账户类型,如个人储蓄账户、定期存款账户等。

第二步:准备开户所需材料。

在前往银行办理开户手续之前,需要准备好一些必要的材料。一般来说,需要提供身份证件、居住证明、收入证明、联系方式等。身份证件可以是身份证、护照等,居住证明可以是水电费账单、租房合同等,收入证明可以是工资条、劳动合同等。不同银行对材料的要求可能会有所不同,因此在准备材料时最好提前咨询银行。

第三步:前往银行办理业务。

准备好材料后,就可以前往银行办理开户手续了。一般来说,银行会设立专门的柜台或窗口办理开户业务。在这个过程中,可以向工作人员咨询具体的开户流程和所需材料,以便更加顺利地办理开户手续。办理时,需要填写一份"开立单位银行结算账户申请书",并提交银行所需的材料,如图4-1所示。工作人员会对材料进行审核,并核实个人信息的真实性。

第四步:签署相关协议和合同。

在办理开户手续的过程中,银行会要求客户签署一些相关的协议和合同。这些文件通常包括银行账户协议、电子银行服务协议、银行卡使用合同等。在签署之前务必仔细阅读并理解其中的条款和内容,确保自己对于相关权益和责任有清晰的认识。

第五步:领取银行卡和相关信息。

在办理开户手续完成后,银行会为客户发放一张银行卡,并提供相关的账户信息。银行卡是日常支付和资金管理的重要工具,可以用于取款、存款、转账等。同时,银行还会提供账户的相关信息,如账户号码、密码等。客户需要妥善保管这些信息,以确保账户的安全和正常使用。

中国工商银行
Industrial and Commercial Bank of China

开立单位银行结算账户申请书

No. 01629775

存款人名称		电　话	
地　　址		邮　编	
存款人类别		组织机构代码	
法定代表人（　） 单位负责人（　）	姓　　名		
	证件种类	证件号码	
行业分类	A(　) B(　) C(　) D(　) E(　) F(　) G(　) H(　) I(　) J(　) K(　) L(　) M(　) N(　) O(　) P(　) Q(　) R(　) S(　) T(　)		
注册资金	币种：　　　金额：	地区代码	
经营范围			
证明文件种类		证明文件编号	
国税登记证号		地税登记证号	
关联企业	关联企业信息填列在"关联企业\股东登记表"上。		
账户性质	基本(　)　一般(　)　专用(　)　临时(　)		
资金性质		有效日期至	年　月　日

第一联：开户单位留存

以下为存款人上级法人或主管单位信息：

上级法人或主管单位名称			
基本存款账户开户许可证核准号		组织机构代码	
法定代表人（　） 单位负责人（　）	姓　　名		
	证件种类	证件号码	

以下栏目由开户银行审核后填写：

开户银行名称			
开户银行代码		账　　号	
账户名称			
基本存款账户开户许可证核准号		开户日期	
本存款人申请开立单位银行结算账户，并承诺所提供的开户资料真实、有效。	开户银行审核意见： 经办人（签章）	人民银行审核意见： （非核准类账户除外） 经办人（签章）	
存款人（公章） 　年　月　日	开户银行（签章） 　年　月　日	人民银行（签章） 　年　月　日	

填写说明：
1. 申请开立临时存款账户，必须填列有效日期；申请开立专用存款账户，必须填列资金性质。
2. "行业分类"中各字母代表的行业种类如下：A：农、林、牧、渔业；B：采矿业；C：制造业；D：电力、燃气及水的生产供应业；E：建筑业；F：交通运输、仓库和邮政业；G：信息传输、计算机服务及软件业；H：批发和零售业；I：住宿和餐饮业；J：金融业；K：房地产业；L：租赁和商务服务业；M：科学研究、技术服务和地质勘查业；N：水利、环境和公共设施管理；O：居民服务和其他服务业；P：教育业；Q：卫生、社会保障和社会福利业；R：文化、教育和娱乐业；S：公共管理和社会组织；T：其他行业。
3. 带括号的选项填"√"。
4. 申请开立核准类账户，填写本表一式三联，三联申请书由开户银行报送中国人民银行上海分行，加盖审核章后，一联开户单位留存，一联开户银行留存，一联中国人民银行上海分行留存；申请开立备案类账户，填写本表一式二联，一联存款人留存，一联开户银行留存。

图 4-1　开立单位银行结算账户申请书

五、银行结算账户的变更

银行结算账户的变更是指存款人的账户信息资料发生变化或改变。根据账户管理的要求，存款人变更账户名称、单位的法定代表人或主要负责人、地址等其他开户资料后，应及时向开户银行办理变更手续，填写"变更银行结算账户申请书"，如图 4-2 所示。属于申请变更单位银行结算账户的，应加盖单位公章；属于申请变更个人银行结算账户的，应加盖其个人签章。

中国工商银行　　变更银行结算账户申请书

NO (Q) 26155580

银行打印					
账户名称					
开户银行代码		账号			
账户性质	基本（ ）　专用（ ）　一般（ ）　临时（ ）				
资金性质		有效期至	年　月　日		
开户许可证核准号					
变更事项及变更后内容如下：					
账户名称		电话			
地址		邮政编码			
组织机构代码		有效期至	年　月　日或长期（ ）		
税务登记证（国税）编号		有效期至	年　月　日或长期（ ）		
税务登记证（地税）编号		有效期至	年　月　日或长期（ ）		
注册资金金额					
证明文件种类					
证明文件编号		有效期至	年　月　日或长期（ ）		
经营范围					
法定代表人（ ） 单位代表人（ ）	姓名		证件种类		
	证件号码		有效期至		年　月　日或长期（ ）
	固定电话		手机		
关联企业	变更后的关联企业信息填列在“关联企业登记表”中。				
上级法人或主管单位的基本存款账户核准号					
上级法人或主管单位的名称					
上级法人或主管单位法定代表人或单位负责人	姓名				
	证件种类				
	证件号码				

第三联

上市公司标识	境内上市（ ）　境外上市（ ）　境内外上市（ ）			
企业性质	是否本国企业	是（ ）　否（ ）		
	跨国企业（ ）　集团企业（ ）　进出口贸易企业（ ）			
财务主管人	证件号码		有效期至	年　月　日或长期（ ）
	固定电话		手机	
控股股东	姓名		证件种类	
	证件号码		有效期至	年　月　日或长期（ ）
授权办理业务人员	姓名		证件种类	
	证件号码		有效期至	年　月　日或长期（ ）
	固定电话		手机	
账户属性：		通存标志：	通兑标志：	
账户密码：修改（ ）　重置（ ）		印鉴方式：密码单（ ）　图章印鉴（ ）　密码器（ ）　其他（ ）		
对账单批量打印方式：不打印（ ）　按月（ ）　其他（ ）		控制账号：		
		收息账号：		

本存款人申请变更上述银行账户内容，并承诺所提供的资料真实、有效。	开户银行审核意见：	人民银行审核意见：
	经办人（签章）	经办人（签章）
存款人（签章） 年　月　日	开户银行（签章） 年　月　日	人民银行（签章） 年　月　日

210x285mm（561300 202X年4月版）XXXX印务有限公司

填写时请阅读背面的“填写说明”。

图 4-2　变更银行结算账户申请书

存款人更改名称,但不改变开户银行及账号的,应于 5 个工作日内向开户银行提出银行结算账户的变更申请,并出具有关部门的证明文件。

单位的法定代表人或主要负责人、住址及其他开户资料发生变更的,应于 5 个工作日内书面通知开户银行并提供有关证明。

属于变更开户许可证记载事项的,存款人办理变更手续时,应交回开户许可证,由中国人民银行当地分支行换发新的开户许可证。

六、银行结算账户的撤销

银行结算账户的撤销是指存款人因开户资格或其他原因终止银行结算账户使用的行为。存款人申请撤销银行结算账户时,应填写"撤销银行结算账户申请书",如图 4-3

图 4-3 撤销银行结算账户申请书

所示。属于申请撤销单位银行结算账户的,应加盖单位公章;属于申请撤销个人银行结算账户的,应加盖其个人签章。银行在收到存款人撤销银行结算账户的申请后,符合销户条件的,应在 2 个工作日内办理撤销手续。

存款人撤销银行结算账户,必须与开户银行核对银行结算账户存款余额,交回各种重要空白票据及结算凭证和开户许可证,银行核对无误后方可办理销户手续。

有下列情形之一的,存款人应向开户银行提出撤销银行结算账户的申请:

(1) 被撤并、解散、宣告破产或关闭的。
(2) 注销、被吊销营业执照的。
(3) 因迁址需要变更开户银行的。
(4) 其他原因需要撤销银行结算账户的。

存款人有以上第(1)、(2)条情形的,应于 5 个工作日内向开户银行提出撤销银行结算账户的申请。撤销银行结算账户时,应先撤销一般存款账户、专用存款账户、临时存款账户,将账户资金转入基本存款账户后,方可办理基本存款账户的撤销;银行得知存款人有第(1)、(2)条情形,存款人超过规定期限未主动办理撤销银行结算账户手续的,银行有权停止其银行结算账户的对外支付;存款人因以上第(3)、(4)条情形撤销存款账户,需要重新开立基本存款账户的,应在撤销其原基本存款账户后 10 个工作日内申请重新开立基本存款账户。

任务二　支票结算业务管理

【实训目的】

通过本节课的学习,学生能够了解支票的基本理论知识;熟悉支票结算的基本流程及相关规定;准确无误地签发现金支票和转账支票。

【知识储备】

一、支票的概念

支票是出票人签发的,委托办理支票存款业务的银行在见票时无条件支付确定的金额给收款人或者持票人的票据。

二、支票的种类

根据用途的不同,支票分为现金支票、转账支票和普通支票三种。

支票上印有"现金"字样的为现金支票,如图 4-4 和图 4-5 所示,现金支票只能用于支取现金。

支票上印有"转账"字样的为转账支票,如图 4-6 和图 4-7 所示,转账支票只能用于转账。

支票上未印有"现金"或者"转账"字样的为普通支票,如图 4-8 所示,普通支票可以用于支取现金,也可以转账。在普通支票左上角划两条平行线的,为划线支票,划线支票只能用于转账,不能支取现金。

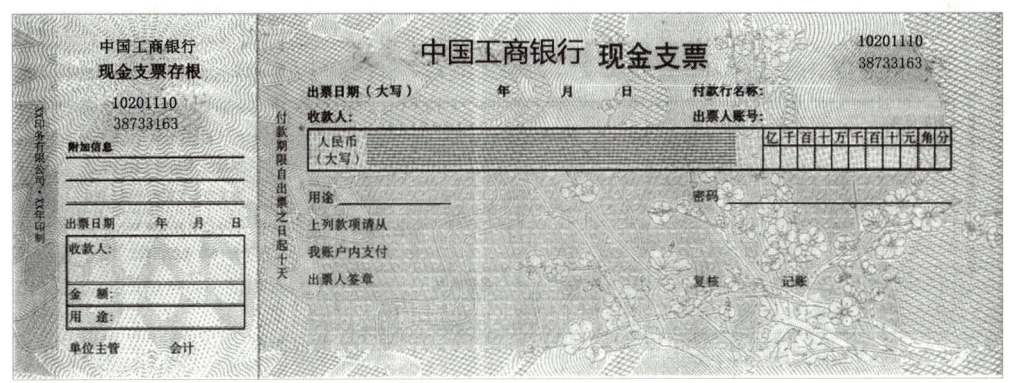

图 4-4　现金支票(正面)

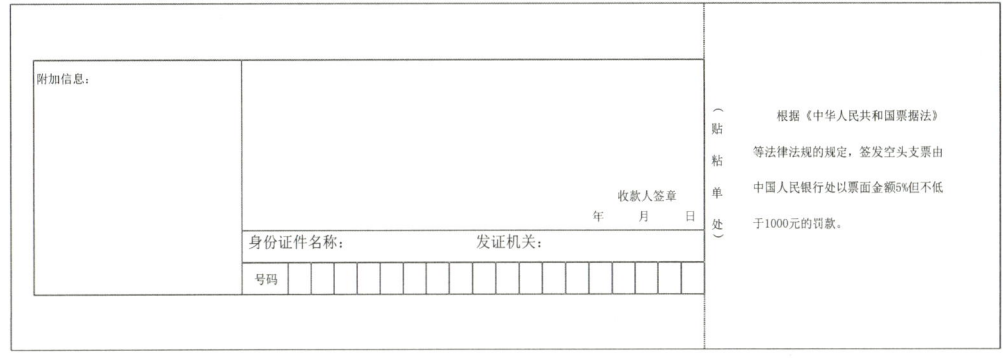

图 4-5　现金支票(背面)

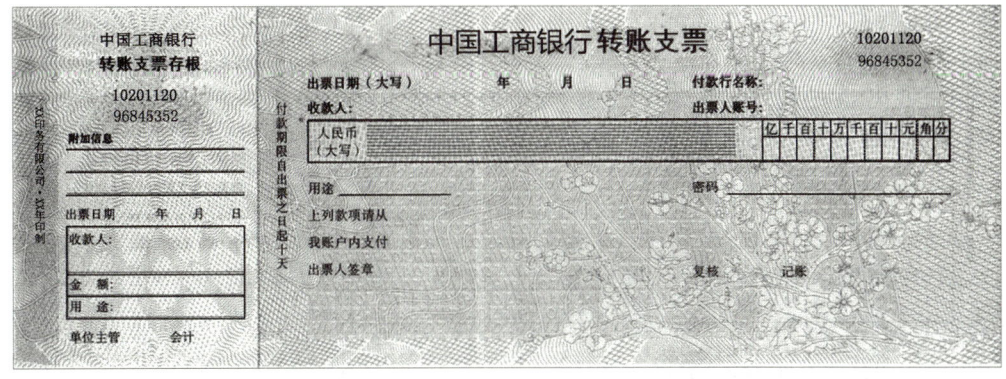

图 4-6　转账支票(正面)

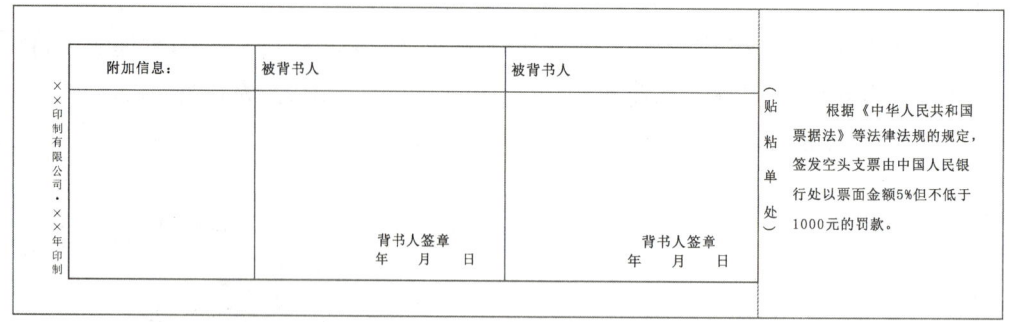

图 4-7 转账支票(背面)

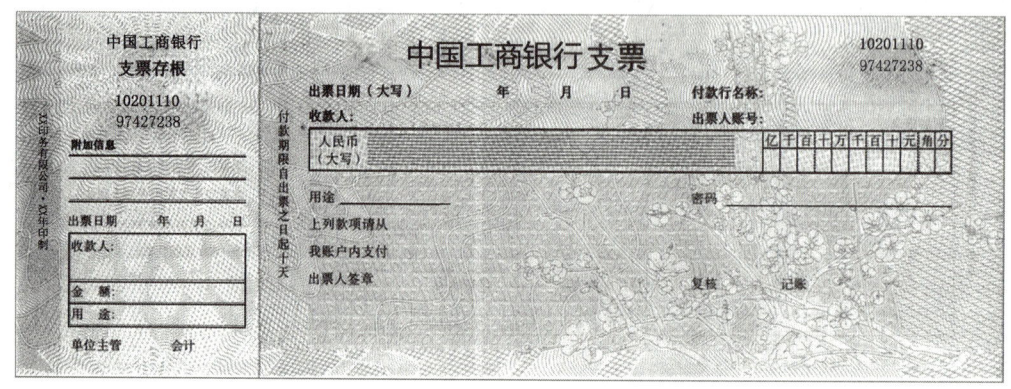

图 4-8 普通支票(正面)

三、支票填写的基本要求

(1) 支票的出票日期必须使用中文大写。为了防止变造支票的出票日期,在填写月、日时,月份为壹、贰、壹拾月的,应在其前面加上"零"。日期为壹至玖日、壹拾日、贰拾日、叁拾日的,应在其前面加上"零";日期为拾壹至拾玖日的,应在其前面加上"壹"。

(2) 支票的金额以中文大写和阿拉伯数字同时记载,两者必须一致,不一致的银行不予受理。金额的填写不得更改,大写金额应紧接着"人民币"字样,不得留有空白。阿拉伯数字前面应写上人民币符号"￥",人民币符号"￥"与阿拉伯数字之间不得留有空白。阿拉伯数字前面有人民币符号"￥"的,数字后面不再写"元"字,所有以"元"为单位的阿拉伯数字,除特殊情况,一律填写到角分位。没有角分的,用"00"代替;有角无分的,分位应写"0",不得用符号"—"代替。大写金额有分位的,在末尾不加"整"字,其余的一律在后面加"整"字。

(3) 出票日期、出票金额、收款人名称一律不得修改,修改的票据无效。更改的结算凭证,银行不予受理。对于票据和结算凭证上的其他记载事项,原记载人可以更改,更改时应当由原记载人在更改处签章证明。

（4）支票的用途：①现金支票的用途有限制，一般填写"备用金""差旅费""工资"等。②转账支票的用途没有具体规定，可填写"货款"或"代理费"等。

（5）出票人签章，即出票人的银行预留印章。银行预留印章一般为财务专用章和法人章，缺一不可，印泥为红色，印章必须清晰，印章模糊的支票应作废，需要更换支票，重新填写并盖章。

练习一　现金支票支付业务

【任务背景】

2023年12月1日，深圳诚信电子科技有限公司财务部出纳李芳芳到银行提取备用金，共1 500.00元。假设你是李芳芳，请填写一张现金支票。

【工作流程】

步骤1：填写现金支票正面，如图4-9所示。

现金支票正面填写的内容分为正联和存根联两部分。正联填写的内容包括出票日期、付款行名称、收款人名称、出票人账号、大小写金额、款项用途、出票人签章；存根联填写的内容包括出票日期、收款人名称、大小写金额、款项用途。存根联的内容应与正联保持一致。

出票日期：2023年12月01日

付款行名称：中国工商银行深圳宝安支行

收款人名称：深圳诚信电子科技有限公司

出票人账号：4623073198325156901

金额：1 500.00

用途：备用金

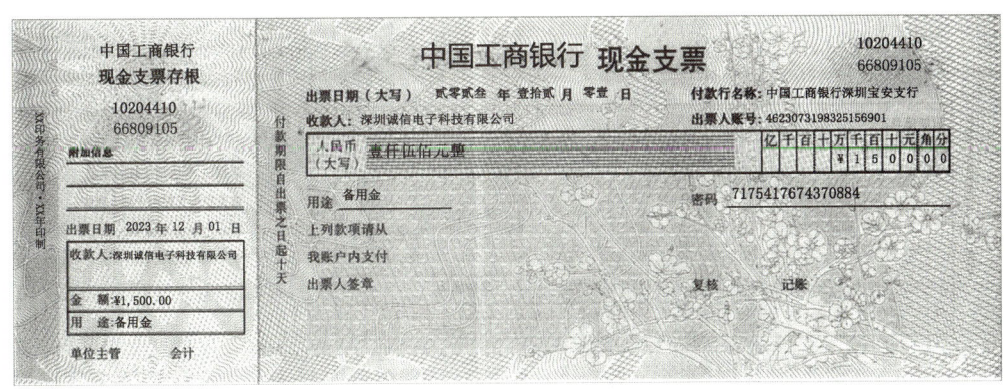

图4-9　填写现金支票正面

步骤2：现金支票填写好以后，必须在支票的正面加盖银行预留印章（图4-10）。印泥颜色必须与银行预留印鉴颜色一致，印章必须清晰且不能出现重叠。

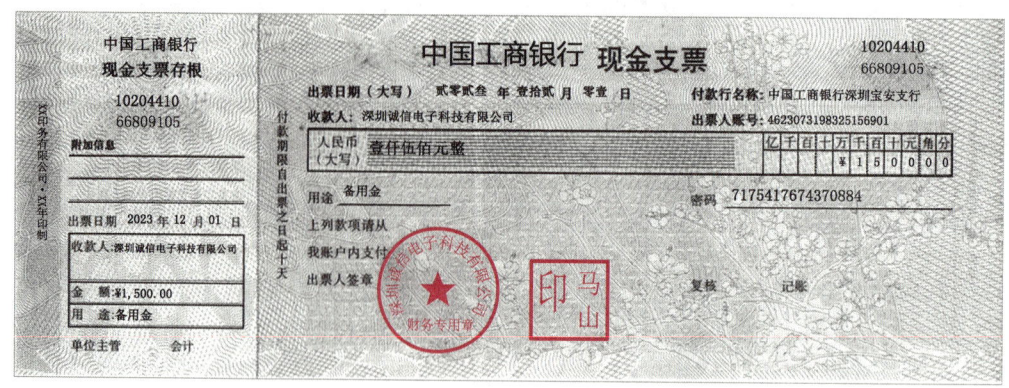

图 4-10　加盖银行预留印章

步骤3：出纳李芳芳携带个人证件（图 4-11）和签发好的现金支票到银行办理取款业务，并填写现金支票的背面信息（图 4-12）。

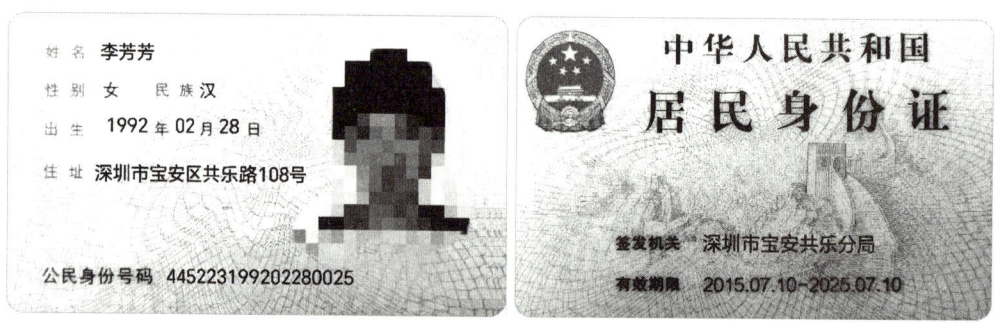

图 4-11　李芳芳身份证

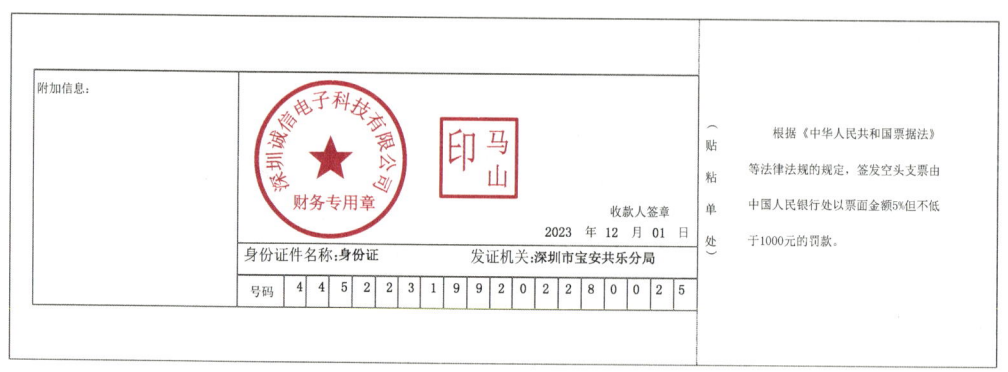

图 4-12　填写现金支票背面

步骤4：出纳李芳芳将现金支票存根（图 4-13）传递给会计马玉，会计马玉编制记账凭证。

步骤5：相关人员审核记账凭证并签名，如图 4-14 所示。

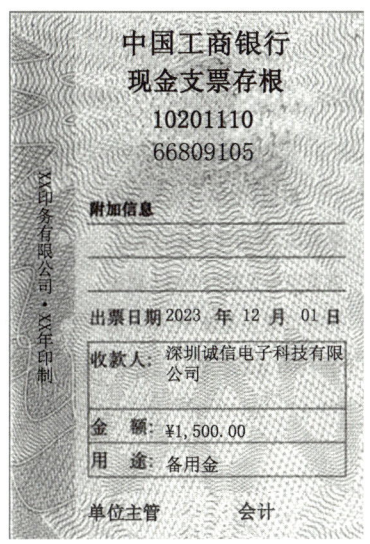

图 4-13 现金支票存根

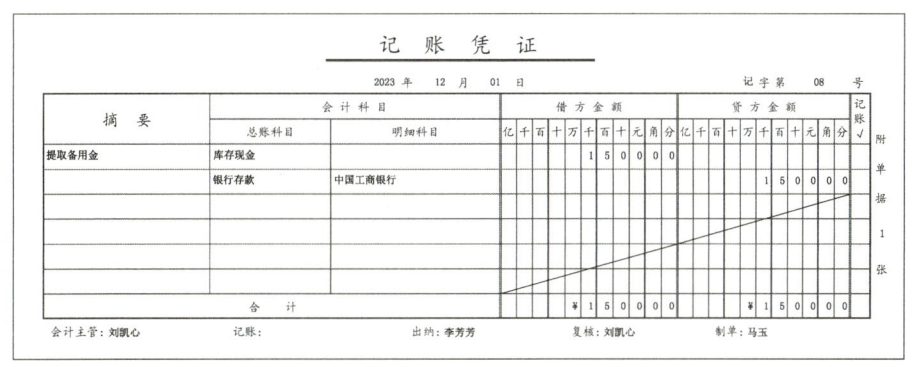

图 4-14 记账凭证

【同步训练】

2023 年 12 月 5 日，深圳瑞致食品有限公司聘请专家杨青给职工培训，发生培训费 3 000.00 元，出纳黄小丹签发现金支票给专家杨青。

要求：填写一张现金支票和相关业务记账凭证。[附：空白现金支票（正面）、空白现金支票（背面）]

练习二　转账支票付款业务

【任务背景】

2023 年 12 月 10 日，深圳诚信电子科技有限公司从深圳精益电子有限公司购买 10 台戴尔电脑、10 台惠普电脑，财务部签发转账支票支付货款。

转账支票付款业务

【工作流程】

步骤 1：出纳李芳芳根据采购部填写的付款申请单和购销合同填写转账支票，如

图 4-15 至图 4-18 所示。转账支票的存根联与正联填写一致。

出票日期：2023 年 12 月 10 日

付款行名称：中国工商银行深圳宝安支行

收款人：深圳精益电子有限公司

出票人账号：4623073198325156901

金额：96 050.00

用途：支付货款

付款申请单

申请日期：2023 年 12 月 10 日

申请部门	采购部	申请人	赵立松
付款原因	支付货款		
收款单位(人)	深圳精益电子有限公司	账号	4210878428169743017
开户银行	中国工商银行深圳南山区维迅路支行		
金额(大写)	零佰 零拾 玖万 陆仟 零佰 伍拾 零元 零角 零分		¥96,050.00
付款方式	□现金 ☑支票 □银行汇票 □商业承兑汇票 □银行承兑汇票 □银行本票 □网银转账 □支付宝 □微信 □其他		
备注			

总经理 马山   财务负责人 刘凯心   部门负责人

图 4-15 付款申请单

购销合同

合同编号：06048018

供货单位（甲方）：深圳精益电子有限公司
购货单位（乙方）：深圳诚信电子科技有限公司

根据《中华人民共和国民法典》及国家相关法律、法规之规定，甲乙双方本着平等互利的原则，就甲方购买乙方货物一事达成以下协议。

一、货物的名称、数量及价格：

货物名称	规格型号	单位	数量	单价	金额	税率	价税合计
戴尔电脑			10	4,500.00	45,000.00	13%	50,850.00
惠普电脑			10	4,000.00	40,000.00	13%	45,200.00
合计（大写）	玖万陆仟零伍拾元整						¥96,050.00

二、交货方式和费用承担：交货方式：购货方自行提货　，交货时间：2023年12月15日　前，
交货地点：　　　　　　　　，运费由　供货方　承担。

三、付款时间与付款方式：

四、质量异议期：订货方对供货方的货物质量有异议时，应在收到货物后　　　内提出，逾期视为货物质量合格。

五、未尽事宜经双方协商，作出补充协议，与本合同具有同等效力。

六、本合同自双方签章之日起生效，本合同壹式贰份，甲乙双方各执壹份。

甲方（签章）		乙方（签章）	
授权代表：	胡娜	授权代表：	马山
地　　址：	深圳南山区中途路116号	地　　址：	深圳市宝安区航城街道某某路4号
电　　话：	48916567	电　　话：	0755-79783614
日　　期：	2023 年 12 月 10 日	日　　期：	2023 年 12 月 10 日

图 4-16 收到购销合同

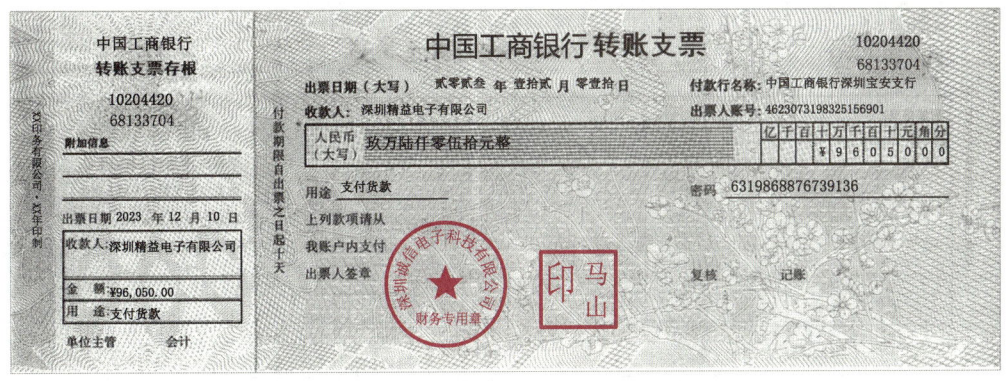

图 4-17 开具转账支票(正面)

图 4-18 开具转账支票(背面)

步骤 2：出纳李芳芳将转账支票的存根联(图 4-19)、付款申请单和购销合同传递给会计马玉，会计马玉编制记账凭证。

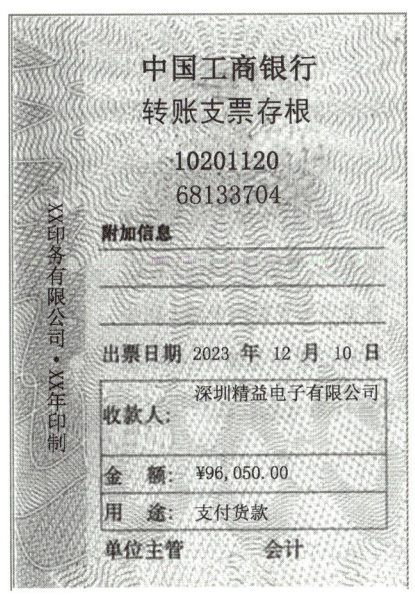

图 4-19 转账支票(存根)

步骤3：相关人员审核记账凭证并签名，如图4-20所示。

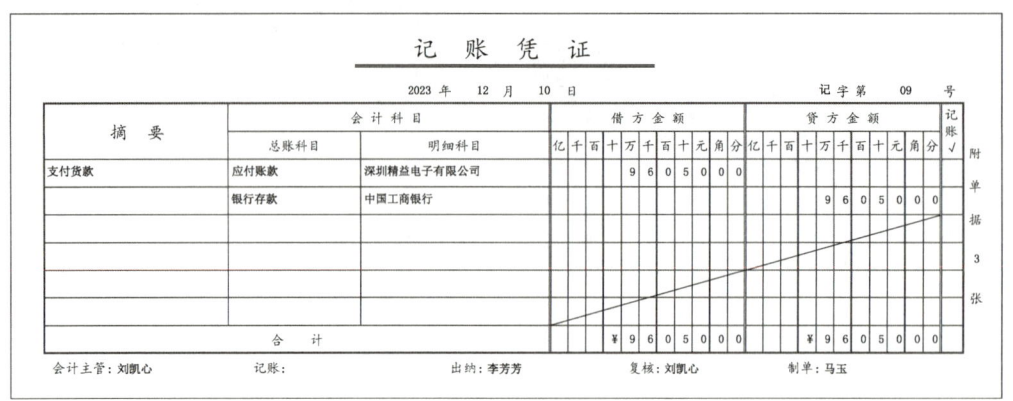

图 4-20 记账凭证

【同步训练】

2023年12月12日，深圳瑞致食品有限公司从佛山尔才食品有限公司购买100箱牛奶威化饼、500箱巧克力饼，深圳瑞致食品有限公司财务部签发转账支票支付货款，付款申请单和购销合同如图4-21和图4-22所示。

要求：填写一张转账支票和相关业务记账凭证。〔附：空白转账支票（正面）、空白转账支票（背面）〕

图 4-21 付款申请单

购销合同

合同编号：72911891

供货单位（甲方）：深圳瑞致食品有限公司
购货单位（乙方）：佛山尔才食品有限公司

根据《中华人民共和国民法典》及国家相关法律、法规之规定，甲乙双方本着平等互利的原则，就甲方购买乙方货物一事达成以下协议：

一、货物的名称、数量及价格：

货物名称	规格型号	单位	数量	单价	金额	税率	价税合计
牛奶威化饼		箱	100	60.00	6,000.00	13%	6,780.00
巧克力饼		箱	500	80.00	40,000.00	13%	45,200.00
合计（大写）	伍万壹仟玖佰捌拾元整						¥51,980.00

二、交货方式和费用承担：交货方式：_____，交货时间：_____前，
交货地点：_____，运费由_____承担。

三、付款时间与付款方式：_____
_____。

四、质量异议期：订货方对供货方的货物质量有异议时，应在收到货物后_____内提出，逾期视为货物质量合格。

五、未尽事宜经双方协商作补充协议，与本合同具有同等效力。

六、本合同自双方签字盖章之日起生效，本合同壹式贰份，甲乙双方各执壹份。

甲方（签章）：　　　　　　　　　　　乙方（签章）：
授权代表：陈娥姐　　　　　　　　　　授权代表：赵文
地　　址：深圳市宝安区光明街道20号　　地　　址：佛山市禅城区德月路657号
电　　话：0755-22913130　　　　　　电　　话：39339470
日　　期：2023 年 12 月 12 日　　　　日　　期：2023 年 12 月 12 日

图 4-22　购销合同

练习三　转账支票收款业务

【任务背景】

2023 年 12 月 13 日，深圳诚信电子科技有限公司收到广州金迅百货有限公司用于支付货款的转账支票，出纳李芳芳到银行办理转账手续。

【工作流程】

步骤 1：审核转账支票内容，如图 4-23 所示。

检查支票各填写项目是否符合规范，包括收款人名称是否为本单位全称、出票日期是否填写正确、金额大小写是否一致、签章是否清晰等。

步骤 2：审核无误后进行背书处理，如图 4-24 所示。

到银行办理转账时，需要在转账支票背面被背书人处填写银行名称，在背书人签章处加盖银行预留印章并填写"委托收款"字样。

步骤 3：填写进账单办理进账，如图 4-25 所示。

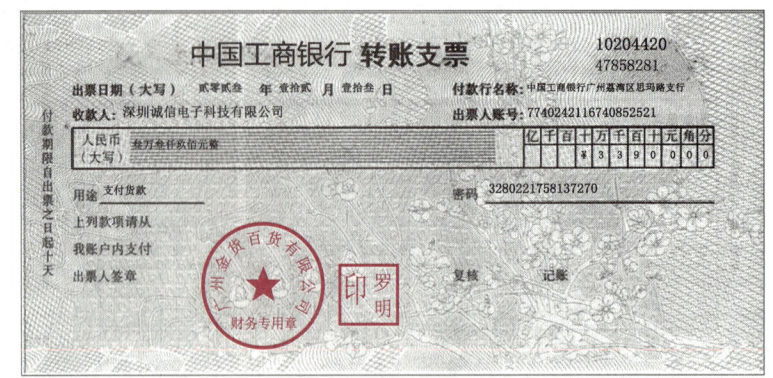

图 4-23　审核转账支票

图 4-24　填写转账支票背面

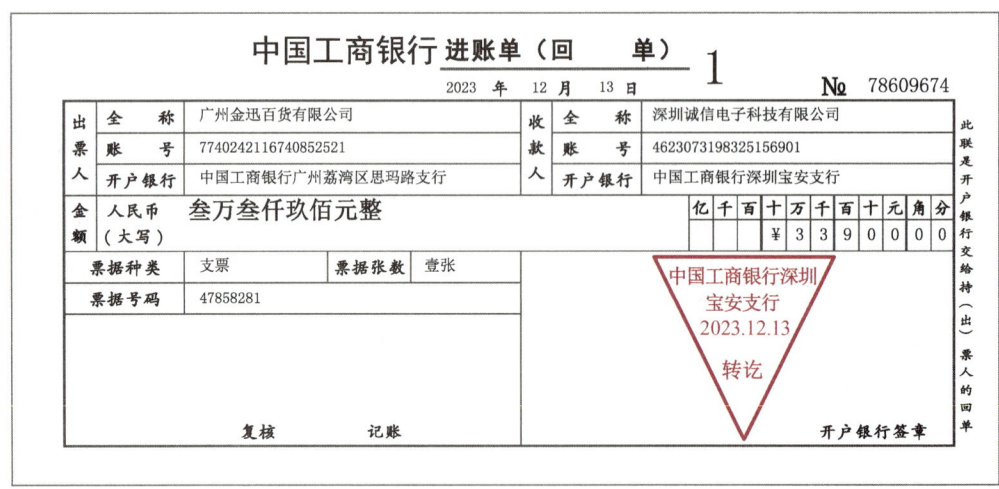

图 4-25　填写进账单

出纳人员持有盖章的转账支票去银行办理进账，并根据转账支票填写进账单。进账单分为一式三联，第一联（回单），第二联（贷方凭证），第三联（收账通知），办理进账时将转账支票和进账单一并交给开户银行办理进账业务。

银行审核无误后，在进账单的第一联，加盖银行业务受理章，并退还给出纳人员。

出票人:

全称:广州金迅百货有限公司

账号:7740242116740852521

开户银行:中国工商银行广州荔湾区思玛路支行

收款人:

全称:深圳诚信电子科技有限公司

账号:4623073198325156901

开户银行:中国工商银行深圳宝安支行

步骤4:出纳李芳芳将进账单(回单)传递给会计马玉,会计马玉编制记账凭证。

步骤5:相关人员审核记账凭证并签名,如图4-26所示。

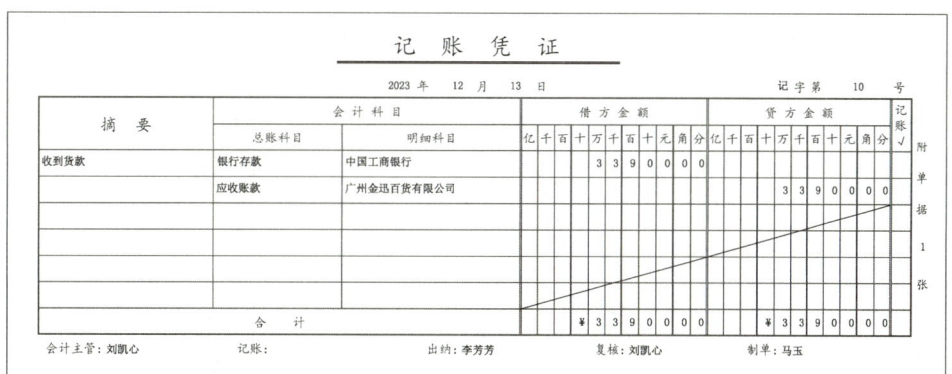

图4-26 记账凭证

【同步训练】

2023年12月15日,深圳瑞致食品有限公司收到东莞宇朗商贸有限公司用于支付货款的转账支票,深圳瑞致食品有限公司出纳到银行办理转账手续,如图4-27所示。

要求:办理进账手续,对转账支票进行背书,填写一张进账单,并填写相关业务记账凭证。〔附:空白转账支票(背面)、空白进账单〕

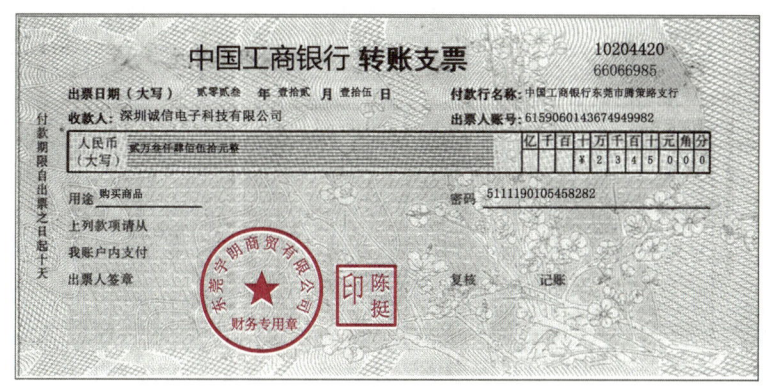

图4-27 审核转账支票

任务三 银行本票结算业务处理

【实训目的】

通过本节课的学习,学生能够了解银行本票的概念和适用范围,熟悉银行本票支付业务、收款业务办理流程及相关规定,能够正确填写银行本票申请书和进账单等原始单据。

【知识储备】

一、银行本票的概念和适用范围

银行本票是银行签发的,承诺在见票时无条件支付确定的金额给收款人或者持票人的票据。

银行本票结算适用于单位和个人在同城或同一票据交换区域的商品交易、提供劳务及其他款项的结算。申请人或收款人是单位的,不得申请签发现金银行本票。

二、银行本票的分类

银行本票一般分为定额本票和不定额本票。不定额本票的金额起点为 100.00 元,定额本票的面值一般为 1 000.00 元、5 000.00 元、10 000.00 元 50 000.00 元四种。定额本票规定格式为单联次,由中国人民银行统一规定票面规格、颜色和格式,并统一印制,如图 4-28 所示。

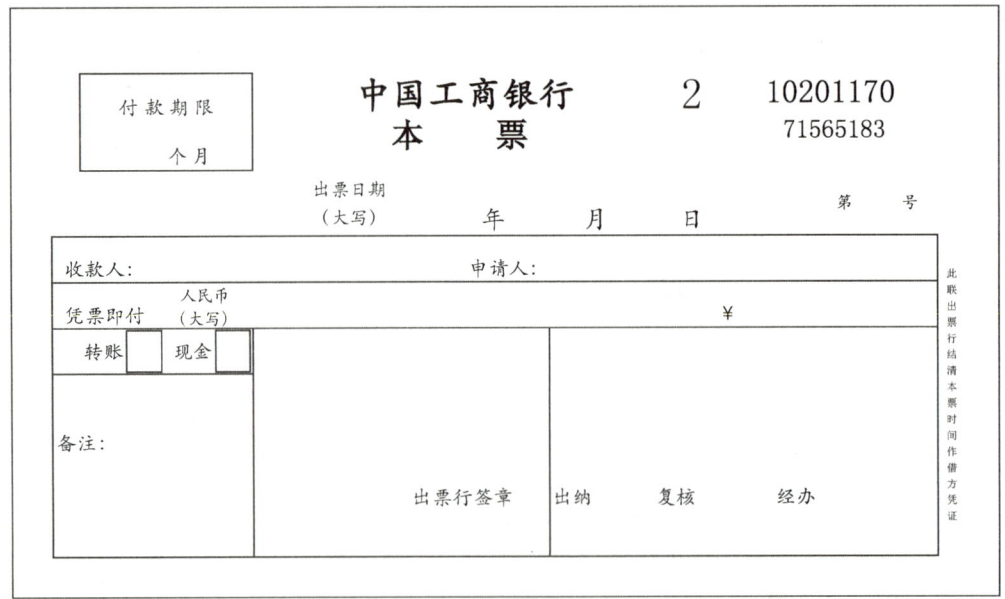

图 4-28 不定额银行本票(第二联)

三、银行本票的基本要求

银行本票的基本要求如下：

(1) 银行本票一律记名，允许背书转让，但填明"现金"字样的银行本票，不能背书转让。银行本票可以用于转账，注明"现金"字样的银行本票可以用于支取现金。

(2) 银行本票的提示付款期限为自出票日起最长不得超过 2 个月，不分大月、小月，统一按次月对日计算，到期日遇到节假日顺延。持票人超过提示付款期限提示付款的，代理付款人不予受理。银行本票的代理付款人是代理出票银行审核支付银行本票款项的银行。

(3) 银行本票见票即付，不予挂失；遗失的不定额银行本票在付款期满后 1 个月确定未冒领，可以办理退款手续。

(4) 银行本票的出票人为经中国人民银行当地分支行批准办理银行本票业务的银行机构。

(5) 不允许签发定期银行本票等远期本票。

练习一　银行本票支付业务

【任务背景】

2023 年 12 月 15 日，深圳诚信电子科技有限公司从中山博园电子有限公司购买 40 台华为电脑，财务部出纳李芳芳签发"本票申请书"并申请本票。

【工作流程】

步骤 1：出纳李芳芳根据付款申请单和购销合同填写一式三份的银行本票申请书，如图 4-29 至图 4-31 所示，第一联为申请人回单，第二联为银行借方凭证，第三联为银行贷方凭证。在第一联加盖预留银行印章。

申请日期：2023 年 12 月 15 日

申请人：深圳诚信电子科技有限公司

申请人账号：4623073198325156901

收款人：中山博园电子有限公司

收款人账号：6400426598889237586

银行名称：中国工商银行中山市辰建路支行

金额：226 000.00

用途：支付货款

付款申请单

申请日期： 2023 年 12 月 15 日

申请部门	采购部	申请人	李晓
付款原因	购买电脑		
收款单位（人）	中山博园电子有限公司	账号	6400426598889237586
开户银行	中国工商银行中山市辰建路支行		
金额（大写）	零佰 贰拾 贰万 陆仟 零佰 零拾 零元 零角 零分 ￥226,000.00		
付款方式	□现金　□支票　□银行汇票　□商业承兑汇票　□银行承兑汇票 ✓银行本票　□网银转账　□支付宝　□微信　□其他		
备注			

总经理 马山　　　财务负责人 刘凯心　　　部门负责人

图 4-29　付款申请单

购销合同

合同编号：79660372

购货单位（甲方）： 深圳诚信电子科技有限公司
供货单位（乙方）： 中山博园电子有限公司

根据《中华人民共和国民法典》及国家相关法律、法规之规定，甲乙双方本着平等互利的原则，就甲方购买乙方货物一事达成以下协议。

一、货物的名称、数量及价格：

货物名称	规格型号	单位	数量	单价	金额	税率	价税合计
华为电脑			40	5,000.00	200,000.00	13%	226,000.00
合计（大写）	贰拾贰万陆仟元整						￥226,000.00

二、交货方式和费用承担：交货方式： 供货方送货 ，交货时间：2023年12月31日 前。
　交货地点：　　　　　　　，运费由 供货方 承担。
三、付款时间与付款方式： 2023年12月20日前支付货款，采用银行本票支付
四、质量异议期：订货方对供货方的货物质量有异议时，应在收到货物后　　　　　内提出，逾期视为货物质量合格。
五、未尽事宜经双方协商可作补充协议，与本合同具有同等效力。
六、本合同自双方签字、盖章之日起生效。本合同壹式贰份，甲乙双方各执壹份。

甲方（签章）：　　　　　　　　　　　乙方（签章）：
授权代表： 马山　　　　　　　　　　授权代表： 刘英
地　　址： 深圳市宝安区航城街道学子路9号　　地　　址： 中山市普江路263号
电　　话： 0755-29763614　　　　　　电　　话： 6091278
日　　期： 2023 年 12 月 15 日　　　日　　期： 2023 年 12 月 15 日

图 4-30　购销合同

图 4-31 填写银行本票申请书

步骤 2：开户银行签发银行本票，如图 4-32 所示。

出纳李芳芳将银行本票申请书交给银行，银行签发银行本票给企业。银行本票一式两联，第一联卡片，由出票行留存，结清本票时作借方凭证附件；第二联本票，由出票行结清本票时作借方凭证。

付款期限：2 个月

出票日期：2023 年 12 月 15 日

收款人：中山博园电子有限公司

申请人：深圳诚信电子科技有限公司

金额：226 000.00

付款方式：转账

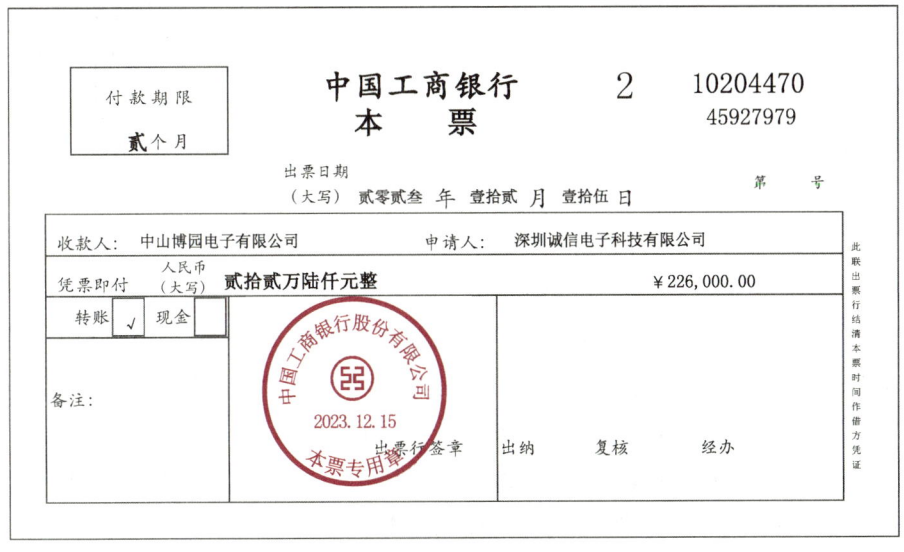

图 4-32 签发银行本票

步骤3：出纳李芳芳将银行本票申请书回单联、付款申请单和购销合同传递给会计马玉，会计马玉编制记账凭证。

步骤4：相关人员审核记账凭证并签名，如图4-33所示。

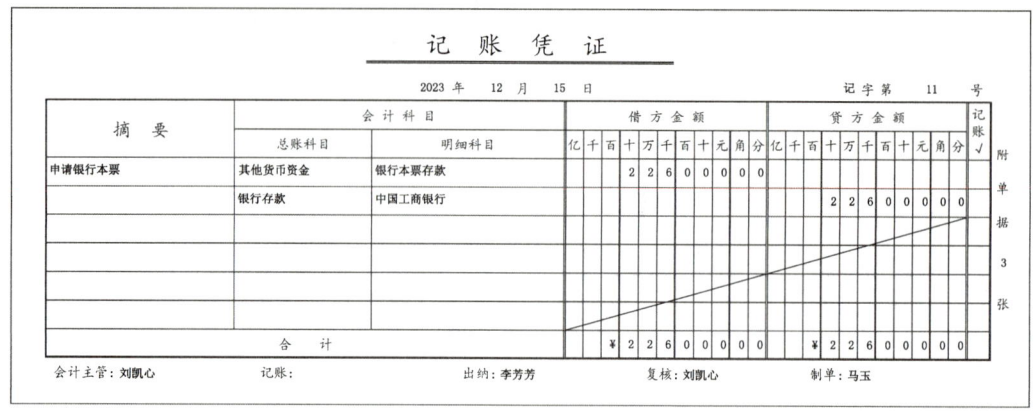

图4-33 记账凭证

步骤5：银行之间传递凭证，办理资金划拨。会计马玉根据银行付款通知编制记账凭证。

步骤6：相关人员审核记账凭证并签名，如图4-34所示。

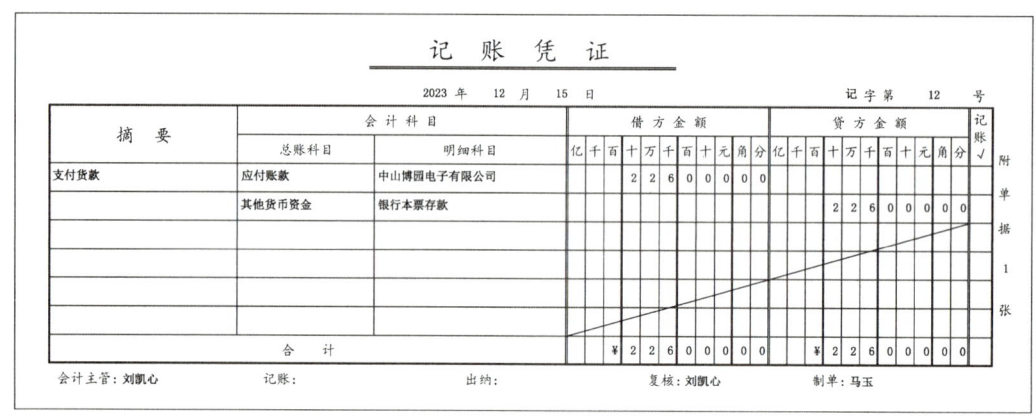

图4-34 记账凭证

【同步训练】

2023年12月16日，深圳瑞致食品有限公司从东莞鹏天工贸有限公司购买200箱巧克力威化饼、200箱牛奶威化饼，要求以银行本票结清货款，深圳瑞致食品有限公司财务部申请本票，付款申请单和购销合同如图4-35和图4-36所示。

要求：填写银行本票申请书，申请办理银行本票，并用于结算货款，编制相关业务的记账凭证。（附：空白银行本票申请书、空白银行本票）

付款申请单

申请日期： 2023 年 12 月 16 日

申请部门	采购部		申请人	王缓缓
付款原因	支付货款			
收款单位(人)	东莞鹏天工贸有限公司		账号	1028176105461337739
开户银行	中国工商银行东莞市福妙路支行			
金额(大写)	零佰 零拾 贰万 肆仟 捌佰 陆拾 零元 零角 零分			¥24,860.00
付款方式	□现金 □支票 □银行汇票 □商业承兑汇票 □银行承兑汇票 ☑银行本票 □网银转账 □支付宝 □微信 □其他			
备注				

总经理 陈媛媛   财务负责人 杨伟强   部门负责人

图 4-35 付款申请单

购销合同

合同编号：29251342

购货单位（甲方）：深圳瑞致食品有限公司
供货单位（乙方）：东莞鹏天工贸有限公司

根据《中华人民共和国民法典》及国家相关法律、法规之规定，甲乙双方本着平等互利的原则，就甲方购买乙方货物一事达成以下协议：

一、货物的名称、数量及价格：

货物名称	规格型号	单位	数量	单价	金额	税率	价税合计
巧克力威化饼			200	50.00	10,000.00	13%	11,300.00
牛奶威化饼			200	60.00	12,000.00	13%	13,560.00
合计（大写）	贰万肆仟捌佰陆拾元整						¥24,860.00

二、交货方式和费用承担：交货方式：购货方自行提货   交货时间：2023年12月25日 前，
交货地点：_____，运费由 供货方 承担。
三、付款时间与付款方式：2023年12月20日前付款，结算方式为银行本票。
四、质量异议期：订货方对供货方的货物质量有异议时，应在收到货物后_____内提出，逾期视为货物质量合格。
五、未尽事宜经双方协商可作补充协议，与本合同具有同等效力。
六、本合同自双方签字、盖章之日起生效，本合同壹式贰份，甲乙双方各执壹份。

甲方（签章）：   乙方（签章）：
授权代表：陈媛媛   授权代表：赵秀
地   址：深圳市宝安区光明街道200号 地   址：东莞市恒驰路535号
电   话：0755-22313130   电   话：16099883
日   期：2023 年 12 月 16 日   日   期：2023 年 12 月 16 日

图 4-36 购销合同

练习二　银行本票收款业务

【任务背景】

2023 年 12 月 17 日，深圳诚信电子科技有限公司向深圳迪和计算机有限公司销售

550个键盘、420只鼠标,收到一张银行本票。

【工作流程】

步骤1:收款人审核银行本票内容和购销合同的对应项目,如图4-37和图4-38所示。

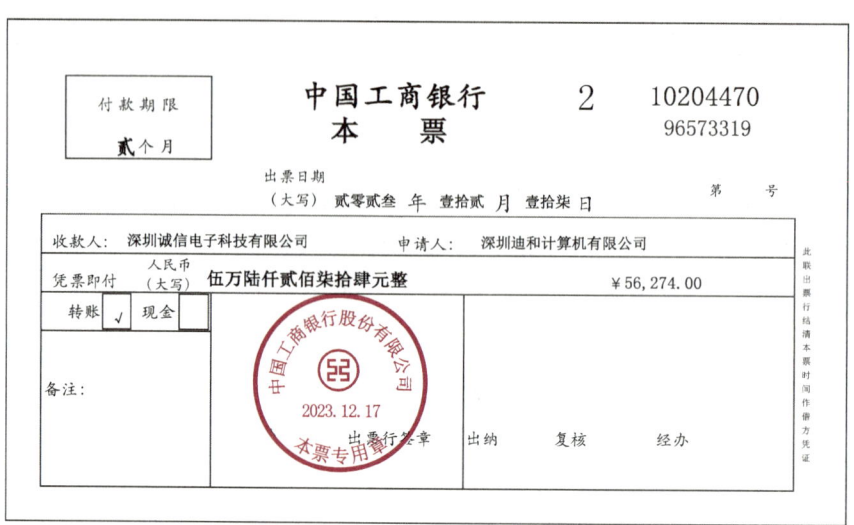

图4-37 审核银行本票

图4-38 签订购销合同

收款人应在银行本票规定的付款期限内(2 个月),持银行本票到本单位的开户银行办理收款进账手续,超过付款期限的,银行不予受理。另外,要特别注意银行本票的金额与购销合同的金额是否一致。

步骤 2:收款人审核银行本票无误后,在银行本票背面“持票人向银行提示付款签章”处加盖预留银行印章,如图 4-39 所示。如果收款人为个人的,则在银行本票背面“持票人向银行提示付款签章”处加盖个人印章并填写身份证件名称和号码。

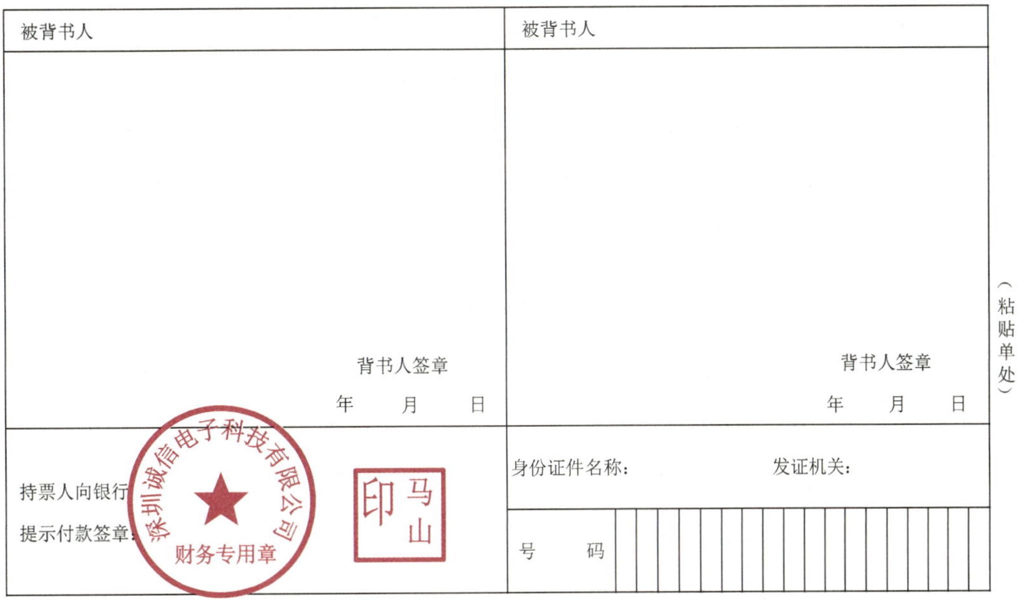
被背书人
背书人签章
年　月　日
被背书人
背书人签章
年　月　日
(粘贴单处)
持票人向银行
提示付款签章:
深圳诚信电子科技有限公司
财务专用章
马山印
身份证件名称:
发证机关:
号　码

图 4-39　填写银行本票背面

步骤 3:收款人根据审核无误的银行本票填写进账单(图 4-40),将填写好的进账单和银行本票一并交给开户银行办理进账手续。

出票人:

全称:深圳迪和计算机有限公司

账号:2456131571909323665

开户银行:中国工商银行深圳市金迅路支行

收款人:

全称:深圳诚信电子科技有限公司

账号:4623073198325156901

开户银行:中国工商银行深圳宝安支行

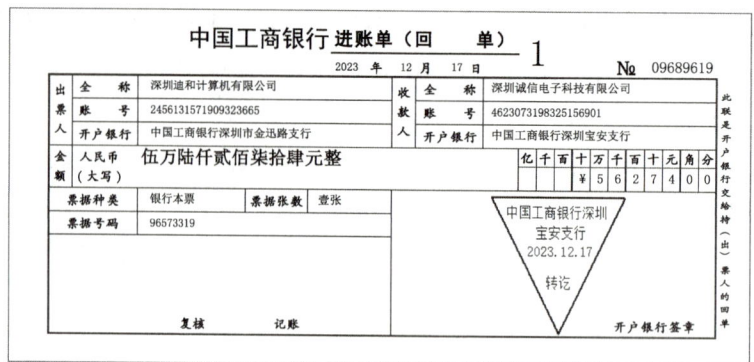

图 4-40　填写进账单

步骤 4：银行之间传递凭证，办理资金划拨。收款人开户银行办理好进账手续之后，通知收款人收款入账，出纳人员将进账单收账通知（图 4-41）、增值税电子专用发票（图 4-42）和购销合同传递给会计，会计马玉编制记账凭证。

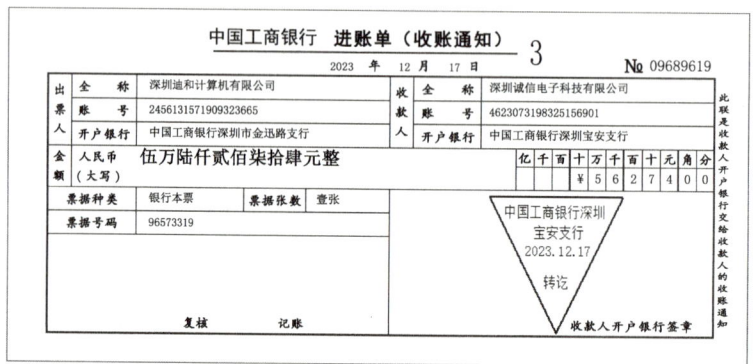

图 4-41　进账单收账通知

图 4-42　增值税电子专用发票

步骤 5：相关人员审核记账凭证并签名，如图 4-43 所示。

摘要	会计科目		借方金额	贷方金额	记账
	总账科目	明细科目	亿千百十万千百十元角分	亿千百十万千百十元角分	√
收到货款	银行存款	中国工商银行	5 6 2 7 4 0 0		
	主营业务收入	键盘		3 3 0 0 0 0 0	
	主营业务收入	鼠标		1 6 8 0 0 0 0	
	应交税费	应交增值税（销项税额）		6 4 7 4 0 0	
	合 计		￥ 5 6 2 7 4 0 0	￥ 5 6 2 7 4 0 0	

记账凭证
2023 年 12 月 17 日　　记字第 13 号
会计主管：刘凯心　　记账：　　出纳：李芳芳　　复核：刘凯心　　制单：马玉

图 4-43　记账凭证

【同步训练】

2023 年 12 月 20 日，深圳瑞致食品有限公司收到佛山尔才食品有限公司用于支付货款的银行本票，深圳瑞致食品有限公司出纳到银行办理进账手续，银行本票和购销合同如图 4-44 和图 4-45 所示。

要求：请对银行本票进行背书，填写进账单，办理进账手续，并编制相关业务的记账凭证。［附：空白银行本票（背面）、空白进账单］

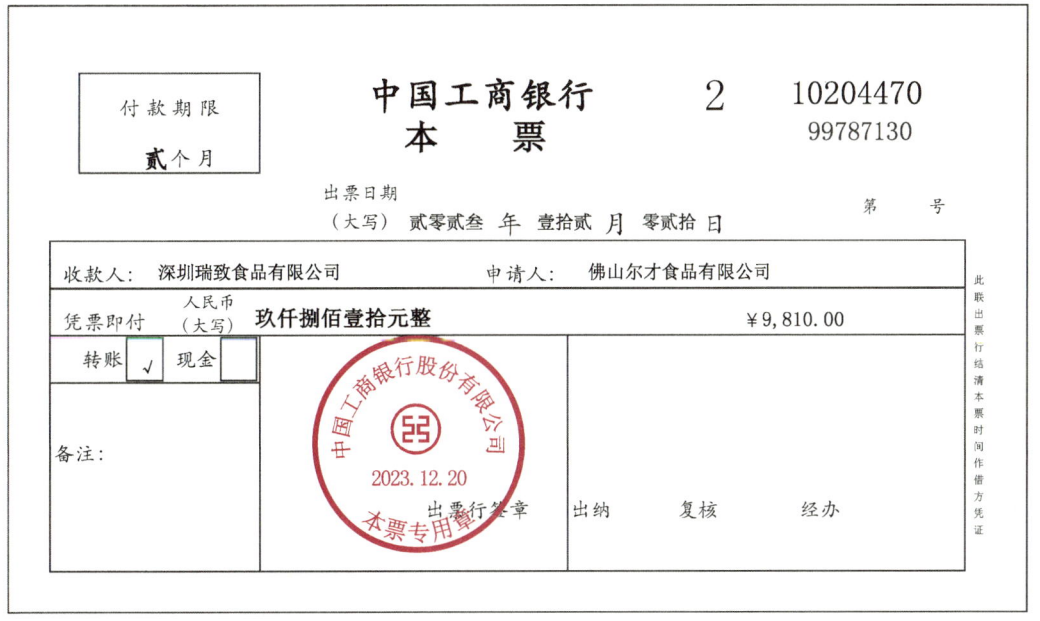

图 4-44　审核银行本票

购销合同

合同编号：83599632

购货单位（甲方）：佛山尔才食品有限公司
供货单位（乙方）：深圳瑞致食品有限公司

根据《中华人民共和国民法典》及国家相关法律、法规之规定，甲乙双方本着平等互利的原则，就甲方购买乙方货物一事达成以下协议。

一、货物的名称、数量及价格：

货物名称	规格型号	单位	数量	单价	金额	税率	价税合计
小麦粉			1000	3.00	3,000.00	9%	3,270.00
食用油			500	12.00	6,000.00	9%	6,540.00
合计（大写）	玖仟捌佰壹拾元整						¥9,810.00

二、交货方式和费用承担：交货方式：供货方送货，交货时间：2023年12月25日前。
交货地点：_____，运费由 购货方 承担。

三、付款时间与付款方式：结算方式为本票。

四、质量异议期：订货方对供货方的货物质量有异议时，应在收到货物后_____内提出，逾期视为货物质量合格。

五、未尽事宜经双方协商可作补充协议，与本合同具有同等效力。

六、本合同自双方签字、盖章后生效。本合同壹式贰份，甲乙双方各执壹份。

甲方（签章）：（印章：佛山尔才食品有限公司）	乙方（签章）：（印章：深圳市瑞致食品有限公司）
授权代表：赵文	授权代表：陈媛媛
地　址：佛山单城区德月路57号	地　址：深圳市宝安区北明街道200号
电　话：39339470	电　话：0755-22313130
日　期：2023 年 12 月 18 日	日　期：2023 年 12 月 18 日

图 4-45　签订购销合同

任务四　银行汇票结算业务处理

【实训目的】

通过本节课的学习，了解银行汇票的概念和适用范围，熟悉银行汇票支付业务、收款业务的办理流程以及相关规定，能够正确填写银行汇票申请书和进账单等原始单据。

【知识储备】

一、银行汇票的概念和适用范围

银行汇票是出票银行签发的，由其在见票时按照实际结算金额无条件支付给收款人或者持票人的票据。银行汇票的出票银行为银行汇票的付款人。银行汇票结算是指申请人将款项交存当地银行，由银行签发银行汇票给申请人，申请人持银行汇票办理转账结算或支付现金的一种结算方式。

银行汇票一式四联，第一联为卡片，为承兑行支付票据款项时作付出传票；第二联为银行汇票，与第三联解讫通知一并由汇款人自带，在兑付行兑付汇票后此联作银行往来账付出传票；第三联为解讫通知，在兑付行兑付后随报单寄签发行，由签发行作余款收入传票；第四联是多余款收账通知，在签发行结清款项后交汇款人，如图 4-46 至图 4-49 所示。

中国工商银行
银行汇票（卡片）　1　10201140 51289501
出票日期（大写）　年　月　日　代理付款行：　行号：
提示付款期限自出票之日起一个月
收款人：
出票金额　人民币（大写）
实际结算金额　人民币（大写）　亿 千 百 十 万 千 百 十 元 角 分
申请人：　账号：
出票行：　行号：
备　注：
凭票付款
出票人签章
复核：　记账：
此联出票行结清汇票时作汇出汇款借方凭证

图 4-46　银行汇票　第一联（卡片）

中国工商银行
银行汇票　2　10201140 51289501
出票日期（大写）　年　月　日　代理付款行：　行号：
提示付款期限自出票之日起壹个月
收款人：
出票金额　人民币（大写）
实际结算金额　人民币（大写）　亿 千 百 十 万 千 百 十 元 角 分
申请人：　账号：
出票行：　行号：
备　注：
凭票付款
出票人签章
密押：
多余金额　千 百 十 万 千 百 十 元 角 分
复核：　记账：
此联代理付款行付款后作联行往账借方凭证附件

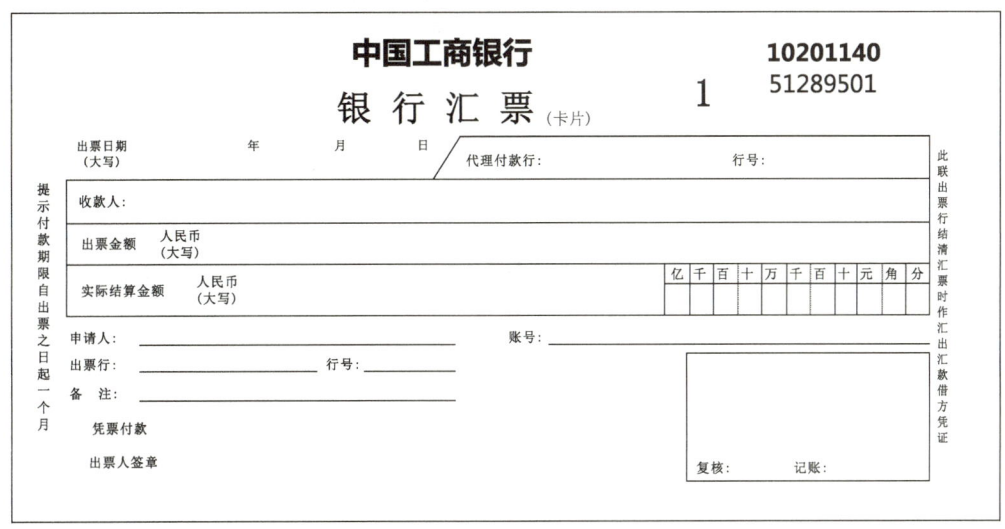

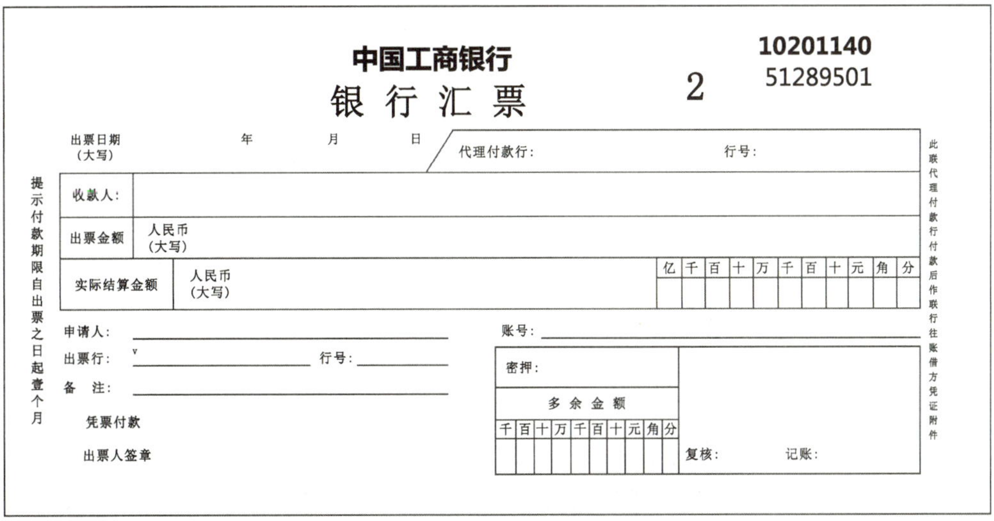

图 4-47　银行汇票　第二联（银行汇票）

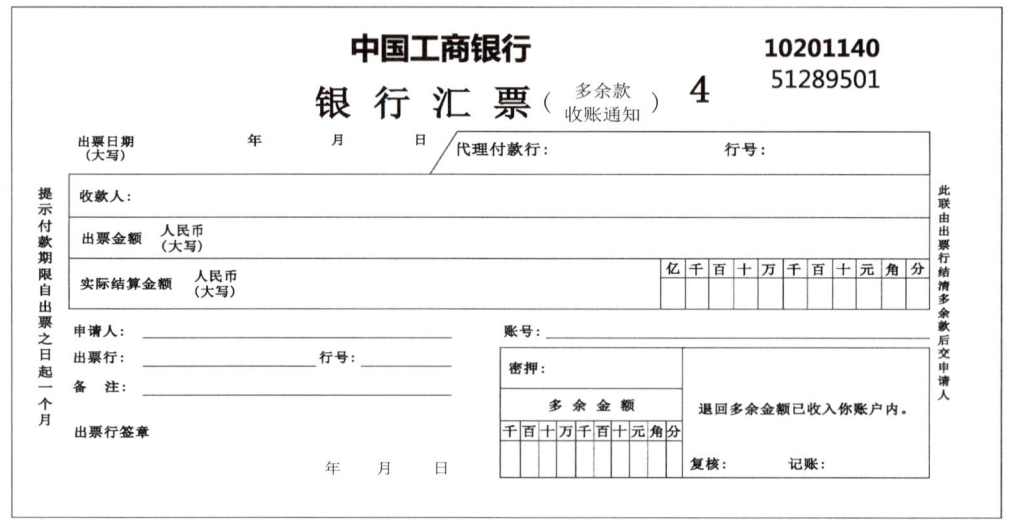

图 4-48　银行汇票　第三联（解讫通知）

图 4-49　银行汇票　第四联（多余款收账通知）

单位和个人的各种款项结算均可使用银行汇票。凡在银行开账户的单位、个体工商户和未在银行开立账户的个人，均可向银行申请办理银行汇票。银行汇票在同城、异地均可使用，但主要用于异地结算。

二、银行汇票结算的特点

银行汇票结算的特点如下：

（1）票随人走，钱货两清。采用银行汇票结算，购货方交款，银行开票，票随人走；购货方购货给票，销货方验票发货，一手交票，一手交货；银行见票给付，减少结算环节，缩短资金在途时间，便于业务开展。

(2)信用度高,安全可靠。银行汇票是以银行信用作为保证,银行保证支付,收款人可以安全及时地到银行收取款项。

(3)使用灵活,适用性强。持票人可以一次性转账,也可以分次付款,还可通过银行办理转汇,也可将银行汇票背书转让。

(4)银行汇票余额自动退回。购货方持银行汇票购货,在汇票的汇款金额之内的,可根据实际采购金额办理支付,多余款项银行自动退回。

三、银行汇票的基本要求

银行汇票的基本要求如下:

(1)银行汇票一律记名,汇款额起点为 500.00 元。

(2)银行汇票的付款期为 1 个月,不分大月、小月,统按次月对日计算,到期日遇到节假日顺延。逾期的银行汇票,兑付银行不予受理。

(3)签发带有"现金"字样的汇票,可直接提取现金。

(4)申请人或收款人为单位的,不能申请现金银行汇票。

(5)银行汇票允许背书转让,但填明"现金"字样的银行汇票不能背书转让。银行汇票的背书转让以不超过出票金额的实际结算金额为准。未填写实际结算金额或实际结算金额超过出票金额的银行汇票不得背书转让。背书转让必须连续。

练习一 银行汇票支付业务

银行汇票支付业务

【任务背景】

2023 年 12 月 20 日,深圳诚信电子科技有限公司申请一张 30 000.00 元的银行汇票,用于支付购货款,财务部出纳完成了相关手续。

【工作流程】

步骤 1:出纳李芳芳根据"付款申请单"和"购销合同"填写一式三联的银行汇票申请书(第一联为银行借方凭证,第二联为银行贷方凭证,第三联为申请人回单),并在第一联加盖预留银行印章,如图 4-50 至图 4-52 所示。

申请日期:2023 年 12 月 20 日

申请人:深圳诚信电子科技有限公司

申请人账号:4623073198325156901

收款人:广州百林科技有限公司

收款人账号:5353712530206336729

银行名称:中国工商银行广州黄埔区兴虹路支行

金额:30 000.00

用途:支付购货款

付款申请单

申请日期：2023 年 12 月 19 日

申请部门	采购部	申请人	张琳
付款原因	支付货款		
收款单位(人)	广州百林科技有限公司	账号	5353712530206336729
开户银行	中国工商银行广州黄埔区兴虹路支行		
金额(大写)	零佰 零拾 叁万 零仟 零佰 零拾 零元 零角 零分	￥30,000.00	
付款方式	□现金　□支票　☑银行汇票　□商业承兑汇票　□银行承兑汇票 □银行本票　□网银转账　□支付宝　□微信　□其他		
备注			

总经理 马山　　　财务负责人 刘凯心　　　部门负责人

图 4-50　付款申请单

购销合同

合同编号：57635130

供货单位（甲方）：广州百林科技有限公司
购货单位（乙方）：深圳诚信电子科技有限公司

根据《中华人民共和国民法典》及国家相关法律、法规之规定，甲乙双方本着平等互利的原则，就甲方购买乙方货物一事达成以下协议：

一、货物的名称、数量及价格：

货物名称	规格型号	单位	数量	单价	金额	税率	价税合计
64G 内存卡			280	35.00	9,800.00	13%	11,074.00
128G U盘			80	65.00	5,200.00	13%	5,876.00
64G U盘			200	50.00	10,000.00	13%	11,300.00
合计（大写）贰万捌仟贰佰伍拾元整							￥28,250.00

二、交货方式和费用承担：交货方式：＿＿＿＿＿＿，交货时间：＿＿＿＿＿＿前，
交货地点：＿＿＿＿＿＿，运费由＿＿＿＿＿＿承担。

三、付款时间与付款方式：以银行汇票结算

四、质量异议期：订货方对供货方的货物质量有异议时，应在收到货物后＿＿＿＿＿＿内提出，逾期视为货物质量合格。

五、未尽事宜经双方协商后作补充协议，与本合同具有同等效力。

六、本合同自双方签字盖章之日起生效，本合同壹式贰份，甲乙双方各执壹份。

甲方（签章）：　　　　　　　　　　　乙方（签章）：
授权代表：高义修　　　　　　　　　　授权代表：马山
地　　址：广州黄埔区诗骏路595号　　地　　址：深圳市宝安区航城街道等字路4号
电　　话：13192027　　　　　　　　电　　话：0755-79763614
日　　期：2023 年 12 月 19 日　　　日　　期：2023 年 12 月 19 日

图 4-51　收到购销合同

中国工商银行　汇票申请书

申请日期：2023 年 12 月 20 日　　　　第　　号

申请人	深圳诚信电子科技有限公司	收款人	广州百林科技有限公司
账号或地址	4623073198325156901	账号或住址	5353712530206336729
用途	支付购货款	代理付款行	中国工商银行广州黄埔区兴虹路支行

汇款金额　人民币（大写）　叁万元整　　￥3 0 0 0 0 0 0

上列款项请从我单位账号内支付

科目：　　　　　
对方科目：　　　　

申请人签章　　财务主管　　复核　　经办

此联汇款人留存

图 4-52　填写银行汇票申请书

步骤 2：出纳李芳芳将"中国工商银行汇票申请书"递交给银行，银行签发银行汇票给企业，并在银行汇票第一联上盖预留银行印章，如图 4-53 所示。

出票日期：2023 年 12 月 20 日

代理付款行：中国工商银行深圳宝安支行

代理付款行行号：468896301768

收款人：广州百林科技有限公司

出票金额：30 000.00

申请人：深圳诚信电子科技有限公司

账号：4623073198325156901

出票行：中国工商银行深圳宝安支行

出票行行号：468896301768

中国工商银行　银行汇票（卡片）　1

10204440
55511240

出票日期（大写）：贰零贰叁 年 壹拾贰 月 零贰拾 日

代理付款行：中国工商银行深圳宝安支行　行号：408890301768

收款人：广州百林科技有限公司

出票金额　人民币（大写）　叁万元整

实际结算金额　人民币（大写）

申请人：深圳诚信电子科技有限公司　账号：4623073198325156901

出票行：中国工商银行深圳宝安支行　行号：468896301768

备注：

凭票付款

出票人签章

提示付款期限自出票之日起一个月

此联出票行结清汇票时作汇出汇款借方凭证

复核：　　记账：

图 4-53　填写银行汇票（银行汇票）

步骤3：出纳李芳芳将银行汇票申请书、付款申请单和购销合同传递给会计马玉，会计马玉编制记账凭证。

步骤4：相关人员审核记账凭证并签名，如图4-54所示。

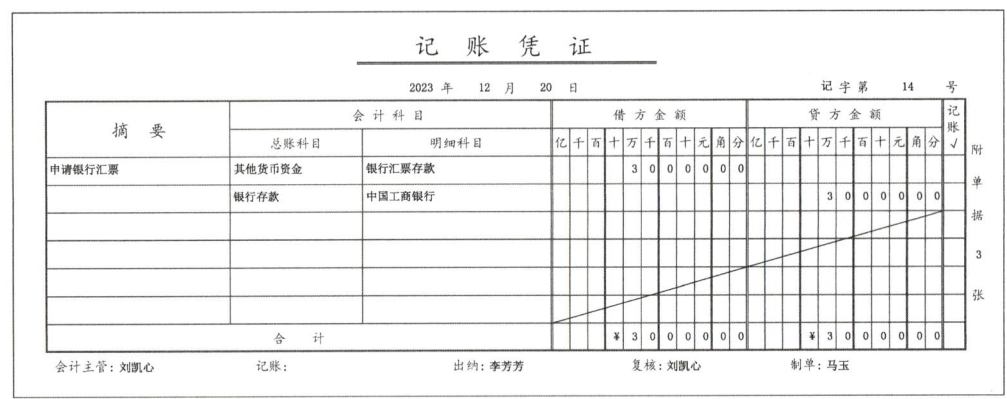

图4-54　记账凭证

步骤5：出纳李芳芳将银行汇票交给相关采购员，采购员持票采购，企业收到增值税电子专用发票（图4-55）及货物。会计马玉编制记账凭证，相关人员审核记账凭证，如图4-56所示。

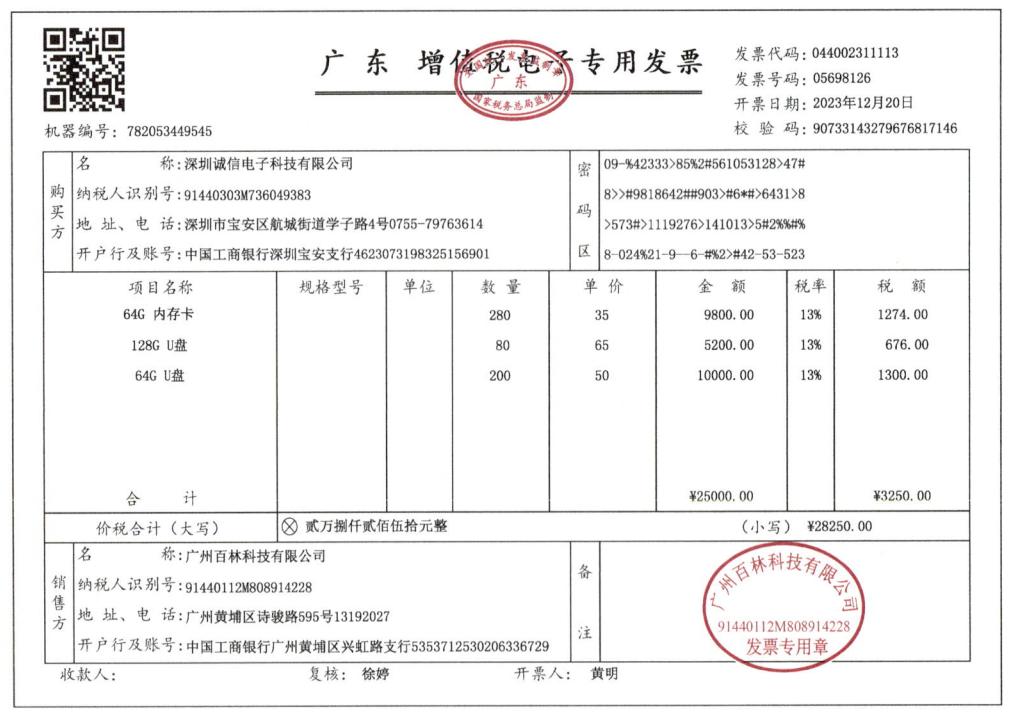

图4-55　增值税电子专用发票

步骤6：企业收到银行通知，上述银行汇票多余款已划入本单位存款账户，如图4-57所示。

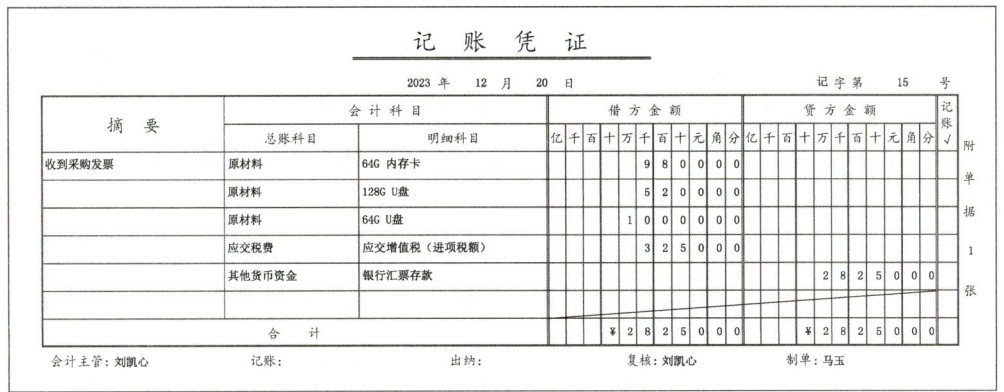

图 4-56 记账凭证

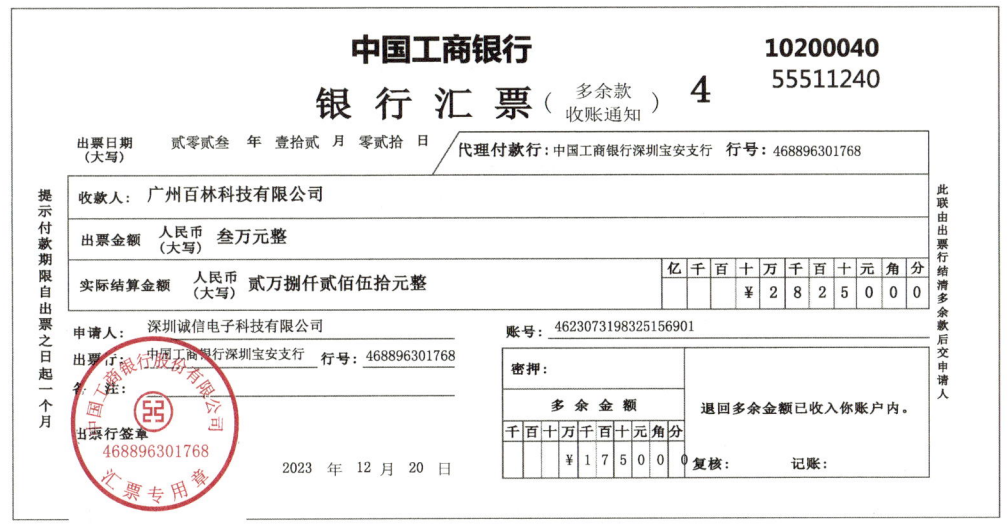

图 4-57 收到银行汇票（多余款收账通知）

步骤 7：会计马玉编制记账凭证，相关人员审核记账凭证并签名，如图 4-58 所示。

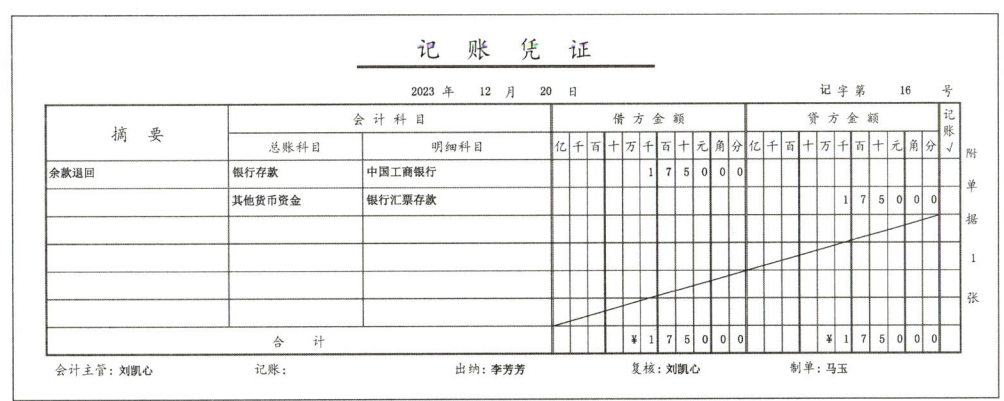

图 4-58 记账凭证

【同步训练】

2023年12月20日，深圳瑞致食品有限公司申请一张8 000.00元的银行汇票，用于支付购货款，付款申请单和购销合同如图4-59和图4-60所示。

要求：请填写银行汇票申请书，并编制相关业务的记账凭证。（附：空白银行汇票申请书、空白银行汇票）

付款申请单

申请日期：2023 年 12 月 20 日

申请部门	采购部		申请人	黄萧萧
付款原因	支付购货款			
收款单位(人)	佛山尔才食品有限公司		账号	7562055255013533975
开户银行	中国工商银行佛山禅城区晨誉路支行			
金额(大写)	零佰 零拾 零万 捌仟 零佰 零拾 零元 零角 零分			¥8,000.00
付款方式	□现金 □支票 ☑银行汇票 □商业承兑汇票 □银行承兑汇票 □银行本票 □网银转账 □支付宝 □微信 □其他			
备注				

总经理 陈媛媛　　　财务负责人 杨伟强　　　部门负责人

图4-59　付款申请单

购销合同

合同编号：96968790

供货单位(甲方)：佛山尔才食品有限公司
购货单位(乙方)：深圳诚信电子科技有限公司

根据《中华人民共和国民法典》及国家相关法律、法规之规定，甲乙双方本着平等互利的原则，就甲方购买乙方货物一事达成以下协议：

一、货物的名称、数量及价格：

货物名称	规格型号	单位	数量	单价	金额	税率	价税合计
牛奶巧克力		箱	12	125.00	1,500.00	13%	1,695.00
黑巧克力		箱	12	145.00	1,740.00	13%	1,966.20
果仁巧克力		箱	15	140.00	2,100.00	13%	2,373.00
合计（大写）	陆仟零叁拾肆元贰角整						¥6,034.20

二、交货方式和费用承担：交货方式：_____，交货时间：_____前，
交货地点：_____，运费由_____承担。
三、付款时间与付款方式：银行汇票结算
四、质量异议期：订货方对供货方的货物质量有异议的，应在收到货物后_____内提出，逾期视为货物质量合格。
五、未尽事宜经双方协商一致作出补充协议，与本合同具有同等效力。
六、本合同自双方签字（盖章）之日起生效，本合同壹式贰份，甲乙双方各执壹份。

甲方（签章）：		乙方（签章）：	
授权代表：赵文		授权代表：马山	
地　　址：佛山市禅城区德月路657号		地　　址：深圳市宝安区航城街道学子路4号
电　　话：39339473		电　　话：0755-79773614	
日　　期：2023 年 12 月 20 日		日　　期：2023 年 12 月 20 日

图4-60　购销合同

练习二 银行汇票收款业务

【任务背景】

2023年12月21日，深圳诚信电子科技有限公司出纳李芳芳收到银行汇票，去银行办理进账手续。

【工作流程】

步骤1：审核银行汇票，填写银行汇票背面信息并盖章，如图4-61至图4-63所示。

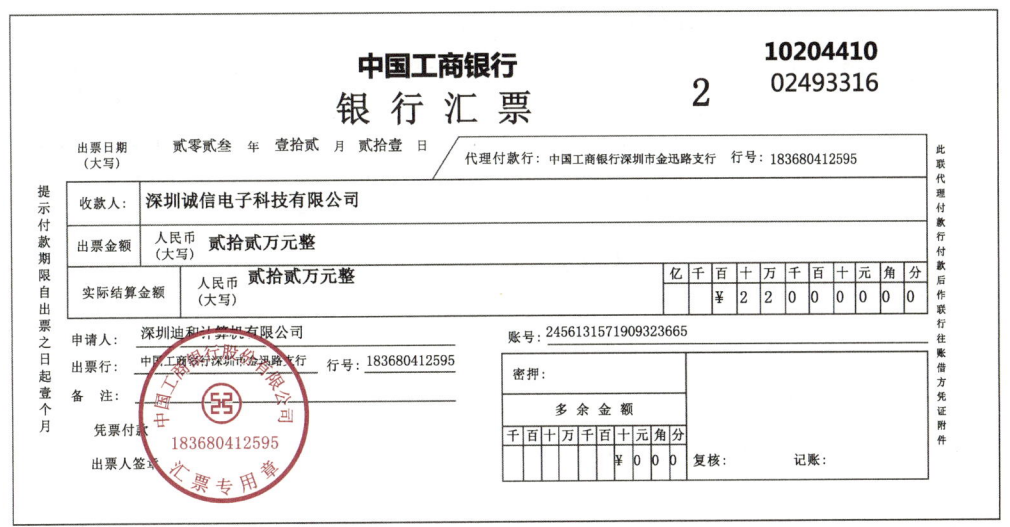

图4-61 收到银行汇票(银行汇票)

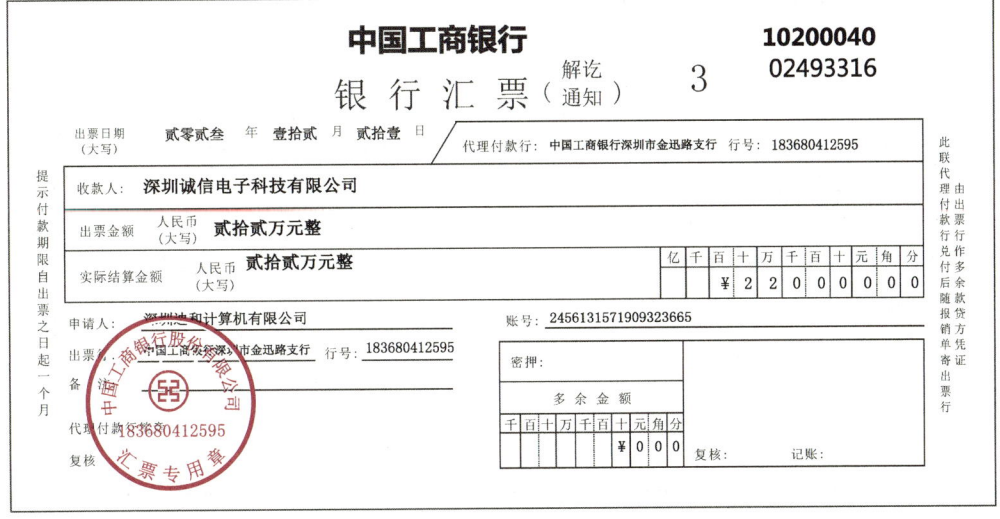

图4-62 收到银行汇票(解讫通知)

图4-63 填写银行汇票背面

步骤2：出纳李芳芳收到银行汇票去银行办理进账，填写进账单，如图4-64所示。

出票人：

全称：深圳迪和计算机有限公司

账号：2456131571909323665

开户银行：中国工商银行深圳市金迅路支行

收款人：

全称：深圳诚信电子科技有限公司

账号：4623073198325156901

开户银行：中国工商银行深圳宝安支行

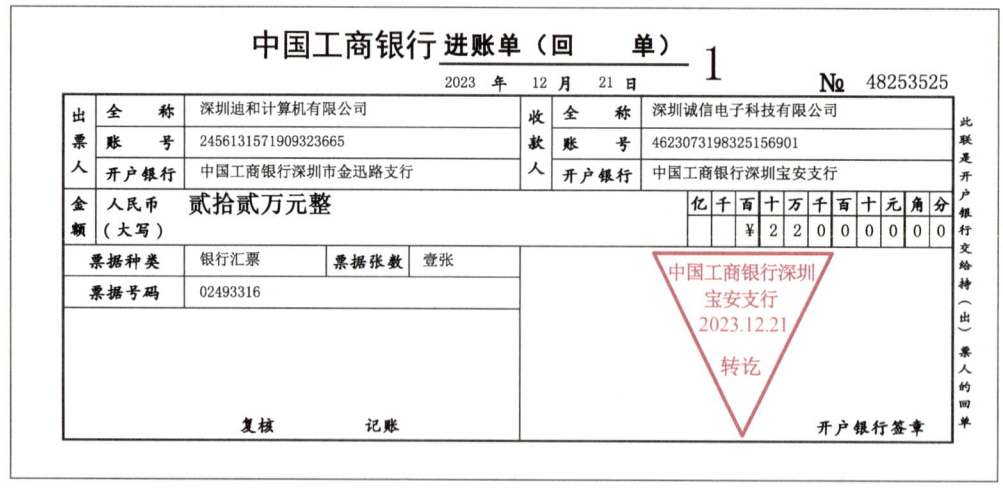

图4-64 填写进账单

步骤3：出纳李芳芳将进账单回单传递给会计马玉，会计马玉编制记账凭证。

步骤4：相关人员审核记账凭证并签名，如图4-65所示。

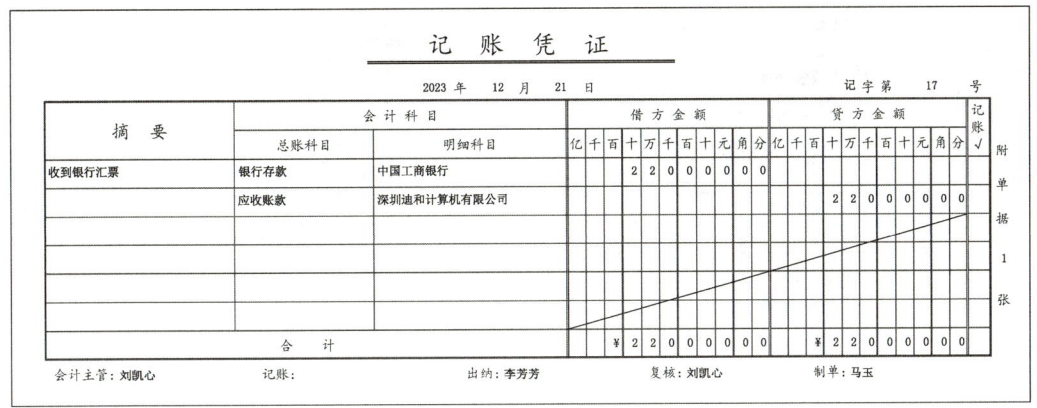

图4-65　记账凭证

【同步训练】

2023年12月22日，深圳瑞致食品有限公司收到深圳普爱商品批发用于结算货款的银行汇票，财务部去银行办理进账手续，如图4-66和图4-67所示。

要求：请对银行汇票进行背书，填写进账单，办理进账手续，并编制相关业务的记账凭证。[附：空白银行汇票（背面）、空白进账单]

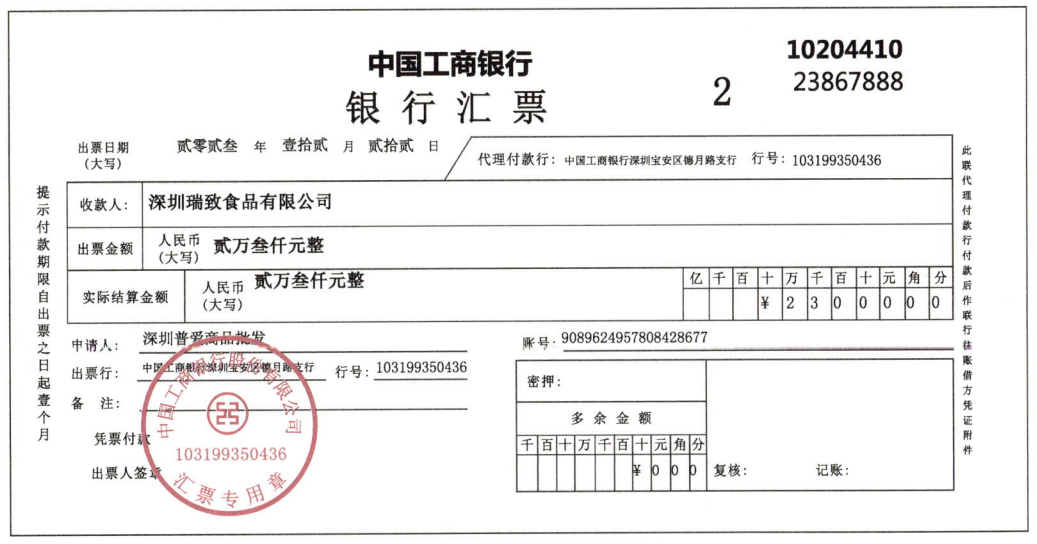

图4-66　收到银行汇票（银行汇票）

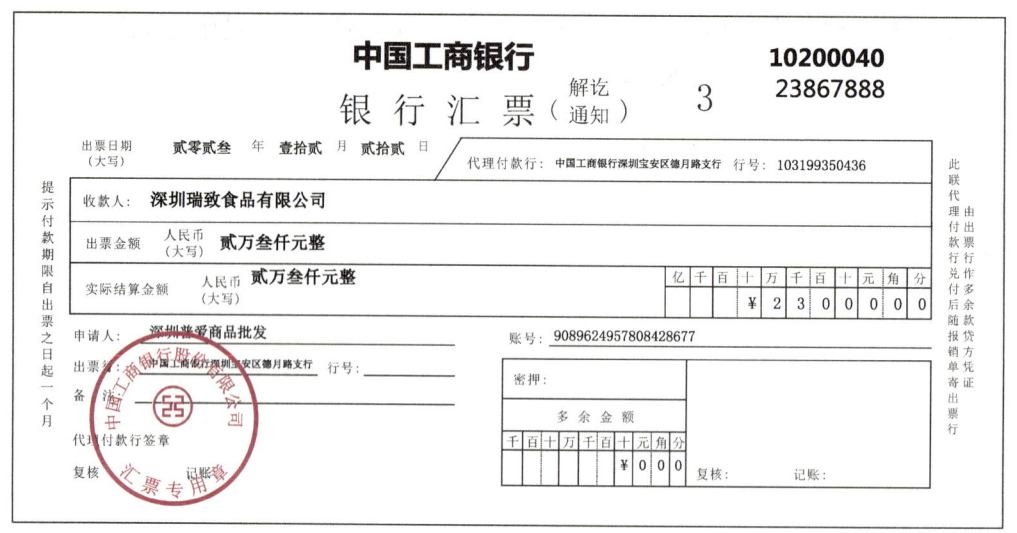

图 4-67　收到银行汇票(解讫通知)

任务五　商业汇票结算业务处理

【实训目的】

通过本节课的学习,学生能够了解商业汇票的概念、分类和适用范围;熟悉商业汇票结算办理流程以及相关规定;能够正确填写银行承兑汇票和商业承兑汇票等原始单据。

【知识储备】

一、商业汇票的概念和适用范围

商业汇票是出票人签发的,委托付款人在指定日期无条件支付确定的金额给收款人或者持票人的票据。

商业汇票结算适用于同城或异地在银行开立存款账户的法人以及其他组织之间,根据购销合同进行合法商品交易所发生的款项结算,没有结算起点的限制。

二、商业汇票的分类

商业汇票根据承兑人的不同,分为商业承兑汇票和银行承兑汇票,如图 4-68 和图 4-69 所示。

商业承兑汇票是由收款人签发,交由付款人承兑,或由付款人签发并承兑的票据。商业承兑汇票的承兑人是企业。

银行承兑汇票是由收款人或承兑申请人签发,并由承兑申请人向开户银行申请,经银行审查同意承兑的票据。银行承兑汇票的承兑人是银行。

中国工商银行 商业承兑汇票（卡　片）　1　10201160 76164318

出票日期（大写）　年　月　日

付款人	全　称		收款人	全　称	
	账　号			账　号	
	开户银行			开户银行	
出票金额	人民币（大写）				亿千百十万千百十元角分
汇票到期日（大写）			付款人开户行	行号	
交易合同号码				地址	
出票人签章					

此联承兑人留存

图 4-68　商业承兑汇票

中国工商银行 银行承兑汇票（卡　片）　1　10201150 16656601

出票日期（大写）　年　月　日

出票人全称		收款人	全　称	
出票人账号			账　号	
付款行全称			开户银行	
出票金额	人民币（大写）			亿千百十万千百十元角分
汇票到期日（大写）		付款行	行号	
承兑协议编号			地址	
本汇票请你行承兑，此项汇款我单位按承兑协议于到期日前足额交存你行，到期请予以支持。 出票人签章	备注：		复核　记账	

此联承兑行留存备查，到期支付票款时做借方凭证附件

图 4-69　银行承兑汇票

三、商业汇票的基本要求

商业汇票的基本要求如下：

（1）商业汇票一律记名并允许背书转让。但是签发人或者承兑人在汇票注明“不得转让”字样的，该汇票不得背书转让。

（2）商业汇票的付款人为承兑人。商业汇票付款期限最长不超过 6 个月，提示付款

期限自汇票到期日起10天。

（3）商业汇票可以由付款人签发，也可以由收款人签发，但都必须经过承兑。只有经过承兑的商业汇票才具有法律效力，承兑人负有到期无条件付款的责任。

（4）商业汇票到期，因承兑人无款支付或其他合法原因，债权人不能获得付款的，可以按照汇票背书转让的顺序，向前手行使追索权，依法追索票面金额；该汇票上的所有关系人都应负连带责任。

（5）未到期的商业汇票可以到银行办理贴现业务。

四、银行承兑汇票和商业承兑汇票的区别

商业汇票是国内所有结算方式中唯一的远期结算方式。交易完成后按约定交付商业汇票，在商业汇票到期时才给付票款。银行承兑汇票与商业承兑汇票是商业汇票下的分类，但是它们的信用属性不同，银行承兑汇票经过银行的承兑，带有银行信用，其在远期结算中更有保障。两者的具体区别如表4-1所示。

表4-1 银行承兑汇票和商业承兑汇票的区别

比较项目	银行承兑汇票	商业承兑汇票
信用属性	带有银行信用	商业信用
适用地域范围	通用	通用
提示付款期限	6个月以内	6个月以内
出票人	付款人（承兑申请人）	收款人或付款人
承兑人	承兑申请人开户银行	付款人
票据联次	3	3
流通转让	可以	可以
收款人风险	无	有

银行承兑汇票支付业务

练习一　银行承兑汇票支付业务

【任务背景】

2023年12月22日，深圳诚信电子科技有限公司申请一张银行承兑汇票，用于支付购货款。

【工作流程】

步骤1：出纳李芳芳根据付款申请单、增值税电子专用发票和购销合同填写银行承兑汇票承兑协议，如图4-70至图4-73所示。

付款申请单

申请日期：2023 年 12 月 22 日

申请部门	采购部		申请人	李晓
付款原因	支付货款			
收款单位(人)	珠海鼎力电子有限公司		账号	9407589079536339966
开户银行	中国工商银行珠海金湾区扬奇路支行			
金额(大写)	零佰 零拾 贰万 零仟 玖佰 零拾 伍元 零角 零分 　￥20,905.00			
付款方式	□现金　□支票　□银行汇票　□商业承兑汇票　☑银行承兑汇票 □银行本票　□网银转账　□支付宝　□微信　□其他			
备注				

总经理 马山　　　　财务负责人 刘凯心　　　　部门负责人

图 4-70　付款申请单

广东 增值税电子专用发票

发票代码：044002310113
发票号码：82507739
开票日期：2023年12月21日
校验码：24837910719435703993

机器编号：199710364436

购买方	名　称：深圳诚信电子科技有限公司 纳税人识别号：91440303M736049383 地址、电话：深圳市宝安区航城街道学子路4号0755-79763614 开户行及账号：中国工商银行深圳宝安支行4623073198325156901	密码区	56-41#4-90>006066)4-97>9-7%9 0379%68*61—5#*->20>39400676 >8238503512-*9##>48)64*9##45 2##>0992062-2410535148->9#39

项目名称	规格型号	单位	数量	单价	金额	税率	税额
16G 内存卡			500	10	5000.00	13%	650.00
64G 内存卡			450	30	13500.00	13%	1755.00
合　计					￥18500.00		￥2405.00

价税合计（大写）　⊗ 贰万零佰玖拾零伍元整　　　　（小写）　￥20905.00

销售方	名　称：珠海鼎力电子有限公司 纳税人识别号：91440404M213490972 地址、电话：珠海金湾区蓝致路809号16365538 开户行及账号：中国工商银行珠海金湾区扬奇路支行9407589079536339966	备注	

收款人：　　　　复核：孙兰　　　　开票人：朱焕

图 4-71　增值税电子专用发票

购 销 合 同

合同编号：80409681

购货单位（甲方）： 深圳诚信电子科技有限公司
供货单位（乙方）： 珠海鼎力电子有限公司

根据《中华人民共和国民法典》及国家相关法律、法规之规定，甲乙双方本着平等互利的原则，就甲方购买乙方货物一事达成以下协议。

一、货物的名称、数量及价格：

货物名称	规格型号	单位	数量	单价	金额	税率	价税合计
16G 内存卡			500	10.00	5,000.00	13%	5,650.00
64G 内存卡			450	30.00	13,500.00	13%	15,255.00
合计（大写）	贰万零玖佰零伍元整						¥20,905.00

二、交货方式和费用承担：交货方式：　购货方自行提货　，交货时间：　　　　　　　前，
交货地点：　　　　　　，运费由　　　　　　承担。

三、付款时间与付款方式：　以银行承兑汇票结算　

四、质量异议期：订货方对供货方的货物质量有异议时，应在收到货物后　　　　　内提出，逾期视为货物质量合格。

五、未尽事宜经双方协商可作补充协议，本合同具有同等效力。

六、本合同自双方签字（盖章）或加盖合同章壹式贰份，甲乙双方各执壹份。

甲方（签章）：　　　　　　　　　　　乙方（签章）：
授 权 代 表： 马山　　　　　　　　　授 权 代 表： 赵武
地　　　址： 深圳市宝安区航城街道巷子路4号　地　　　址： 珠海金湾区蓝致路809号
电　　　话： 0755-79763614　　　　　　电　　　话： 16365538
日　　　期： 2023 年 12 月 21 日　　　日　　　期： 2023 年 12 月 21 日

图 4-72　购销合同

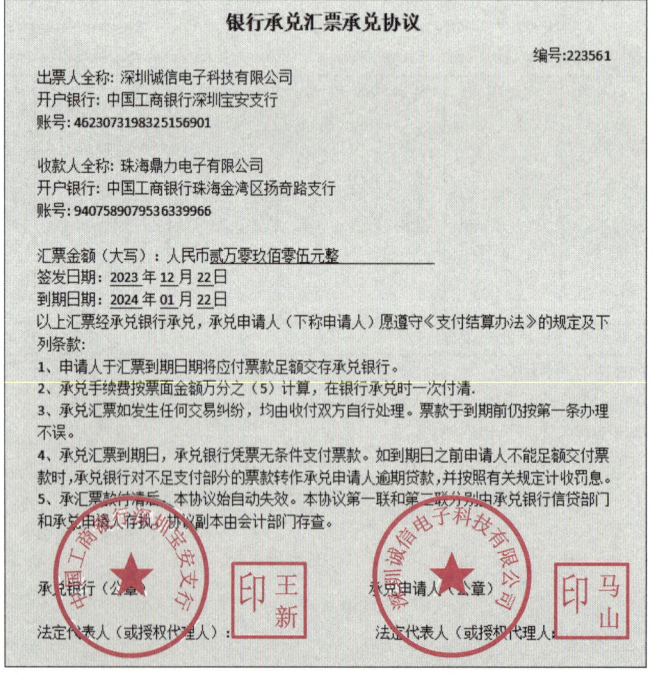

图 4-73　填写银行承兑汇票承兑协议

步骤2：深圳诚信电子科技有限公司签发一张1个月的银行承兑汇票给珠海鼎力电子有限公司。银行承兑汇票一式三联(第一联为卡片，第二联为银行承兑汇票，第三联为存根)，如图4-74所示。

出票日期：2023年12月22日

出票人全称：深圳诚信电子科技有限公司

出票人账号：4623073198325156901

付款行全称：中国工商银行深圳宝安支行

收款人全称：珠海鼎力电子有限公司

收款人账号：9407589079536339966

收款人开户银行：中国工商银行珠海金湾区扬奇路支行

出票金额：20 905.00

汇票到期日：2024年01月22日

付款行地址：深圳宝安区辰阳路422号

付款行行号：468896301768

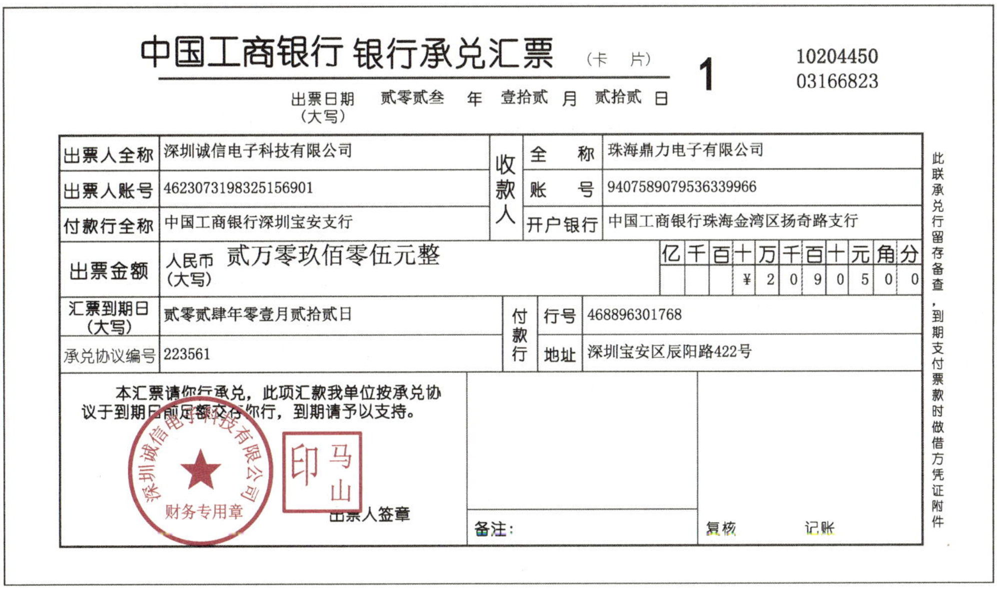

中国工商银行 银行承兑汇票 (卡 片) 1

10204450
03166823

出票日期(大写) 贰零贰叁 年 壹拾贰 月 贰拾贰 日

出票人全称	深圳诚信电子科技有限公司	收款人	全 称	珠海鼎力电子有限公司
出票人账号	4623073198325156901		账 号	9407589079536339966
付款行全称	中国工商银行深圳宝安支行		开户银行	中国工商银行珠海金湾区扬奇路支行
出票金额	人民币(大写) 贰万零玖佰零伍元整		亿千百十万千百十元角分	¥2090500
汇票到期日(大写)	贰零贰肆年零壹月贰拾贰日	付款行	行号	468896301768
承兑协议编号	223561		地址	深圳宝安区辰阳路422号

本汇票请你行承兑，此项汇款我单位按承兑协议于到期日前足额交存你行，到期请予以支持。

深圳诚信电子科技有限公司 财务专用章 马山印

出票人签章

备注：

复核 记账

此联承兑行留存备查，到期支付票款时做借方凭证附件

图4-74 填写银行承兑汇票(卡片)

步骤3：根据签订的银行承兑汇票承兑协议，银行自动划账，扣除手续费10.45元。财务部门收到银行付款回单，如图4-75所示。

步骤4：材料已验收入库，如图4-76所示。

步骤5：出纳李芳芳将付款申请单、购销合同、银行承兑汇票承兑协议、银行承兑汇票第三联(存根)、手续费付款回单、增值税电子专用发票和材料验收单传递给会计马玉，会计马玉编制记账凭证，如图4-77和图4-78所示。

付款回单

中国工商银行

日期：2023年12月22日　　业务类型：　　　　流水号：898210368440

付款账号：4623073198325156901　　户名：深圳诚信电子科技有限公司

开户行：中国工商银行深圳宝安支行

金额（大写）：人民币 壹拾元肆角伍分

金额（小写）：CNY 10.45

业务编号：945352474174

摘要：支付手续费　　　　　　批次号：369553281948

经办：　　　　　　　　　　回单编号：219094448280　　632296

提示：1. 电子回单验证相同表示同一笔业务回单，请勿重复记账使用。
2. 已在银行柜台领用业务回单的单位，请注意核对，勿重复记账使用。

打印时间：2023年12月22日14时32分

（中国工商银行深圳宝安支行 电子回单专用章）

图 4-75　付款回单

材料入库单

发票号码：

供应单位：珠海鼎力电子有限公司　　　　　　　　收料单编号：

收发类别：　　　　2023 年 12 月 22 日　　　　收料仓库：

编号	名称	规格	单位	数量		实际成本		运杂费	其他	合计
				应收	实收	买价				
						单价	金额			
	16G 内存卡			500	500	10.00	5,000.00			5,000.00
	64G 内存卡			450	450	30.00	13,500.00			13,500.00
合计				950	950		¥18,500.00			¥18,500.00
备注										

采购员：赵立松　　检验员：罗兰　　记账员：马玉　　保管员：罗兰

图 4-76　材料入库单

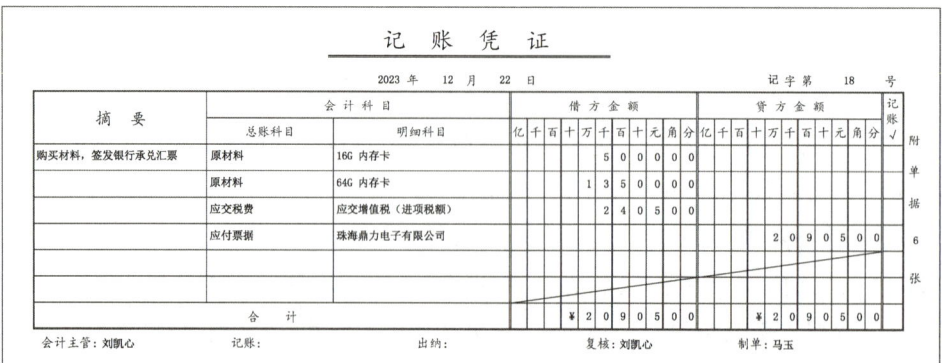

图 4-77　填写记账凭证

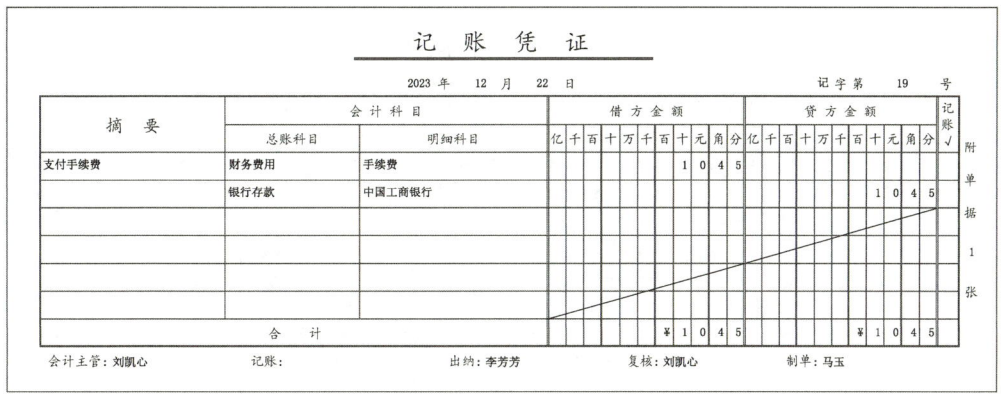

图 4-78 填写记账凭证

【同步训练】

2023 年 12 月 23 日，深圳瑞致食品有限公司申请一张银行承兑汇票，用于支付购货款，付款申请单、购销合同、增值税电子专用发票和付款回单如图 4-79 至图 4-82 所示。

要求：填写一张银行承兑汇票承兑协议和银行承兑汇票，并填写相关业务记账凭证。（附：空白银行承兑汇票承兑协议、空白银行承兑汇票）

已知信息如下：

收款人全称：佛山尔才食品有限公司

收款人账号：7562055255013533975

收款人开户银行：中国工商银行佛山禅城区晨誉路支行

汇票到期日：2024 年 01 月 23 日

付款申请单

申请日期：2023 年 12 月 23 日

申请部门	采购部		申请人	黄萧萧
付款原因	支付商品款			
收款单位(人)	佛山尔才食品有限公司		账号	7562055255013533975
开户银行	中国工商银行佛山禅城区晨誉路支行			
金额(大写)	零佰 零拾 陆万 伍仟 伍佰 肆拾 零元 零角 零分			¥65,540.00
付款方式	□现金　□支票　□银行汇票　□商业承兑汇票　☑银行承兑汇票 □银行本票　□网银转账　□支付宝　□微信　□其他			
备注				

总经理 陈媛媛　　　财务负责人 杨伟强　　　部门负责人

图 4-79　付款申请单

购销合同

合同编号：30498927

购货单位（甲方）：深圳瑞致食品有限公司
供货单位（乙方）：佛山尔才食品有限公司

根据《中华人民共和国民法典》及国家相关法律、法规之规定，甲乙双方本着平等互利的原则，就甲方购买乙方货物一事达成以下协议。

一、货物的名称、数量及价格：

货物名称	规格型号	单位	数量	单价	金额	税率	价税合计
黑巧克力		箱	400	145.00	58,000.00	13%	65,540.00
合计（大写）	陆万伍仟伍佰肆拾元整						￥65,540.00

二、交货方式和费用承担：交货方式：_____，交货时间：_____前。
交货地点：_____，运费由_____承担。
三、付款时间与付款方式：以银行承兑汇票结算
_____。
四、质量异议期：订货方对供货方的货物质量有异议时，应在收到货物后_____内提出，逾期视为货物质量合格。
五、未尽事宜经双方协商再签补充协议，本合同具有同等效力。
六、本合同自双方签字盖章之日起生效，本合同壹式贰份，甲乙双方各执壹份。

甲方（签章）： 乙方（签章）：
授权代表：陈娓妍 授权代表：赵文
地 址：深圳市宝安区光明街道200号 地 址：佛山禅城区德月路657号
电 话：0755-22013130 电 话：3933947C
日 期：2023 年 12 月 23 日 日 期：2023 年 12 月 23 日

图 4-80 购销合同

图 4-81 增值税电子专用发票

项目四　银行结算业务

图 4-82　付款回单

练习二　收到银行承兑汇票业务

收到银行承兑汇票业务

【任务背景】

2023年12月22日，深圳诚信电子科技有限公司收到一张银行承兑汇票。

【工作流程】

步骤1：财务部收到深圳精益电子有限公司用于支付货款的银行承兑汇票。出纳李芳芳根据已开具的增值税电子专用发票，检查汇票各填写项目是否符合规范，包括汇票上是否注明"不得转让"字样、收款人名称是否为本单位全称、出票日期是否填写正确、汇票金额大小写是否一致、签章是否清晰等，如图4-83和图4-84所示。

图 4-83　增值税电子专用发票

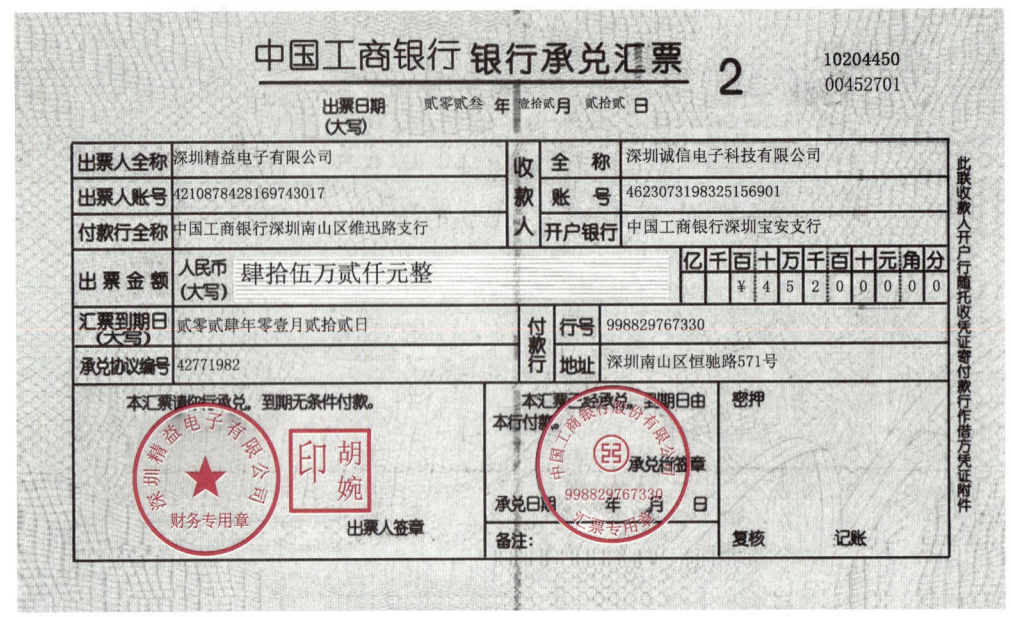

图 4-84　银行承兑汇票

步骤2：出纳李芳芳将增值税电子专用发票及银行承兑汇票（第二联）复印件传递给会计马玉，会计马玉编制记账凭证。

步骤3：相关人员审核记账凭证并签名，如图4-85所示。

摘要	会计科目		借方金额	贷方金额	记账
	总账科目	明细科目	亿千百十万千百十元角分	亿千百十万千百十元角分	√
销售商品，收到银行承兑汇票	应收票据	深圳精益电子有限公司	4 5 2 0 0 0 0 0		
	主营业务收入	戴尔电脑		4 0 0 0 0 0 0 0	
	应交税费	应交增值税（销项税额）		5 2 0 0 0 0 0	
	合　计		￥　4 5 2 0 0 0 0 0	￥　4 5 2 0 0 0 0 0	

会计主管：刘凯心　　记账：　　出纳：　　复核：刘凯心　　制单：马玉

图 4-85　记账凭证

【同步训练】

2023年12月23日，深圳瑞致食品有限公司收到一张银行承兑汇票，出纳根据已开具的增值税电子专用发票，检查汇票各填写项目是否符合规范，如图4-86和图4-87所示。

要求：填写相关业务记账凭证。

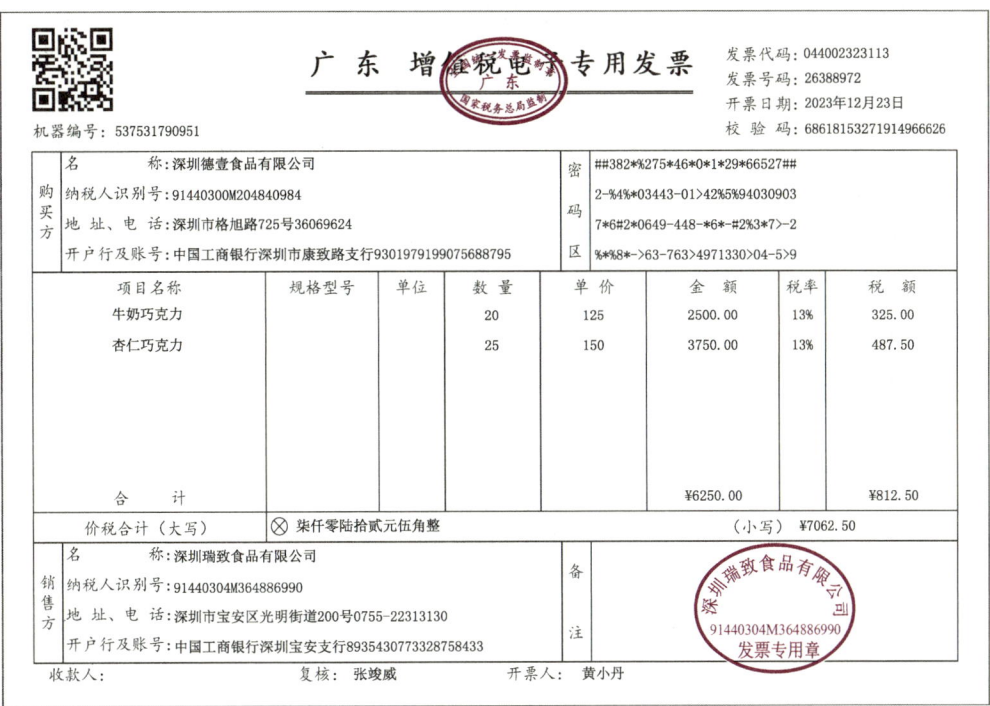

图 4-86 增值税电子专用发票

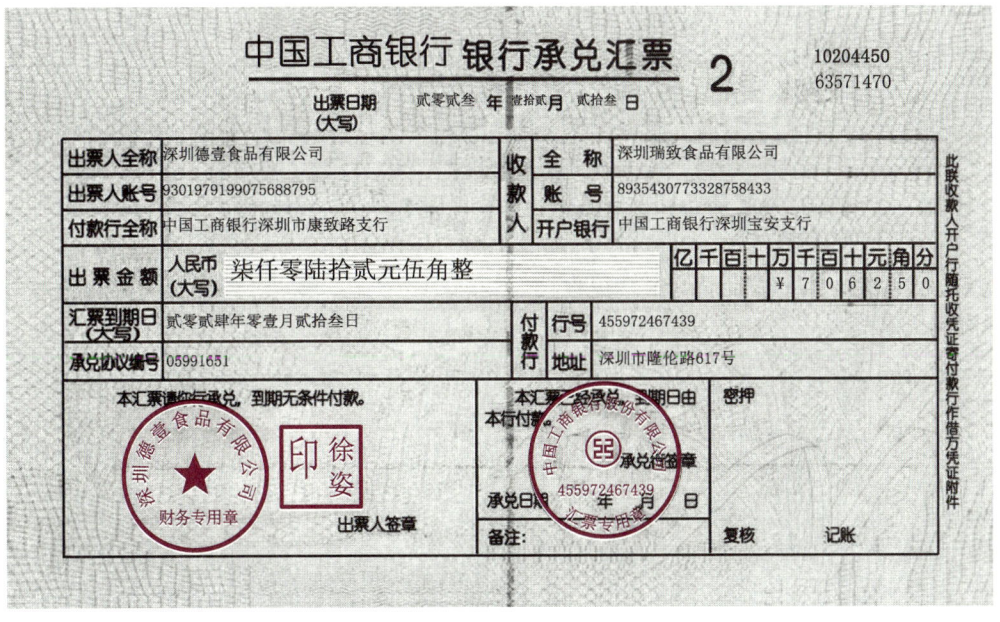

图 4-87 银行承兑汇票

商业承兑汇票
支付业务

练习三　商业承兑汇票支付业务

【任务背景】

2023年12月26日，深圳诚信电子科技有限公司申请一张商业承兑汇票，用于支付购货款。

【工作流程】

步骤1：深圳诚信电子科技有限公司向深圳迪和计算机有限公司购买500个键盘，单价为50.00元，双方签订购销合同。财务部当天收到销货方出具的发票和采购部填制的付款申请书，如图4-88至图4-90所示。

购销合同

合同编号：83093234

购货单位（甲方）：深圳诚信电子科技有限公司
供货单位（乙方）：深圳迪和计算机有限公司

根据《中华人民共和国民法典》及国家相关法律、法规之规定，甲乙双方本着平等互利的原则，就甲方购买乙方货物一事达成以下协议：

一、货物的名称、数量及价格：

货物名称	规格型号	单位	数量	单价	金额	税率	价税合计
键盘			500	50.00	25,000.00	13%	28,250.00
合计（大写）　贰万捌仟贰佰伍拾元整							￥28,250.00

二、交货方式和费用承担：交货方式：_____，交货时间：_____前。
交货地点：_____，运费由_____承担。
三、付款时间与付款方式：商业承兑汇票结算_____。
四、质量异议期：订货方对供货方的货物质量有异议时，应在收到货物后_____内提出，逾期视为货物质量合格。
五、未尽事宜经双方协商可作补充协议，补充协议与本合同具有同等效力。
六、本合同自双方签字盖章之日起生效，本合同壹式贰份，甲乙双方各执壹份。

甲方（签章）：　　　　　　　　　　乙方（签章）：
授权代表：马山　　　　　　　　　　授权代表：郭微
地　　址：深圳市宝安区航城街道三十围路4号　　地　　址：深圳市瑞为路301号
电　　话：0755-79763614　　　　　电　　话：41038313
日　　期：2023年12月26日　　　　日　　期：2023年12月26日

图4-88　购销合同

广东 增值税电子专用发票

发票代码：044002302113
发票号码：62787523
开票日期：2023年12月26日
校验码：57731649786161417648

机器编号：263947404610

购买方	名 称：深圳诚信电子科技有限公司 纳税人识别号：91440303M736049383 地 址、电 话：深圳市宝安区航城街道学子路4号0755-79763614 开户行及账号：中国工商银行深圳宝安支行4623073198325156901					密码区	-#*31#925%50%97371%#9-1%92*3 #986#96%7%%-#>64)*55509#6#0% 5%%208%405%44#6201383%%89*19 348#24-3680*808104#-13599*-0

项目名称	规格型号	单位	数量	单价	金额	税率	税额
键盘			500	50	25000.00	13%	3250.00
合 计					¥25000.00		¥3250.00
价税合计（大写）	⊗ 贰万捌仟贰佰伍拾元整				（小写）¥28250.00		

销售方	名 称：深圳迪和计算机有限公司 纳税人识别号：91440301M252195521 地 址、电 话：深圳市瑞为路301号41038313 开户行及账号：中国工商银行深圳市金迅路支行2456131571909323665					备注	（深圳迪和计算机有限公司 91440301M252195521 发票专用章）

收款人：　　　　复核：高凯心　　　　开票人：高柏
高柏

图 4-89　增值税电子专用发票

付款申请单

申请日期：2023 年 12 月 26 日

申请部门	采购部	申请人	李晓
付款原因	购买键盘，支付货款		
收款单位（人）	深圳迪和计算机有限公司	账号	2456131571909323665
开户银行	中国工商银行深圳市金迅路支行		
金额（大写）	零佰 零拾 贰万 捌仟 贰佰 伍拾 零元 零角 零分		¥28,250.00
付款方式	□现金　□支票　□银行汇票　✓商业承兑汇票　□银行承兑汇票 □银行本票　□网银转账　□支付宝　□微信　□其他		
备注			

总经理 马山　　　财务负责人 刘凯心　　　部门负责人

图 4-90　付款申请单

步骤2：出纳李芳芳根据付款申请书签发商业承兑汇票，并在商业承兑汇票上盖银行预留印章，如图4-91所示。

深圳诚信电子科技有限公司签发一张3个月的商业承兑汇票给深圳迪和计算机有限公司。商业承兑汇票一式三联（第一联为卡片，第二联为商业承兑汇票，第三联为存根）。

出票日期：2023 年 12 月 26 日

付款人全称：深圳诚信电子科技有限公司

付款人账号：4623073198325156901

付款行全称：中国工商银行深圳宝安支行

收款人全称：深圳迪和计算机有限公司

收款人账号：2456131571909323665

收款人开户银行：中国工商银行深圳市金迅路支行

出票金额：28 250.00

汇票到期日：2024 年 03 月 26 日

付款行地址：深圳宝安区辰阳路 422 号

付款行行号：468896301768

中国工商银行 商业承兑汇票 （卡 片） 1 10204460 53337681

出票日期（大写） 贰零贰叁 年 壹拾贰 月 贰拾陆 日

付款人	全称	深圳诚信电子科技有限公司	收款人	全称	深圳迪和计算机有限公司
	账号	4623073198325156901		账号	2456131571909323665
	开户银行	中国工商银行深圳宝安支行		开户银行	中国工商银行深圳市金迅路支行
出票金额	人民币（大写）	贰万捌仟贰佰伍拾元整	亿千百十万千百十元角分		¥2825000
汇票到期日（大写）		贰零贰肆年零叁月贰拾陆日	付款人开户行	行号	468896301768
交易合同号码		68393565		地址	深圳宝安区辰阳路422号

深圳诚信电子科技有限公司 财务专用章　　马山印

出票人签章

此联承兑人留存

图 4-91 填写商业承兑汇票

步骤 3：材料已验收入库，如图 4-92 所示。

材料入库单

发票号码：

供应单位：深圳迪和计算机有限公司　　收料单编号：

收发类别：　　2023 年 12 月 26 日　　收料仓库：

编号	名称	规格	单位	数量		实际成本				
				应收	实收	买价 单价	买价 金额	运杂费	其他	合计
	键盘			500	500	50.00	25,000.00			25,000.00
	合计			500	500		¥25,000.00			¥25,000.00
	备注									

采购员：赵立松　　检验员：罗兰　　记账员：马玉　　保管员：罗兰

图 4-92 材料入库单

步骤4：出纳李芳芳将付款申请单、购销合同、商业承兑汇票、增值税电子专用发票和材料验收入库单传递给会计马玉，会计马玉编制记账凭证。

步骤5：相关人员审核记账凭证并签名，如图4-93所示。

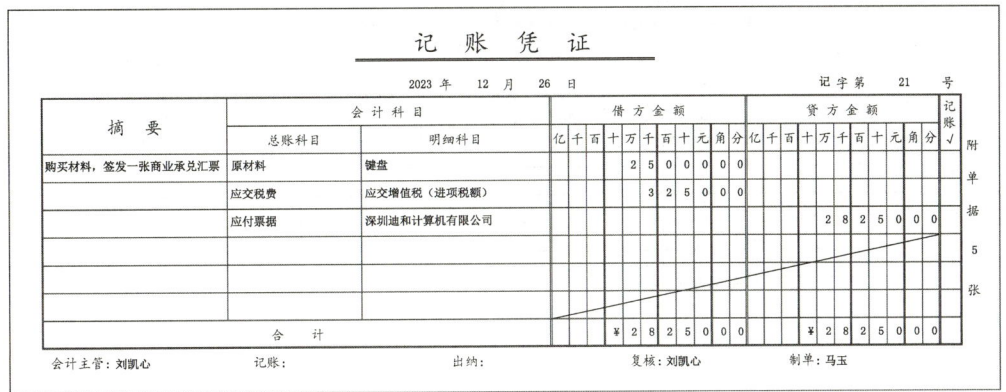

图4-93 记账凭证

【同步训练】

2023年12月25日，深圳瑞致食品有限公司申请一张商业承兑汇票，用于支付购货款，付款申请单、购销合同和增值税电子专用发票如图4-94至图4-96所示。

要求：填写一张商业承兑汇票和相关业务记账凭证。（附：空白商业承兑汇票）

已知信息如下：

收款人全称：广州金迅百货有限公司

收款人账号：7740242116740852521

收款人开户银行：中国工商银行广州荔湾区思玛路支行

汇票到期日：2024年01月25日

图4-94 付款申请单

购 销 合 同

合同编号：57831506

供货单位（甲方）：广州金迅百货有限公司

购货单位（乙方）：深圳瑞致食品有限公司

根据《中华人民共和国民法典》及国家相关法律、法规之规定，甲乙双方本着平等互利的原则，就甲方购买乙方货物一事达成以下协议。

一、货物的名称、数量及价格：

货物名称	规格型号	单位	数量	单价	金额	税率	价税合计
牛奶巧克力			350	140.00	49,000.00	13%	55,370.00
合计（大写）	伍万伍仟叁佰柒拾元整						¥55,370.00

二、交货方式和费用承担：交货方式：＿＿＿＿＿＿，交货时间：＿＿＿＿＿＿前，交货地点：＿＿＿＿＿＿，运费由＿＿＿＿承担。

三、付款时间与付款方式：以商业承兑汇票支付

四、质量异议期：订货方对供货方的货物质量有异议时，应在收到货物后＿＿＿＿内提出，逾期视为货物质量合格。

五、未尽事宜经双方协商，可作补充协议，与本合同具有同等效力。

六、本合同自双方签字、盖章之日起生效，本合同壹式贰份，甲乙双方各执壹份。

甲方（签章）：
授权代表：罗明
地　　址：广州荔湾区鑫旭路262号
电　　话：36077324
日　　期：2023 年 12 月 25 日

乙方（签章）：
授权代表：陈媛媛
地　　址：深圳市宝安区光明街道200号
电　　话：0755-22313130
日　　期：2023 年 12 月 25 日

图 4-95　购销合同

广东 增值税电子专用发票

发票代码：044002305113
发票号码：63689543
开票日期：2023年12月25日
校 验 码：04909624029378283710

机器编号：990547408435

购买方：
名　　称：深圳瑞致食品有限公司
纳税人识别号：91440304M364886990
地 址、电 话：深圳市宝安区光明街道200号0755-22313130
开户行及账号：中国工商银行深圳宝安支行8935430773328758433

密码区：
%83#58*0-81%478#60%%52>7-057
838%0*#26>226>*95361*260>#%4
>60%#02%#9*9%*#8>51#%#43%>*0
345>>*448*0>72%**40607#5#876

项目名称	规格型号	单位	数量	单价	金额	税率	税额
牛奶巧克力			350	140	49000.00	13%	6370.00
合　计					¥49000.00		¥6370.00
价税合计（大写）	⊗伍万伍仟叁佰柒拾元整				（小写）¥55370.00		

销售方：
名　　称：广州金讯百货有限公司
纳税人识别号：91440103M048766285
地 址、电 话：广州荔湾区鑫旭路262号36077324
开户行及账号：中国工商银行广州荔湾区思玛路支行7740242116740852521

备注：（广州金讯百货有限公司 91440103M048766285 发票专用章）

收款人：　　复核：高挺　　开票人：刘少军

图 4-96　增值税电子专用发票

练习四　收到商业承兑汇票业务

【任务背景】

2023年12月27日,深圳诚信电子科技有限公司收到一张商业承兑汇票。

【工作流程】

步骤1:财务部收到深圳精益电子有限公司用于支付货款的商业承兑汇票。出纳李芳芳根据已开具的增值税电子专用发票,检查汇票各填写项目是否符合规范,包括汇票上是否注明"不得转让"字样、收款人名称是否为本单位全称,出票日期是否填写正确,汇票金额大小写是否一致,签章是否清晰等,如图4-97和图4-98所示。

图4-97　增值税电子专用发票

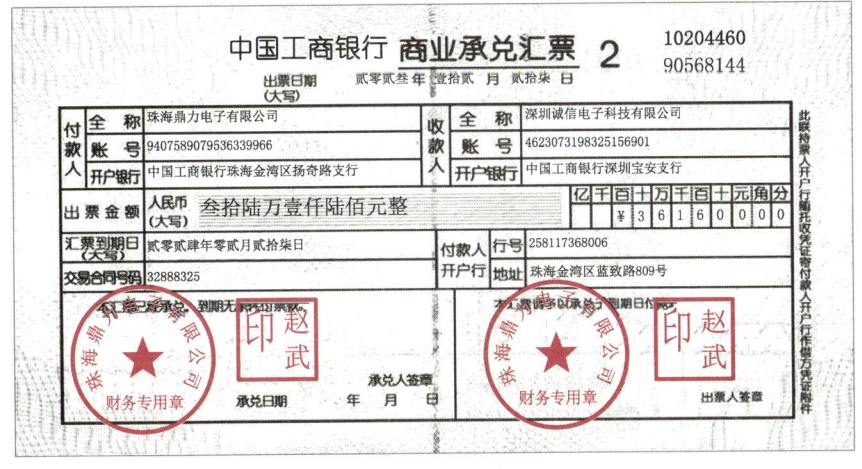

图4-98　商业承兑汇票

步骤2：出纳李芳芳将增值税电子专用发票和商业承兑汇票（第二联）复印件传递给会计马玉，会计马玉编制记账凭证。

步骤3：相关人员审核记账凭证并签名，如图4-99所示。

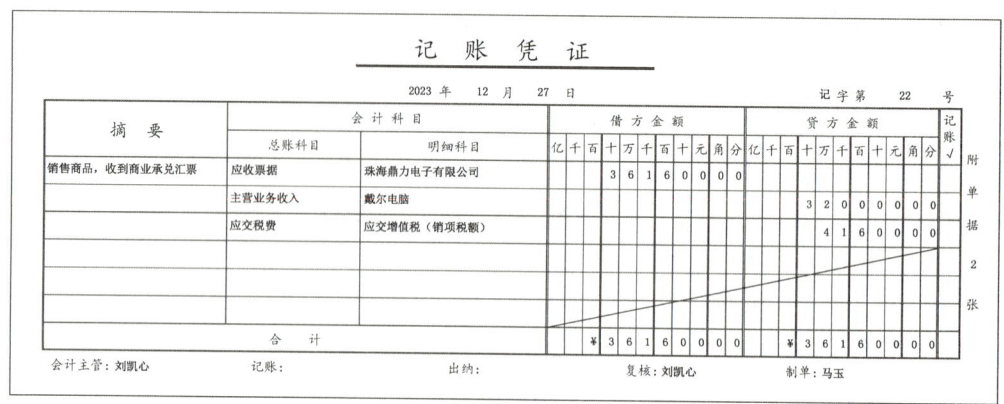

图4-99　记账凭证

【同步训练】

2023年12月28日，深圳瑞致食品有限公司收到一张商业承兑汇票，出纳根据已开具的增值税电子专用发票，检查汇票各填写项目是否符合规范，如图4-100和图4-101所示。

要求：填写相关业务记账凭证。

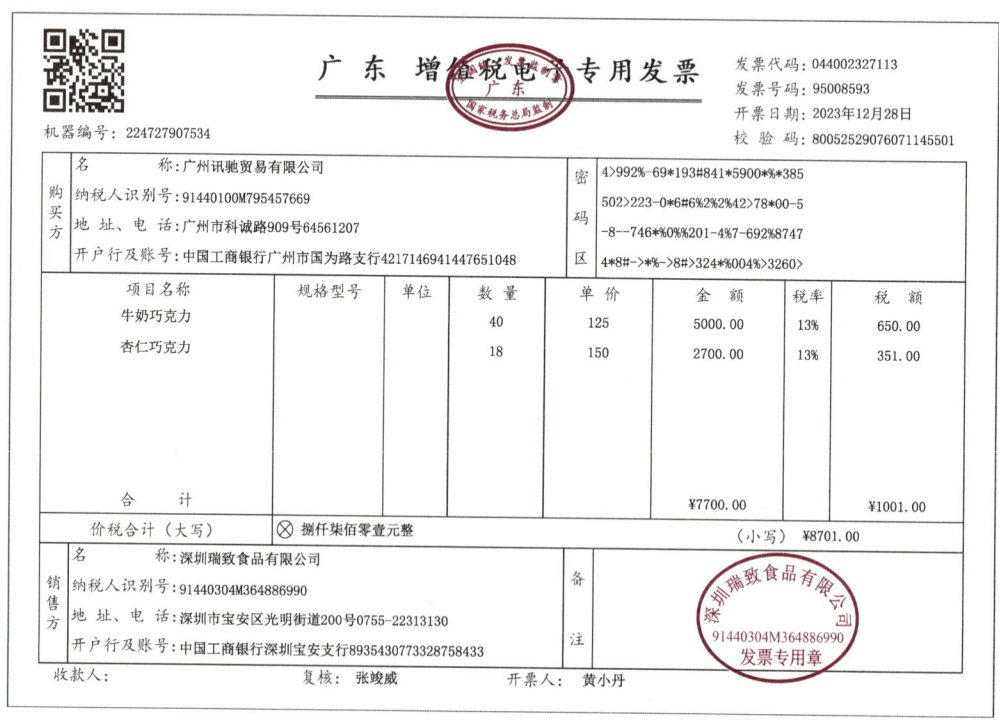

图4-100　增值税电子专用发票

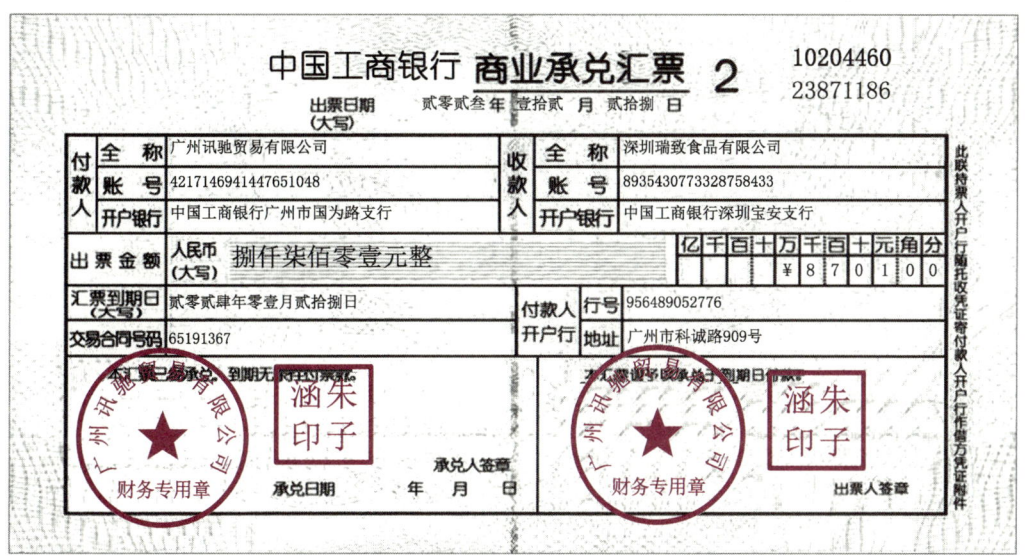

图 4-101 商业承兑汇票

任务六 汇兑结算方式

【实训目的】

通过本节课的学习,学生能够了解汇兑结算的概念、适用范围和分类;熟悉汇兑结算的基本流程以及相关规定。

【知识储备】

一、汇兑结算的概念和适用范围

汇兑结算是汇款人委托银行将其款项支付给收款人的结算方式。单位和个人的各种款项的结算,均可使用汇兑结算方式。这种方式便于汇款人向异地的收款人主动付款,适用范围十分广泛。简而言之,汇兑即委托银行作为付款人进行付款。

二、汇总结算的分类

汇兑结算根据划转款项的方法和传递方式的不同可以分为信汇和电汇两种,由汇款人自行选择,如图 4-102 和图 4-103 所示。

信汇是汇款人向银行提出申请,同时交存一定金额及手续费,汇出行将信汇委托书以邮寄方式寄给汇入行,授权汇入行向收款人解付一定金额的一种汇兑结算方式。

中国工商银行 信汇凭证（回单 ） 4

NO 25979638

□普通 □加急 委托日期 年 月 日

汇款人	全称		收款人	全称	
	账号			账号	
	汇出地点	省 市/县		汇入地点	省 市/县
汇出行名称			汇入行名称		
金额	人民币（大写）				千 百 十 万 千 百 十 元 角 分
款项已收入收款人账户 汇入行盖章				支付密码 附加信息及用途： 复核 记账	

此联汇出行给汇款人的回单

图 4-102 信汇凭证

中国工商银行 电汇凭证（回单） 1

NO 30653262

□普通 □加急 委托日期 年 月 日

汇款人	全称		收款人	全称	
	账号			账号	
	汇出地点	省 市/县		汇入地点	省 市/县
汇出行名称			汇入行名称		
金额	人民币（大写）				千 百 十 万 千 百 十 元 角 分
汇出行盖章				支付密码 附加信息及用途： 复核 记账	

此联汇出行给汇款人的回单

图 4-103 电汇凭证

电汇是汇款人将一定款项交存汇款银行，汇款银行通过电报或电传给目的地的分行或代理行（汇入行），指示汇入行向收款人支付一定金额的一种汇总结算方式。

在这两种汇兑结算方式中，信汇费用较低，但速度相对较慢，而电汇具有速度快的优点，但汇款人要负担较高的电报电传费用，因而电汇通常只在紧急情况下或者金额较大时适用。另外，为了确保电报的真实性，汇出行须在电报上加注双方约定的密码；而信汇则不须加密码，签字即可。

三、汇兑结算的基本要求

汇兑结算的基本要求如下：

（1）汇兑结算只适用于异地结算。

（2）汇兑结算汇出的款项可直接转入收款人的银行账户，也可留行待取，由汇款人派人到汇入行领取款项，如汇款人需要在外地分次支取汇款的，可用收款人的姓名开立临时存款账户，由汇入行分次支付，作完清账。

（3）汇款如需在汇入行支取现金，应在汇款凭证的大写金额前写明"现金"字样。

（4）汇款人对汇出款项要求退汇时，应备正式函件或本人身份证连同原信、电汇回单向汇出行申请退汇，由汇出银行通知汇入银行，经汇入银行证实汇款确未支付，方可退汇。

四、汇兑结算的特点

汇兑结算适用范围广，手续简便易行，灵活方便，是一种应用极为广泛的结算方式。汇兑结算的特点主要包括以下几个方面。

1. 异地性

汇兑结算主要适用于不同地点之间的款项划拨。无论是城市与城市，还是城市与乡村，甚至跨国之间的资金划拨，汇兑都能轻松处理。

2. 简便性

汇兑结算的操作相对简便。客户只需将款项交给银行，银行就会根据汇款指令进行划拨。收款人无需亲自到银行取款，只需等待款项到达即可。

3. 高效性

汇兑结算通常能在短时间内完成款项的划拨，大大提高了资金划拨的效率。这对于企业或个人来说，可以节省大量时间和精力。

4. 安全性

由于汇兑结算是通过银行系统进行操作的，资金的安全性可以得到保证。即使在传输过程中出现意外，银行也会尽力解决，确保资金能够及时到达。

5. 灵活性

汇兑结算允许客户根据自己的需要选择不同的汇款方式（如电汇、信汇等）和币种。此外，客户还可以选择是否需要收款通知等其他服务。

6. 可追溯性

银行通常会记录每笔汇兑交易的信息，包括交易时间、金额、收款人信息等。这使得汇款人可以追踪其资金的去向，同时也为可能出现的纠纷提供了证据。

7. 成本效益

相对于其他结算方式，如现金交易或通过快递公司进行转账，汇兑结算通常具有较低的成本,因为它无需实体交易和快递费用。

五、汇款的办理

汇款人委托银行办理汇兑,应向汇出银行填写信、电汇凭证,详细填明汇入地点、汇入银行名称、收款人名称、汇款金额、汇款用途(军工产品可以免填)等各项内容,并在信、电汇凭证第二联上加盖预留银行印鉴。需要注意的是:

(1) 汇款单位需要派人到汇入银行领取汇款时,除了在"收款人"栏写明取款人的姓名,还应在"账号或住址"栏内注明"留行待取"字样。留行待取的汇款,需要指定具体收款人领取汇款的,应注明收款人的单位名称。

(2) 个体经济户和个人需要在汇入银行支取现金的,应在信、电汇凭证上"汇款金额"大写栏先填写"现金"字样,接着再紧靠其后填写汇款金额大写。

(3) 汇款人确定不得转汇的,应在"备注"栏内注明。

(4) 汇款需要收款单位凭印鉴支取的,应在信汇凭证第四联上加盖收款单位预留银行印鉴。

采用信汇的,汇款单位出纳员应填制一式四联信汇凭证。

信汇凭证第一联(回单),是汇出行受理信汇凭证后给汇款人的回单;第二联(支款凭证),是汇款人委托开户银行办理信汇时转账付款的支付凭证;第三联(收款凭证),是汇入行将款项收入收款人账户后的收款凭证;第四联(收账通知或取款收据),是在直接记入收款人账户后通知收款人的收款通知,或不直接记入收款人账户时收款人凭以领取款项的取款收据。

电汇凭证第一联(回单)是汇出行给汇款人的回单;第二联(支款凭证)为汇出银行办理转账付款的支款凭证;第三联(发电依据)是汇出行向汇入行拍发电报的凭证。

汇出行受理汇款人的信、电汇凭证后,应按规定进行审查。审查的内容包括:信、电汇凭证填写的各项内容是否齐全、正确;汇款人账户内是否有足够支付的存款余额;汇款人盖的印章是否与预留银行印鉴相符等。审查无误后即可办理汇款手续,在第一联回单上加盖"转讫"章退给汇款单位,并按规定收取手续费;如果不符条件的,汇出银行不予办理汇出手续,作退票处理。

六、汇款人办理转汇的规定

汇款人因汇入地没有所需商品等原因需要转汇时,可凭待取款通知和有关证件,请求汇入银行重新办理信、电汇手续,将款项汇往其他地方。按照规定,转汇的收款人和汇款用途必须是原汇款的收款人和汇款用途。汇入银行办理转汇手续,在汇款凭证上加盖"转汇"戳记。第三联信汇凭证备注栏注明"不得转汇"字样的,汇入银行不予办理转汇。

七、汇款人办理退汇的规定

汇兑汇款人因故对汇出的款项要求退汇,如果汇款是直接汇给收款单位的存款账户入账的,退汇由汇出单位自行联系,银行不予介入。如果汇款不是直接汇往收款单位存款账户入账的,由汇款单位备公函或持本人身份证件连同原信、电汇凭证回单交汇出行申请退汇,由汇出银行通知汇入银行,经汇入银行查实汇款确未解付,方可办理退汇;如果汇入银行接到退汇通知前汇款已经解付收款人账户或被支取,则由汇款人与收款人自行联系退款手续。如果汇款被收款单位拒绝接受的,由汇入银行立即办理退汇。

汇款超过两个月,收款人尚未来汇入银行办理取款手续或在规定期限内汇入银行已寄出通知,但由于收款人地址迁移或其他原因致使该笔汇款无人受领时,汇入银行主动办理退汇。

汇款单位收到汇出银行寄发的注有"汇款退回已代进账"字样的退汇通知书第四联(适用于汇款人申请退汇)或者由汇入银行加盖"退汇"字样,汇出银行加盖"转讫"章的特种转账贷方凭证(适用于银行主动退汇)后,即表明汇款已退回本单位账户。财务部门即可据此编制银行存款收款凭证,其会计分录则与汇出时银行存款付款凭证会计分录相反。

任务七　托收承付结算方式

【实训目的】

通过本节课的学习,学生能够了解托收承付结算的基本理论知识;熟悉托收承付结算的基本流程和相关规定。

【知识储备】

一、托收承付结算的概念和过程

托收承付结算是收款单位根据经济合同发货后,委托银行向付款单位收取款项,付款单位根据合同核对单证或验货后,向银行承认付款,由银行办理款项划转的结算方式。根据《支付结算办法》的规定,托收承付结算每笔的金额起点为1万元,新华书店系统每笔的金额起点为1 000元。

托收承付结算包括托收和承付两个过程,适用于各单位间的商品交易以及由商品交易而产生的劳务供应的款项结算。使用该种结算方式,交易双方必须订立经济合同,信用较好,并需向银行提出商品确已发运的证件。托收承付结算主要用于异地结算,同城结算也可使用。

托收是指销货单位(即收款单位)委托其开户银行收取款项的行为。办理托收时,必须具有符合《中华人民共和国合同法》规定的经济合同,并在合同上注明使用托收承付结算方式和遵守"发货结算"的原则。所谓"发货结算"是指收款方按照合同发货,并取得货物发运证明后,方可向开户银行办理托收手续。

承付是指购货单位(即付款单位)在承付期限内,向银行承认付款的行为。承付方式有两种,即验单承付和验货承付。验单承付是指付款方接到其开户银行转来的承付通知和相关凭证,并与合同核对相符后,就必须承认付款的结算方式。验单承付的承付期为3天,从付款人开户银行发出承付通知的次日算起,遇假日顺延。验货承付是指付款单位除了验单,还要等商品全部运达并验收入库后才承付货款的结算方式。验货承付的承付期为10天,从承运单位发出提货通知的次日算起,遇假日顺延。付款方若在验单或验货时发现货物的品种、规格、数量、质量、价格等与合同规定不符,可在承付期内提出全部或部分拒付的意见。

二、托收承付结算的分类

托收承付结算分邮寄和电报两种,由收款单位自主选用。相应地,托收承付结算凭证也分为邮划托收承付结算凭证和电划托收承付结算凭证两种,托收凭证如图4-104所示。

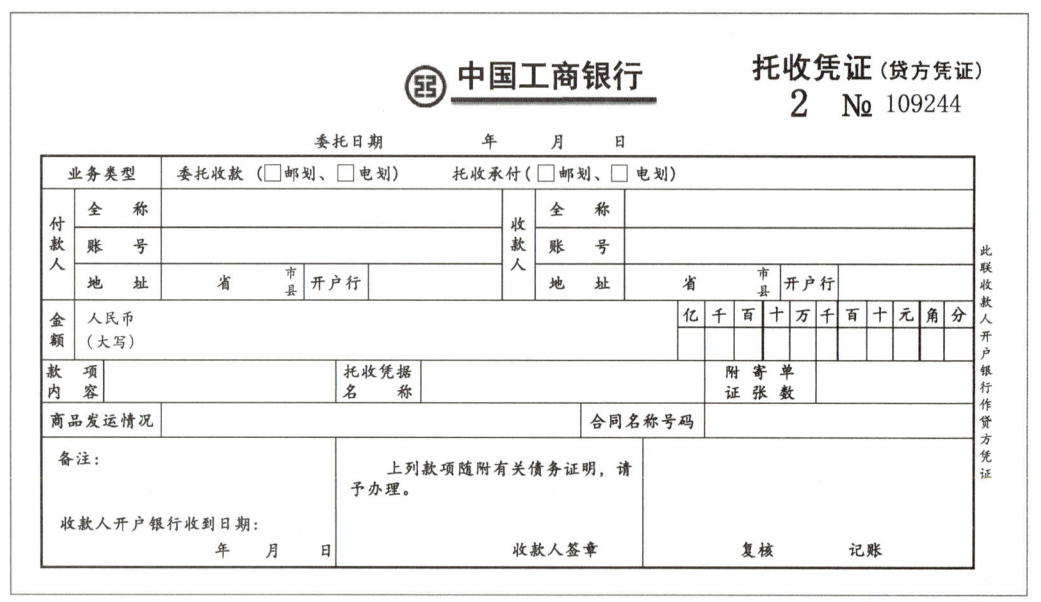

图4-104 托收凭证

邮划结算凭证为一式五联,第一联(回单)是收款人开户行给收款人的回单;第二联(委托凭证)是收款人委托开户行办理托收款项后的收款凭证;第三联(支票凭证)是付款人向开户行支付货款的支款凭证;第四联(收款通知),是收款人开户行在款项收妥后给收款人的收款通知;第五联[承付(支款)通知],是付款人开户行通知付款人按期承付货款的承付(支款)通知。

电划托收承付结算凭证也是一式五联,第一联、第二联、第三联、第五联的作用与邮划托收承付结算凭证相同,第四联是付款单位开户银行拍发电报的依据。

三、托收承付的办理条件

《支付结算办法》对托收承付的适用规定了较为严格的条件:

(1) 使用托收承付结算方式的收款单位和付款单位,必须是国有企业、供销合作社以及经营管理较好,并经开户银行审查同意的城乡集体所有制工业企业。

(2) 办理托收承付结算的款项,必须是商品交易,以及因商品交易而产生的劳务供应的款项。代销、寄销、赊销商品的款项,不得办理托收承付结算。

(3) 收付双方使用托收承付结算必须签有符合法律规定的买卖合同,并在合同上订明使用异地托收承付结算方式。

(4) 收款人办理托收,必须具有商品确已发运的证件(包括铁路、航运、公路等运输部门签发的运单、运单副本和邮局包裹回执)。如没有发运证件,可凭其他有关证件办理。

(5) 收付双方办理托收承付结算,必须重合同、守信用。如果收款人对同一付款人发货托收累计三次收不回货款的,收款人开户银行应暂停收款人向付款人办理托收;付款人累计三次提出无理拒付的,付款人开户银行应暂停其向外办理托收。

四、托收承付中拒绝付款的处理

付款人在承付期内,对于如下情况,可向银行提出全部或部分拒绝付款:

(1) 没有签订买卖合同或合同未订明托收承付结算方式的款项。

(2) 未经双方事先达成协议,收款人提前交货或因逾期交货,付款人不需要该项货物的款项。

(3) 未按合同规定的到货地址发货的款项。

(4) 代销、寄销、赊销商品的款项。

(5) 验单付款,发现所列货物的品种、规格、数量、价格与合同规定不符,或货物已到,经查验货物与合同规定或发货清单不符的款项。

(6) 验货付款,经查验货物与合同规定或发货清单不符的款项。

(7) 货款已经支付或计算有错误的款项。

不属上述情况的,付款人不得向银行提出拒绝付款。

付款人对以上情况提出拒绝付款时,必须填写"拒绝付款理由书"(图4-105),并加盖单位公章,注明拒绝付款理由,涉及合同的应引证合同有关条款,并提供有关证明,一并送交开户银行。

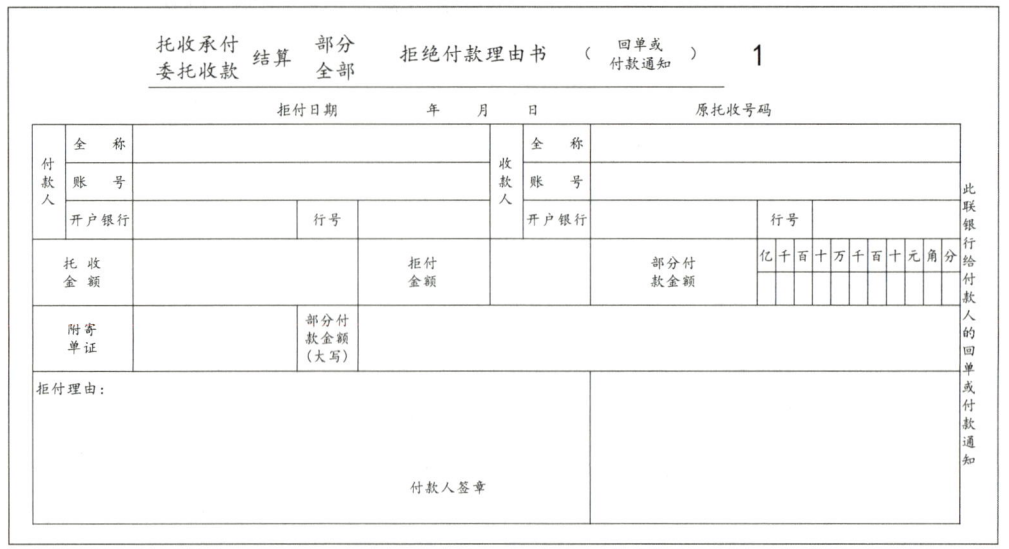

图 4-105 拒绝付款理由书

五、托收承付逾期付款的处理

（1）付款人开户银行对付款人逾期支付的款项，应当根据逾期付款金额和逾期天数，按每天 5‰ 计算逾期付款赔偿金（滞纳金），将其划给收款单位。其计算公式如下：

$$应付滞纳金 = 逾期未付金额 \times 延期天数 \times 扣收比例$$

（2）按照规定，赔偿金实行定期扣付，每月计算一次，于次月 3 日内单独划给收款人。次月又有部分付款的，从当月 1 日起计算赔偿金，随同部分支付的款项划给收款人，对尚未支付的款项，从当月 1 日起到月终再计算赔偿金，于第三个月 3 日内划给收款人。第三个月仍有部分付款的，按照上述方法计付赔偿。

（3）付款人开户银行要随时掌握付款账户逾期未付的资金情况，当账户有款时，必须将逾期未付款项和应付的赔偿金及时划给收款人，不得拖延扣划。

（4）付款人开户银行对不执行合同规定，三次拖欠货款的付款人，应当通知收款人开户银行转告收款人，停止对该付款人办理托收。如果收款人不听劝告，继续对该付款人办理托收，付款人开户银行对发出通知的次日起 1 个月之后收到的托收凭证，可以拒绝受理，注明理由，将原件退回。

（5）付款人开户银行对逾期未付的托收凭证，扣款的期限为 3 个月（从承付期满日算起）。在此期限内，银行必须按照扣款顺序陆续扣款。期满时，如果付款人仍无足够资金支付该笔尚未付清的欠款，银行应于次日通知付款人将有关交易单证（单证已作账处理或已部分支付的，可以填制"应付款项证明单"），在 2 日内退回银行。银行将有关结算凭证连同交易单证或应付款项证明单退回收款人开户银行转交收款人，并将应付的赔偿金划给收款人。对付款人逾期不退回单证的，开户银行从发出通知的第 3 天起，按照该笔尚未付清欠款的金额，每天处以 0.05%的罚款，并暂停付款人向外办理结算业务，直到退回单证时为止。

应付款项证明单一式两联，第一联通过银行转交收款人作为应收款项的票据，第二联为付款人留存作为应付款项的凭证。

任务八　委托收款结算方式

【实训目的】

通过本节课的学习，学生能够了解委托收款结算的基本理论知识；熟悉委托收款的基本流程和相关规定。

【知识储备】

一、委托收款结算的概念和适用范围

委托收款结算是收款人向银行提供收款依据，委托银行向付款人收取款项的一种结算方式。单位和个人凭已承兑商业汇票、债券、存单等付款人债务证明办理款项的结算，均可以采用委托收款结算方式。委托收款在同城、异地均可以使用。

二、委托收款结算的分类

委托收款结算按款项划回方式的不同，可分为邮划（邮寄）和电划（电报划回）两种，由收款单位自主选用。委托收款结算使用委托收款凭证，如图 4-106 所示。

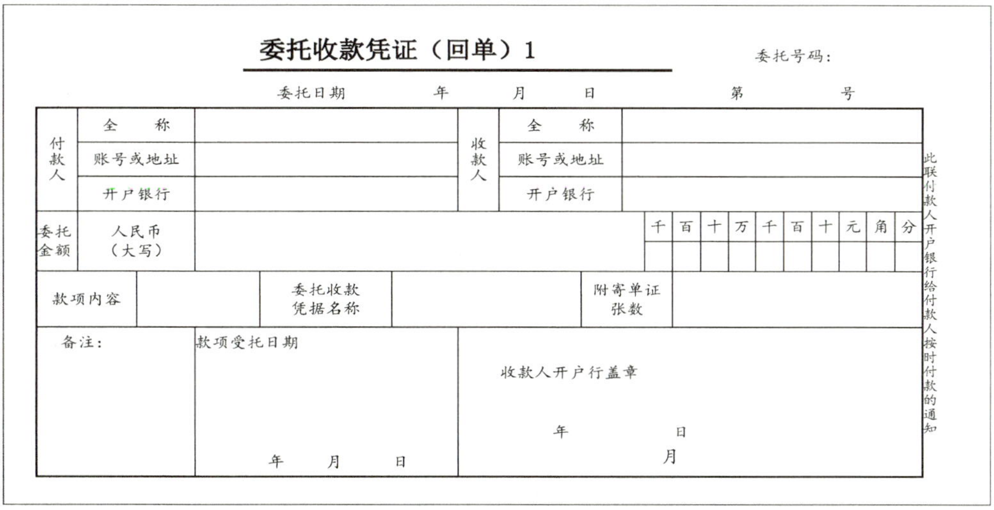
委托收款凭证（回单）1　　委托号码：

委托日期　年　月　日　　第　号

付款人	全称		收款人	全称	
	账号或地址			账号或地址	
	开户银行			开户银行	
委托金额	人民币（大写）		千 百 十 万 千 百 十 元 角 分		
款项内容		委托收款凭据名称		附寄单证张数	
备注：	款项受托日期　年　月　日		收款人开户行盖章　年　月　日		

此联付款人开户银行给付款人按时付款的通知

图 4-106　委托收款凭证

邮划(邮寄)结算凭证一式五联。第一联为回单,由银行盖章后退给收款单位;第二联为收款凭证,收款单位开户银行作收入传票;第三联为支款凭证,付款人开户银行作为付出传票;第四联为收账通知,是收款单位开户银行在款项收妥后给收款人的收账通知;第五联为付款通知,是付款人开户银行给付款单位按期付款的通知。

电划(电报划回)结算凭证也是一式五联,第一联、第二联、第三联、第五联的作用与邮划(邮寄)结算凭证相同,第四联为发电报的依据,付款单位开户银行凭此向收款单位开户银行拍发电报。

三、委托收款结算的基本规定

委托收款结算的基本规定如下:

(1)委托收款不受金额起点的限制。凡是收款单位发生的各种应收款项,不论金额大小,只要委托银行即可办理。

(2)委托的规定。收款人办理委托收款应向银行提交委托收款凭证和有关的债务证明。

(3)付款的规定。付款银行接到寄来的委托收款凭证及债务证明,审查无误后办理付款。以付款银行为付款人的,银行应当在当日将款项主动支付给收款人。以单位为付款人的,付款银行应及时通知付款人,需要将有关债务证明交给付款人的,应交给付款人。付款人应于接到通知的当日书面通知银行付款。付款人未在接到通知日的次日起 3 日内通知银行付款的,视同付款人同意付款,银行应于付款人接到通知日的次日起第 4 日上午开始营业时将款项划给收款人。银行在办理划款时,付款人存款账户不足支付的,应通过被委托银行向收款人发出未付款项通知书。

(4)拒绝付款的规定。付款人审查有关债务证明后,对收款人委托收取的款项需要拒绝付款的,可以办理拒绝付款。付款人对收款人委托收取的款项需要全部拒绝付款的,应在付款期内填制"委托收款结算全部拒绝付款理由书",并加盖银行预留印鉴章,连同有关单证送交开户银行,银行不负责审查拒付理由,将拒绝付款理由书和有关凭证及单证寄给收款人开户银行转交收款人。需要部分拒绝付款的,应在付款期内出具"委托收款结算部分拒绝付款理由书",并加盖银行预留印鉴章,送交开户银行,银行办理部分划款,并将部分拒绝付款理由书寄给收款人开户银行转交收款人。

(5)无款支付的规定。付款人在付款期满日、银行营业终了前如无足够资金支付全部款项,即为无款支付。银行于次日上午开始营业时,通知付款人将有关单证(单证已作账务处理的,付款人可填制"应付款项证明书"),在 2 天内退回开户银行,银行将有关结算凭证连同单证或应付款项证明单退回收款人开户银行转交收款人。

(6)付款人逾期不退回单证的,开户银行应按照委托收款的金额自发出通知的第 3 天起,每天处以 0.5‰但不低于 50 元的罚金,并暂停付款人委托银行向外办理结算业务,直到退回单证时为止。

任务九　信用卡结算方式

【实训目的】

通过本节课的学习,学生能够了解信用卡的基本理论知识。

【知识储备】

一、信用卡的概念

信用卡是指记录持卡人账户相关信息,具备银行授信额度和透支功能,并为持卡人提供相关银行服务的各类介质。

二、信用卡的分类

1. 按发卡机构不同

按发卡机构不同,信用卡可分为银行卡和非银行卡。银行卡是银行所发行的信用卡,持卡人可在发卡银行的特约商户购物消费,也可以在发卡行所有的分支机构或设有自动柜员机的地方随时提取现金。非银行卡具体分为零售信用卡和旅游娱乐卡。零售信用卡是商业机构所发行的信用卡,如百货公司、石油公司等,专用于在指定商店购物或在汽油站加油等,并定期结账。旅游娱乐卡是服务业发行的信用卡,如航空公司、旅游公司等,用于购票、用餐、住宿、娱乐等。

2. 按发行对象不同

按发行对象不同,信用卡可分为公司卡和个人卡。公司卡的发行对象为各类工商企业、科研教育等事业单位、国家党政机关、部队、团体等法人组织。个人卡的发行对象则为城乡居民个人,包括工人、干部、教师、科技工作者、个体经营户及其他成年的、有稳定收入来源的城乡居民。个人卡是以个人的名义申领并由其承担用卡的一切责任。

3. 按持卡人的信誉、地位等资信情况不同

按持卡人的信誉、地位等资信情况不同,信用卡可分为普通卡和金卡。普通卡是对经济实力和信誉、地位一般的持卡人发行的,对其各种要求并不高。金卡是一种缴纳高额会费、享受特别待遇的高级信用卡,发卡对象为信用度较高、偿还能力及信用较强或有一定社会地位者。金卡的授权限额起点较高,附加服务项目及范围较宽,因而对有关服务费用和担保金的要求也比较高。

4. 按清偿方式不同

按清偿方式不同,信用卡分为贷记卡和准贷记卡。贷记卡是发卡银行提供银行信用款时,先行透支使用,再还款或分期付款。也就是说,贷记卡允许持卡人"先消费,后存款",国际上大部分流通使用的都是这类卡。准贷记卡是银行发行的一种先存款后消费

的信用卡。持卡人在申领信用卡时,需要事先在发卡银行存有一定的款项以备用,持卡人在用卡时需以存款余额为依据,一般不允许透支。

三、信用卡的特点

(1) 信用卡是当今发展最快的一项金融业务之一,它是一种可在一定范围内替代传统现金流通的电子货币。

(2) 信用卡同时具有支付和信贷两种功能。持卡人可用其购买商品或享受服务,还可通过使用信用卡从发卡机构获得一定的贷款。

(3) 信用卡是集金融业务与电脑技术于一体的高科技产物。

(4) 信用卡能减少现金货币的使用。

(5) 信用卡能提供结算服务,方便购物消费,增强安全感。

(6) 信用卡能简化收款手续,节约社会劳动力。

(7) 信用卡能促进商品销售,刺激社会需求。

任务十　银行存款的清查

【实训目的】

通过本节课的学习,学生能够了解银行存款清查的基本理论知识;熟悉银行存款清查的基本流程和相关规定;能够正确编制银行存款余额调节表。

【知识储备】

一、银行存款清查的概念

银行存款清查是指采用核对法,将银行存款日记账的账面余额与开户银行转来的对账单的余额进行核对,以查明账实是否相符。银行存款日记账与开户银行转来的对账单不一致的原因有两个方面:一是双方或一方记账有错误,二是存在未达账项。

二、未达账项

未达账款是指银行收付业务的结算凭证,在企业与银行之间传递存在时间先后的差别,造成一方已经入账,而另一方尚未入账的款项。

未达账款有下列几种情况:

(1) 企业存入银行的款项,企业已经登记入账,而银行尚未收到收款凭证,尚未入账。

(2) 企业开出付款凭证并已登账,但银行尚未收到支付凭证,尚未入账。

(3) 银行代收的款项,已记入企业存款账户,但企业尚未接到银行的收款通知,尚未入账。

(4) 银行代付的款项,已记入企业存款账户,而企业尚未接到银行的付款通知,尚未入账。

针对上述四种未达账项,企业应根据银行送来对账单逐笔核对,还需编制银行存款余额调节表。

三、银行存款余额调节表

银行存款余额调节表是在银行对账单余额与企业账面余额的基础上,各自加上对方已收、本单位未收账项数额,减去对方已付、本单位未付账项数额,以调整双方余额使其一致的一种调节方法。其计算公式如下:

银行对账单存款余额＝企业账面存款余额＋企业已付而银行未付账项
　　　　　　　　　　－企业已收而银行未收账项＋银行已收而企业未收账项
　　　　　　　　　　－银行已付而企业未付账项

企业账面存款余额＝银行对账单存款余额＋企业已收而银行未收账项
　　　　　　　　　－企业已付而银行未付账项＋银行已付而企业未付账项
　　　　　　　　　－银行已收而企业未收账项

通过核对调节银行存款余额调节表上的双方余额相等,一般可以说明双方记账没有差错。如果经调节仍不相等,要么是未达账项未全部查出,要么是一方或双方记账出现差错,需要进一步采用对账方法查明原因,加以更正。调节相等后的银行存款余额是当日可以动用的银行存款实有数。对于银行已经划账,而企业尚未入账的未达账项,要待银行结算凭证到达后,才能据以入账,不能以"银行存款余额调节表"作为记账依据。

银行存款余额调节表样式如图 4-107 所示。

银行存款余额调节表

编制单位:　　　　　　　　　　　　年　月　日　　　　　　　　　　　　单位:元

项目	金额	项目	金额
企业银行存款日记账余额		银行对账单余额	
加:银行已收、企业未收的款项合计		加:企业已收、银行未收的款项合计	
1、		1、	
2、		2、	
3、		3、	
减:银行已付、企业未付的款项合计		减:企业已付、银行未付的款项合计	
1、		1、	
2、		2、	
3、		3、	
调节后余额		调节后余额	

图 4-107　银行存款余额调节表

练习 编制银行余额调节表

【任务背景】

深圳诚信电子科技有限公司 12 月份发现银行存款日记账余额与银行对账单余额不一致,经逐笔核对,发现以下未达账项:

(1) 12 月 29 日,银行给付企业存款利息 59 000.00 元,银行已登记入账,但企业尚未收到收账通知,尚未记账。

(2) 12 月 30 日,银行扣除企业贷款利息 3 0000.00 元,银行已登记入账,但企业尚未收到付款通知,尚未记账。

(3) 12 月 30 日,企业预付账款 510 000.00 元,企业已登记银行存款减少,但银行尚未入账。

(4) 12 月 30 日,企业收回货款 800 000.00 元,企业已登记银行存款增加,但银行尚未入账。

【工作流程】

步骤 1:核对银行存款日记账和银行对账单,如图 4-108 和图 4-109 所示。

图 4-108 银行存款日记账

步骤 2:编制银行存款余额调节表,如图 4-110 所示。

中国工商银行深圳宝安支行 银行对账单

户名：深圳诚信电子科技有限公司
账号：4623073198325156901
2023 年 12 月 31 日止

日期	摘要	结算凭证		借方	贷方	余额
		种类	号数			
	承前页					4,805,000.00
2023年12月22日	支付货款	转支	#3603	405,000.00		4,400,000.00
2023年12月27日	支付广告费	转支	#3604	300,000.00		4,100,000.00
2023年12月29日	存款利息	特转	#1902		59,000.00	4,159,000.00
2023年12月29日	收回货款	委托收款	#1904		340,000.00	4,499,000.00
2023年12月30日	收回货款	委托收款	#1905		300,000.00	4,799,000.00
2023年12月30日	贷款利息	特转	#1905	30,000.00		4,769,000.00

图 4-109　银行对账单

银行存款余额调节表

编制单位：深圳诚信电子科技有限公司　　2023 年 12 月 31 日　　单位：元

项目	金额	项目	金额
企业银行存款日记账余额	5,030,000.00	银行对账单余额	4,769,000.00
加：银行已收、企业未收的款项合计	59,000.00	加：企业已收、银行未收的款项合计	800,000.00
1.		1.	
2.		2.	
3.		3.	
减：银行已付、企业未付的款项合计	30,000.00	减：企业已付、银行未付的款项合计	510,000.00
1.		1.	
2.		2.	
3.		3.	
调节后余额	5,059,000.00	调节后余额	5,059,000.00

图 4-110　银行存款余额调节表

【同步训练】

2023年12月31日,深圳瑞致食品有限公司发现银行存款日记账余额与银行对账单余额不一致,逐笔进行核对。

银行存款日记账所列深圳瑞致食品有限公司12月20日至月底的经济业务如下:

(1) 20日,开出转账支票200.00元,用以支付广告款。

(2) 21日,收到A公司销货款5 600.00元的转账支票。

(3) 23日,开出转账支票1 000.00元,支付购料的运杂费。

(4) 26日,开出转账支票1 500.00元,用以支付下半年的报刊杂志费。

(5) 29日,收到B公司开来的销货款转账支票8 750.00元。

31日,银行存款日记账的账面余额为142 800.00元。

银行对账单所列深圳瑞致食品有限公司12月20日至月底的经济业务如下:

(1) 22日,收到销货款转账支票5 600.00元。

(2) 23日,开出的支票支付保险费,金额为200.00元。

(3) 25日,开出的支票支付购料的运杂费,金额为1 000.00元。

(4) 26日,银行为深圳瑞致食品有限公司代付本月电话费3 250.00元。

(5) 29日,代收外地购货方前欠货款3 865.00元。

(6) 30日,结算银行借款利息1 850.00元。

31日,银行对账单的存款余额数为134 315.00元。

要求:请代深圳瑞致食品有限公司完成银行存款余额调节表的编制。(附:空白银行存款余额调节表)

项目五 第三方支付管理

任务一 企业支付宝账户的使用

【实训目的】

通过本节课的学习,学生能够了解企业支付宝的基本理论知识。

【知识储备】

一、企业支付宝概述

为了更好地服务于企业,确保其各级财务人员顺利从传统资金结算渠道过渡到支付宝,企业支付宝提供了一个面向企业、专业化的财务管理和资金结算服务平台,包括多操作员、多账户、授权管理、审核流程、集团账户业务与账务明细查询及下载、母子公司账户余额查询、内外资金转账调拨等,大大地方便了企业操作的灵活性。支付宝图标如图5-1所示。

图5-1 支付宝图标

企业支付宝是指以公司名义申请的支付宝,并且身份认证的时候以公司的身份来实名认证。企业支付宝可以开通花呗和信用卡支付,同时也可以开通企业信用分。用企业账户收款,可以提高企业的信用分,信用分越高,贷款额度就越高。

二、企业支付宝账户的注册

企业支付宝注册的操作步骤如下:

第一步:登录支付宝账户(www.alipay.com),点击"立即注册"。

第二步:点击"企业账户",填入电子邮箱和验证码(公司账户只能邮箱注册),点击"下一步"。

第三步：验证手机。

第四步：点击"立即查收邮件"，进入邮箱。

第五步：在邮箱中会收到一封激活支付宝账户的邮件，点击"请激活您的支付宝账户"。

三、企业支付宝的基本功能

1. 支付宝账户管理

企业可以通过支付宝账户管理功能，实现账户的注册、登录、密码修改、绑定银行卡等操作。

2. 支付宝收款

企业可以在支付宝上设置收款账户，接收来自客户的付款，并实现资金自动结算。

3. 支付宝转账

企业可以通过支付宝进行转账操作，将资金转入其他支付宝账户或银行卡账户。

4. 支付宝在线支付

企业可以通过支付宝在线支付功能，为客户提供便捷的支付方式，实现线上交易。

5. 支付宝批量付款

企业可以通过支付宝批量付款功能，一次性向多个账户进行转账。

6. 支付宝账单查询

企业可以通过支付宝账单查询功能，查看账户的收支情况和交易明细。

四、企业支付宝的特点

1. 安全可靠

支付宝采用多层加密技术，为企业账户提供安全可靠的支付保障。

2. 便捷快速

企业可以通过支付宝实现在线支付、转账等操作，避免了繁琐的人工操作，提高了工作效率。

3. 资金结算快

支付宝提供快速的资金结算服务，企业的收款可以实现自动结算，避免了资金滞留的问题。

4. 交易透明

支付宝提供交易明细查询功能，企业可以随时查看账户的收支情况和交易明细，保证交易的透明度。

5. 低成本

相对于传统的银行业务来说，支付宝的手续费较低，可以为企业节省成本。

6. 便于管理

企业可以通过支付宝账户管理功能，方便管理账户信息、交易记录等，提高了管理效率。

五、企业支付宝的结算方式

1. 在线支付

企业用户可以通过企业支付宝完成各种线上支付,包括购买商品、缴纳费用等。支付宝为企业用户提供了多种支付方式,包括支付宝余额、银行卡、信用卡等。

2. 批量付款

企业用户可以通过企业支付宝进行批量付款,包括员工薪资、供应商结算等。企业支付宝支持上传批量付款文件,自动完成批量付款业务。

3. 转账到银行卡

企业用户可以通过企业支付宝将余额转账到企业银行账户,方便企业进行资金管理和结算业务。

六、支付宝资金使用的注意事项

1. 风险防范

企业在使用支付宝资金时,需要注意资金安全和风险防范。建议企业设置复杂的支付密码,开启支付宝账户的安全保护功能,并定期检查账户资金情况,及时发现和处理异常情况。

2. 资金管理规划

企业应该制定合理的资金管理规划,包括资金归集、支付供应商、商品、缴纳费用等方面。通过合理规划,可以提高资金使用效率,并降低资金管理的风险。

3. 定期结算

企业应该根据实际需要,定期将支付宝账户中的资金结算到银行账户。定期结算可以减少支付宝账户中的闲置资金,提高资金的使用效率,并降低资金管理的风险。

任务二 企业微信账户的使用

【实训目的】

通过本节课的学习,学生能够了解企业微信支付的基本理论知识。

【知识储备】

一、企业微信支付的概念

微信支付支持在企业微信平台注册并完成认证的企业接入支付功能,如图 5-2 所示。企业微信是微信团队专为企业打造的专业通信工具,它为企业提供与微信一致的沟通体验,能够连接微信生态,提供丰富的办公应用等。企业微信接入支付后,可向员工发红包、向员工付款及向员工收款。

图 5-2　企业微信支付

二、开通企业微信支付的步骤

（1）电脑端打开网址（https://work.weixin.qq.com/），打开手机端企业微信，扫码登录，注意：企业微信必须是经过认证的。

（2）如果没有微信支付商户号，可以搜索"微信支付"，申请下载。

（3）点击"我的企业"，复制 APPID。

（4）登录微信支付商户号，在菜单栏找到"产品中心""企业微信"，并粘贴 APPID 进行申请。

（5）在企业微信电脑端，点击"应用管理""企业微信"，找到"商户号管理"，绑定授权申请，点击"查看"，并确认即可。

三、企业微信支付的特点

1. 对外收款

成员可在外部聊天中发起对外收款，客户收到后，可在小程序中查看账单并直接支付。成员收款的资金将直接进入企业账户，企业可统一查看成员的收款记录。除此之外，企业还可使用微信支付的基础支付能力开发企业应用，在企业商城等应用中向客户收款。

2. 对外付款

企业可直接付款给外部成员，外部成员将在微信中收到支付消息。企业可使用微信支付的企业付款到零钱能力来开发企业应用，付款资金将直接进入用户微信零钱。

3. 向员工收款

企业可使用企业微信提供的向员工收款功能来开发企业应用，企业微信客户端可提供该应用给员工使用。员工可在工作台应用中直接发起支付，资金将进入企业的微信支付商户号。企业也可以使用企业微信提供的免开发应用向员工收款，员工在企业微信中支付。

4. 向员工付款

企业可使用企业微信提供的向员工付款功能来开发企业应用，也可以使用企业微信提供的免开发应用直接向员工付款，付款资金将直接进入员工微信零钱。

5. 向员工发红包

企业可使用企业微信提供的向员工发红包功能来开发企业应用,也可以使用企业微信提供的免开发应用直接向员工发放普通红包或贺卡红包。贺卡红包中可自由设置贺卡的祝福语,贺卡将在红包封面中出现。

任务三 银企直联业务的介绍

【实训目的】

通过本节课的学习,学生能够了解银企直联业务的基本理论知识。

【知识储备】

一、银企直联的概念

银企直联是指企业通过银行提供的在线银行服务平台,与其进行实时数据交互的一种方式,如图 5-3 所示。

图 5-3 银企直联

银企直联通常通过互联网或专线实现,使企业的财务系统与商业银行的业务系统通过特定的数据接口实现连接。通过这种方式,企业可以在其自身的财务系统中完成对银行账户的余额和明细查询、转账等功能,而无需专门登录网上银行。

二、银企直联的优点

1. 共享实时的账户信息

通过银企直联闭环联接企业财务系统和银行系统,集团各成员企业可随时查看账户交易明细、收付交易状态、交易不成功返回的错误原因、余额、发生额等,改变了以往通过插入银行U盾在网上银行才能实现查看的局限性。

2. 实现个性化服务

企业可根据自身财务管理的需要,通过财务软件系统增加账户的位数、行名与行号不匹配的禁止提交付款单、预约时间付款、收付类别、核减预算等方法灵活地让系统实施企业内控制度。这样可以杜绝人为出错,提高准确性和效率。

3. 操作使用方便

网上银行局限于企业财务人员凭U盾录入每个收支指令,而银企直联收支指令均可在各成员企业的财务系统内完成,同时,财务系统支持保存客商等收支款项人的账户、银行大小额行号自动关联选人。收支成功的指令可直接复制修改有关的信息后提交,支付审批人可以在人行结算工作时间内切换到每个资金主体系统内进行支付。

4. 加大实时监管力度

财务系统支持建立集团各成员账套,通过银企直联可以实时监控到财务系统内各企业成千上万的账户情况,同时,还可利用商业银行资金的自动归集功能将资集中在一起,有效的利用资金。

三、银企直联的安全性

银企直联系统为企业和银行之间建立了安全、高效、可追踪的直接信息交互渠道,因此,在安全性和稳定性方面通常表现更优。在直通渠道的建立过程中,银行和企业之间对彼此身份基于数字证书的身份确认,以确保服务双方身份的正确性。银企直联系统采用以下技术实现多重安全防护。

1. 访问控制

访问控制功能由防火墙实现,对企业内部网之间和内外网络的数据流进行内容审查,只允许合法的数据通过。访问控制还可实现用户认证、负载分担等功能,提供网络地址翻译(NAT)服务,对外隐藏网络地址,防止内部地址公开。

2. 入侵检测和漏洞扫描

为弥补防火墙的不足,计算网络上部署了入侵检测系统。入侵检测通过监控主机或网络中流动的数据,分析已有的特征码,识别可能的攻击尝试。

3. 系统安全控制器

企业内部系统层面的安全管理由系统安全控制器来实现。系统安全控制器配备了系统安全控制软件,部署在网站服务器上,用以实现业务用户身份认证、操作权限控制、日志记录、数据备份和数据恢复等。

4. 身份认证终端

身份认证依靠公钥基础设施(PKI)技术的加密机制、数字签名机制和用户登录密码等提供多重保证。身份认证由专门的认证机构负责证书或密钥的生成、发放、删除管理。

各家银行均有严谨的证书申请流程、CA 证书(数字证书)发放系统和安全客户端软件。

5. 数据加密

数据加密由前置机上安装安全客户端软件,或者采用专门的加密机实现。采用 PKI 技术的公钥加密算法,使用的加密密钥和解密密钥不同,而且不可能由加密密钥解出解密密钥。

6. 数字签名

数字签名解决了否认、伪造、篡改及冒充等问题。例如,发送者事后不能否认发送的报文签名,接收者能够核实发送者发送的报文签名,接收者不能伪造发送者的报文签名、接收者不能对发送者的报文进行部分篡改,网络中的某一用户不能冒充另一用户作为发送者或接收者。

四、银企直联与普通网银的区别

银企直联和普通网银的区别如表 5-1 所示。

表 5-1 银企直联和普通网银的区别

区别	银企直联	普通网银
服务对象	大型集团、政府、事业、电子商务平台	以中小型企业为主
业务范围	一般为网银业务、集团现金管理、电子商务等	一般网银业务
企业管理特点	企业内部有较为复杂的管理流程	企业内部管理相对简单
系统构架	CS 模式	BS 模式和 CS 模式
网络环境	专线较多,以互联网为辅	互联网为主,少量专线
证书类型	文件证书和 USBKey 证书,代表企业身份的企业证书	USBKey 证书,代表企业员工身份的个人证书
两者关系	两者在客户群和业务功能互为补充,各有侧重	

注意:① CS 模式,全称为 Client/Server(客户端/服务器)架构,是一种建立在专用网络上的应用程序架构,它面向特定的用户群体。在这种模式下,客户端软件安装在用户的本地机器上,与服务器进行通信以访问和操作数据。CS 模式通常用于需要较高安全性和实时性能的应用场景,如手机里的微信客户端。

② BS 模式,全称为 Browser/Server(浏览器/服务器)架构,是一种基于客户端的应用程序架构,它允许用户通过浏览器来访问和操作应用程序,而无需在本地机器上安装专门的客户端软件。这种架构模式随着 Internet 技术的兴起而发展,是对传统 CS 结构的一种变化或改进。BS 模式的典型例子包括使用网页浏览器访问的在线应用或网站。

五、银企直联主要处理的业务

银企直联是银行为客户提供的与企业业务系统直接联接的一种方式,其通过网络实现了银行和企业内部业务系统的联网对接。企业通过内部系统(如 ERP、财务系统或资金管理系统等)即可直接对其银行账户和资金进行管理和调动,完成查询、转账、代发和资金归集等业务操作,如图 5-4 所示。

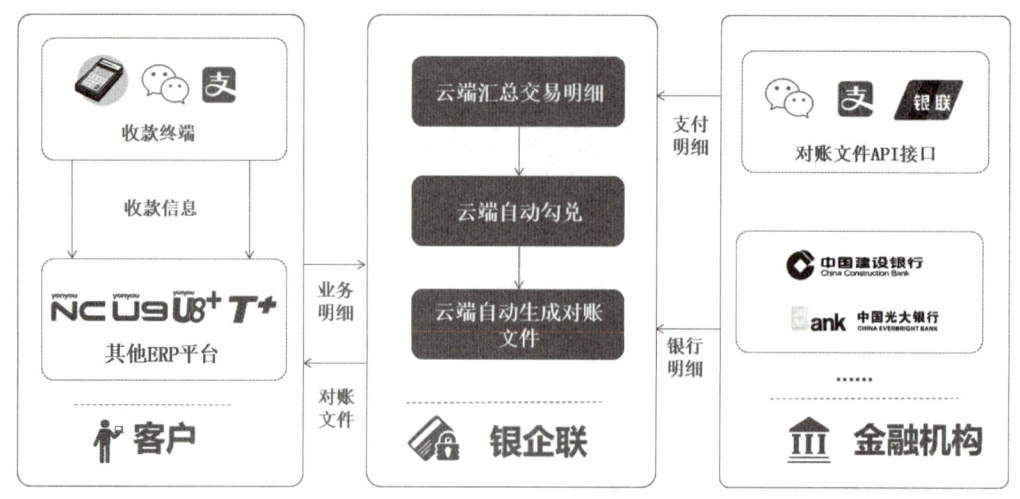

图 5-4 银企直联

银企直联主要处理以下业务。

1. 基础支持

银企直联通过与企业 ERP 系统对接，可以对银行账户、审批流等信息进行交互，帮助企业进行资金管理与信息维护。

2. 直联付款

直联付款由企业 ERP 系统发起，按照银行约定的方式（中间表或报文），将收付方银行信息传递给银行，由银行返回付款确认结果。

3. 流水查询

流水查询由银行定时发起，通过中间表或报文传送账户流水，基于账户流水，系统可基于银行流水进行以下业务的扩展：

（1）收款管理：通过筛选收款流水、整理收款信息，对接到 ERP 收款管理模块进行核算与财务管理。

（2）银行对账：企业 ERP 系统本身记录了企业的现金账务，而通过银企直联获取到银行流水后，即获取到了银行对账两方的数据，可通过对账规则核对双边记录，及时提醒财务人员是否存在资金账务漏记、错记的情况，并能自动出具银行余额调节表，记录未达账项。

（3）自动记账：对于资金业务量大的公司，银行账通过人工录入容易出现错误、遗漏或记账维度较粗，对账时无法与流水匹配的问题。银企直联的流水查询功能，可基于前期双方约定的规则，自动将银行流水整理为企业资金账入账，大大节省了人力成本，降低了对账难度。目前，自动记账多用于资金池业务与付款业务。其中，由于资金池业务存在交易量大，且均为内部往来的特点，手工记账时经常出现关联方款项漏记，导致内部往来无法抵消的情况，通过应用自动记账功能，只需保证银行提供的流水完整且正确，映射维护正确，即可保证账务正确。在付款业务中，由于前期付款发起是通过企业 ERP 系统发起，为了保证流程的完整性，系统多会基于银行返回的付款状态信息或流水，自动匹配发票生成对应的付款凭证。

4. 资金管理

资金管理主要是基于已有的基础数据信息与日常交易信息，由银行系统或企业 ERP 系统整合双方数据，出具资金管理所需要的日报、收益查询等报表。

六、银企直联的开通流程

办理银企直联通常包括以下几个步骤：

（1）根据企业需求选择合适的银行，详细了解银行提供的银企直联服务。

（2）联系银行获取申请表格和所需文件清单，填写申请表格，准备所需文件，将申请提交至银行。

（3）与银行进行系统对接，配置接口确保顺畅数据交互。完成测试后即可正式启用银企直联系统。

七、银企直联的注意事项

银企直联的注意事项主要包括以下几点。

1. 资金管理

企业应确保所有资金转账业务通过合法账户进行，禁止盗用他人账户或提供虚假信息。银行需设置监测机制，及时发现和管理风险；制定严格的资金管理制度，限制资金交互和流转范围。此外，银行还需要建立风险管理机制，快速响应和处置风险事件。

2. 信息安全

银行和企业需建立严格的技术管理体制，保护客户信息安全。例如，通过密码、数字证书等技术手段保护信息安全；建立安全审计制度和安全管理机制，确保客户信息不被泄露。此外，企业与银行需建立相关协议和机制，保护客户隐私。

3. 技术支持

企业需与银行沟通技术支持相关事宜，包括直联接口技术文档、测试环境说明等。银行需提供技术支持人员，以便在接口开发调试、前置程序安装过程中遇到问题时及时进行沟通确认。

4. 费用洽谈

企业需与银行沟通银企直联的相关费用，包括开通费、使用费、结算手续费等。企业还需关注协议签署流程、是否需要签三方协议及需要开通的服务内容。

5. 接入方式

企业需与银行确认直联的接入方式，是否采用专线或公网接入。如果使用专线，需预留足够时间申请线路。

项目六 发票管理

任务一 发票的基础知识

【实训目的】

通过本节课的学习,学生能够了解发票的基础知识。

【知识储备】

一、发票概述

发票是发生的成本、费用或收入的原始凭证。对于公司来讲,发票主要是公司做账的依据,同时也是缴税的费用凭证;对于员工来讲,发票主要是用来报销的。

会计人员做账必须根据会计凭证,发票是会计的原始凭证,没有凭证就无法做账。

发票是会计核算的原始依据,也是审计机关、税务机关执法检查的重要依据。收付款单据才是收付款凭证,发票只能证明业务发生了,不能证明款项是否收付。

发票在我国社会经济活动中具有极其重要的意义和作用,具体如下:

(1)发票具有合法性、真实性、统一性、及时性等特征,是最基本的会计原始凭证之一。

(2)发票是记录经济活动内容的载体,是财务管理的重要工具。

(3)发票是税务机关控制税源、征收税款的重要依据。

(4)发票是国家监督经济活动,维护经济秩序,保护国家财产安全的重要手段。

二、发票的种类

目前增值税发票主要包括以下五个票种。

1. 全面数字化的电子发票

全面数字化的电子发票(简称数电票)目前主要包括电子发票(增值税专用发票)、电子发票(普通发票),是全面数字化的发票,是与纸质发票具有同等法律效力的全新发票,不以纸质形式存在,不用介质支撑,不需申请领用。数电票将纸质发票的票面信息全面数字化,通过标签管理将多个票种集成归并为电子发票单一票种,设立税务数字账户,实现全国统一赋码、智能赋予发票开具金额总额度、自动流转交付。

2. 增值税专用发票(含增值税电子专用发票)

增值税专用发票,是指增值税纳税人销售货物或者提供应税劳务开具的发票,是购买方支付增值税额并可按照增值税有关规定据以抵扣增值税进项税额的凭证。

3. 增值税普通发票(含电子普通发票、卷式发票、通行费发票)

增值税普通发票,是指增值税纳税人销售货物或者提供应税劳务、服务时,通过增值税税控系统开具的普通发票。

4. 机动车销售统一发票

机动车销售统一发票,是指凡从事机动车零售业务的单位和个人,从2006年8月1日起,在销售机动车(不包括销售旧机动车)收取款项时开具的发票。

5. 二手车销售统一发票

二手车销售统一发票,是指二手车经销企业、经纪机构和拍卖企业,在销售、中介和拍卖二手车收取款项时,通过开票软件开具的发票。

三、增值税专用发票与增值税普通发票的区别

(1) 发票的印制要求不一样。增值税专用发票由国务院税务主管机构特定的企业印制;增值税普通发票,依照国务院主管机构的规定,各自由省、自治区、直辖市国家税务局、地方税务局特定企业印制。

(2) 发票采用的主体不一样。增值税专用发票通常只可以由增值税一般纳税人领购采用,小规模纳税人需领购采用的,只能经税务机关批准后由本地的税务机关代开;增值税普通发票则能够由从业经营活动并办理了税务登记的各种各样纳税人领购采用,没有办理税务登记的纳税人也能够向税务机关申请领购采用普通发票。

(3) 发票的内容不一样。增值税专用发票除了有购买单位、销售单位、商品或服务的名称、商品或劳务的数量和计量单位、单价和价款、开票单位、收款人、开票时间等增值税普通发票所具有的内容,还包含纳税人税务登记号,不包括增值税数额、适用税率、应缴增值税额等内容。

(4) 发票的作用不一样。增值税专用发票不仅是购销双方收付款的凭据,还能够作为购买方扣除增值税的凭据;增值税普通发票除运费、收购农副产品、废旧物资的按法定税率作抵扣外,其他的一概不得作抵扣用。

四、发票查验

(一) 发票查验的范围

国家税务总局全国增值税发票查验平台可查验所有增值税发票,包括:①增值税专用发票(含电子专用发票);②电子发票服务平台开具的电子发票(增值税专用发票)、电子发票(普通发票)、增值税专用发票、增值税普票发票;③机动车销售统一发票(含二手车);④增值税普通发票(含电子普通发票及通行费发票、卷式发票);⑤电子发票(铁路电

子客票);⑥电子发票(航空运输电子客票行程单)。

(二)发票查验说明

(1)可查验最近5年内增值税发票管理系统开具的发票;当日开具发票当日可查验。

(2)如需查询、验证不在上述范围内的发票信息,请持发票原件至发票开具方税务机关或登录发票开具方税务机关的发票查验网站进行查验。

(3)由于存在纳税人离线自开票的方式和发票电子数据的数据同步周期问题,在线进行发票查验可能存在滞后情况。

(4)在发票查询条件页面中,当票面信息包含"校验码"时,为保证查询的准确性,应严格按照票面信息输入"校验码"的最后6位数字。

(5)每天每张发票可在线查询次数为5次,超过次数后请于次日再进行查验操作。

(6)本平台仅提供所查询发票票面信息的查验结果。如对查验结果有疑义,请持发票原件至当地税务机关进行鉴定。

《中华人民共和国发票管理办法》规定,不符合规定的发票,不得作为财务报销凭证,任何单位和个人有权拒收。付款方取得发票后应及时核对发票开具内容是否真实、项目填写是否齐全、加盖的发票专用章是否与收款方一致。对于违反发票管理法规的行为,任何单位和个人有权举报。

(三)发票查验的操作步骤

1. 安装根证书

登录增值税发票查验平台(https://inv-veri.chinatax.gov.cn)后,在发票查验之前先正确安装根证书,如图6-1所示。

图6-1 安装根证书

2. 查验发票

1)录入查验

(1)登录增值税发票查验平台,首页显示如图6-2所示。

(2)纳税人依据取得的纸质发票或电子发票,在页面中根据要求输入相关查验项目信息后,点击"查验"按钮获取查验结果,如图6-3所示。

图 6-2　增值税发票查验平台

图 6-3　输入发票信息

2）扫描查验

（1）点击页面中的"扫描"按钮，弹出窗口提示，如图 6-4 所示。

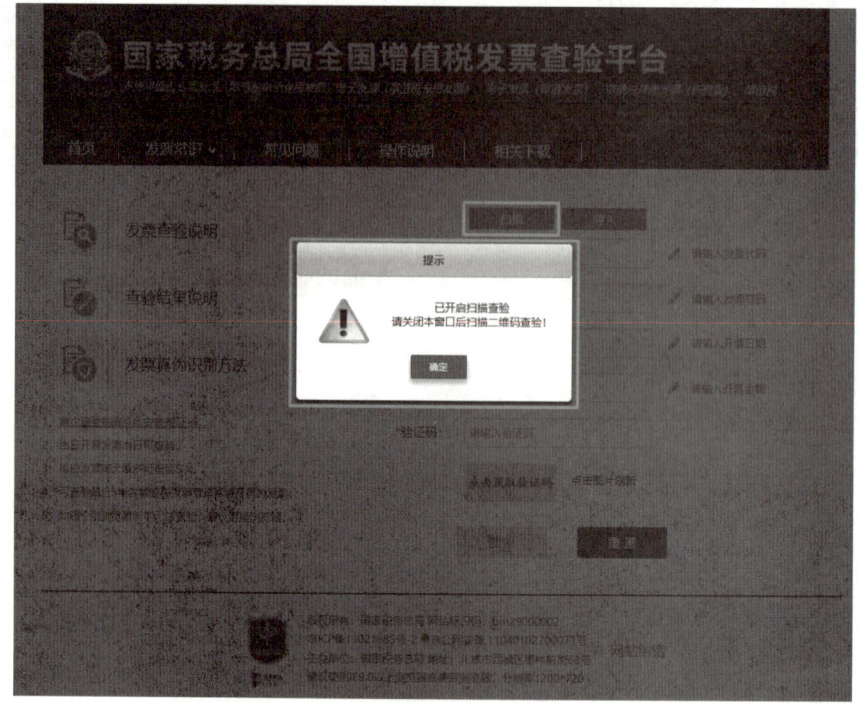

图 6-4　扫描查验

（2）点击"确定"按钮，使用已连入计算机的扫描枪对发票上的二维码进行扫描，页面弹出对应发票信息，点击"查验"按钮获取查验结果，如图 6-5 所示。

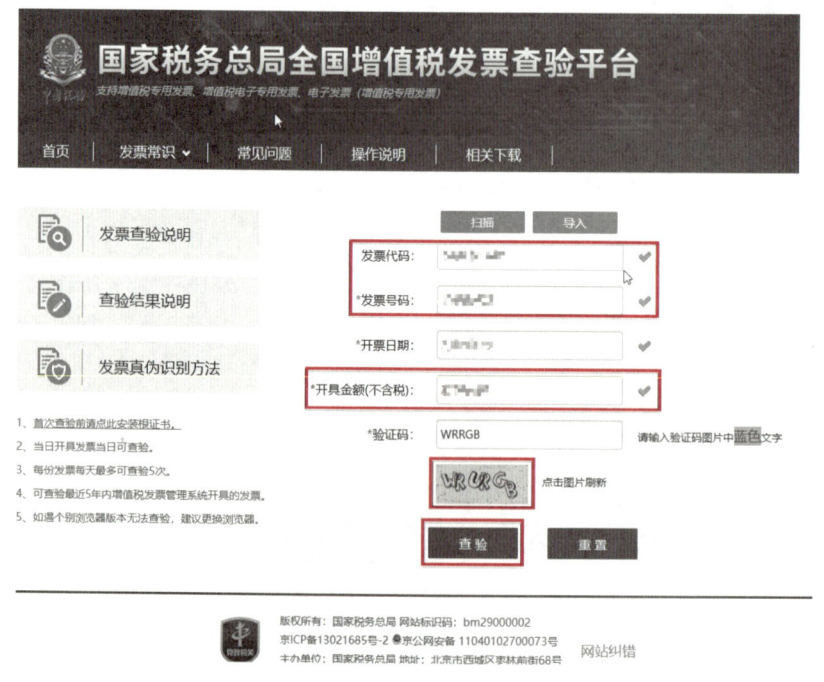

图 6-5　获取查验结果

3）导入查验

（1）点击页面中的"导入"按钮，如图 6-6 所示。

图 6-6　导入查验

（2）跳转至"导入查验"弹窗，如图 6-7 所示。

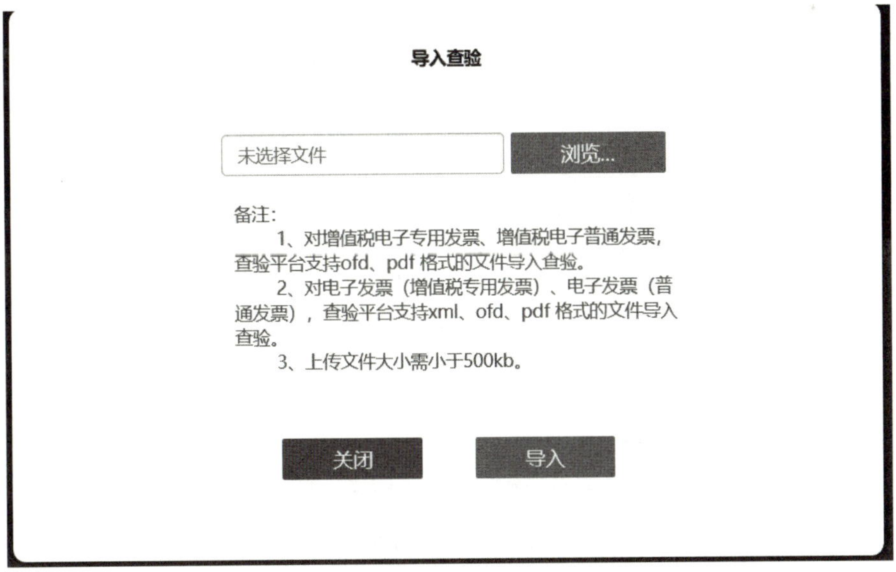

图 6-7　导入查验

（3）点击对话框中的"浏览"按钮，选中需要导入的文件（支持文件格式为 pdf、ofd），点击"打开"按钮，如图 6-8 所示。

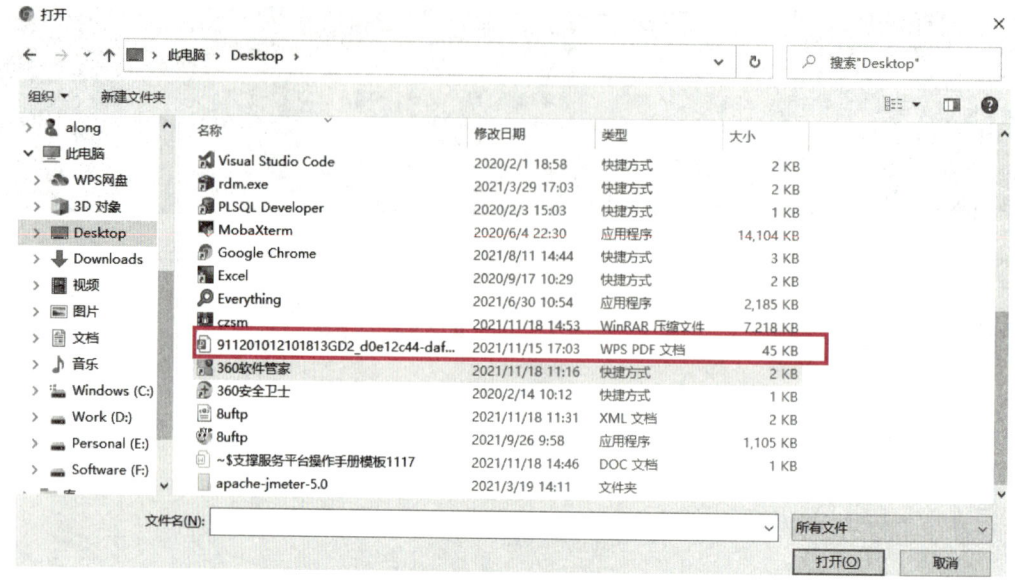

图 6-8　导入文件

（4）点击"导入"按钮，系统回到首页并弹出对应发票信息，如图 6-9 所示。导入后的界面如图 6-10 所示。

图 6-9　导入发票信息

项目六 发票管理 | 129

图 6-10 获取查验结果

3. 查看结果

确认输入的信息无误后,点击"查验"按钮,系统自动弹出查验结果。

(1) 增值税专用发票如图 6-11 所示。

图 6-11 增值税专用发票

（2）机动车销售统一发票如图 6-12 所示。

发票查验明细

查验次数：第3次　　查验时间：2017-11-23 16:41:46　　打印　关闭

河北机动车销售统一发票

发票代码：　　发票号码：　　开票日期：

机打代码 机打号码 机器编号			税控码			
购买方名称及身份证号码/组织机构代码				纳税人识别号		
车辆类型		厂牌型号			产地	
合格证号		进口证明书号			商检单号	
发动机号码				车辆识别代号/车架号码		
价税合计	⊗陆拾柒万伍仟陆佰叁拾叁元柒角陆分				小写	¥675633.76
销货单位名称				电话		
纳税人识别号				账号		
地址			开户银行			
增值税税率或征收率		增值税税额		主管税务机关及代码		
不含税价	小写 ¥597905.98	完税凭证号码		吨位		限乘人数

特别提示：

» 本平台仅提供所查询发票票面信息的查验结果。

» 若发现发票查验结果与实际交易不符，任何单位或个人有权拒收并向当地税务机关举报。

图 6-12　机动车销售统一发票

（3）二手车销售统一发票如图 6-13 所示。

发票查验明细

查验次数：第11次　　查验时间：2017-12-05 16:03:09　　打印　关闭

二手车销售统一发票

发票代码：　　发票号码：　　开票日期：

机打代码 机打号码 机器编号		税控码			
买方单位/个人			单位代码/身份证号码		
买方单位/个人住址				电话	
卖方单位/个人			单位代码/身份证号码		
卖方单位/个人住址				电话	
车牌照号		登记证号	登记证号	车辆类型	
车架号/车辆识别代码		厂牌型号	厂牌型号	转入地车辆管理所名称	
车价合计（大写）	⊗			小写	¥
经营、拍卖单位					
经营、拍卖单位地址			纳税人识别号		
开户银行、账号				电话	
二手车市场			纳税人识别号		
			地址		
开户银行、账号				电话	
备注					

图 6-13　二手车销售统一发票

（4）增值税普通发票如图6-14所示。

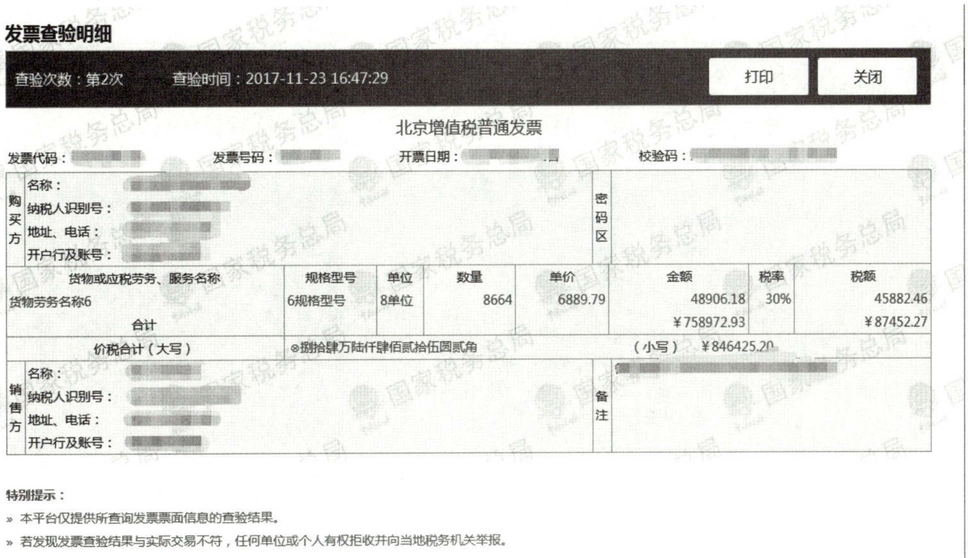

图6-14 增值税普通发票

（5）增值税电子普通发票。对于税务局自建电子发票开具软件开具的增值税电子普通发票在查验平台中提供版式文件下载功能。在发票查验明细中，点击"版式文件下载"按钮，预览或下载增值税电子普通发票的版式文件，如图6-15所示。

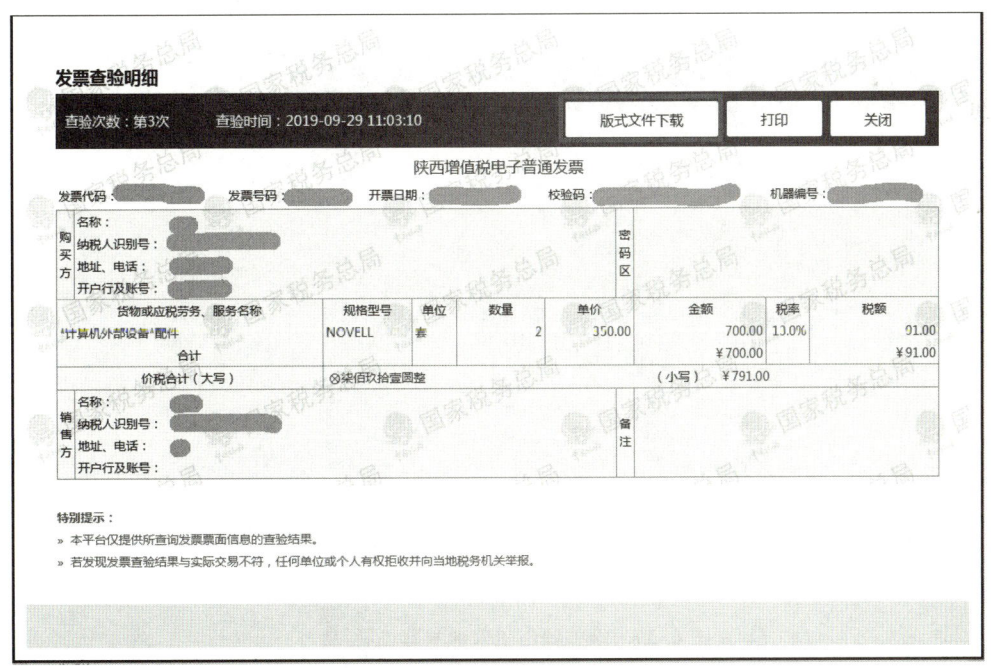

图6-15 版式文件下载

(6) 增值税普通发票(卷票)如图 6-16 所示。

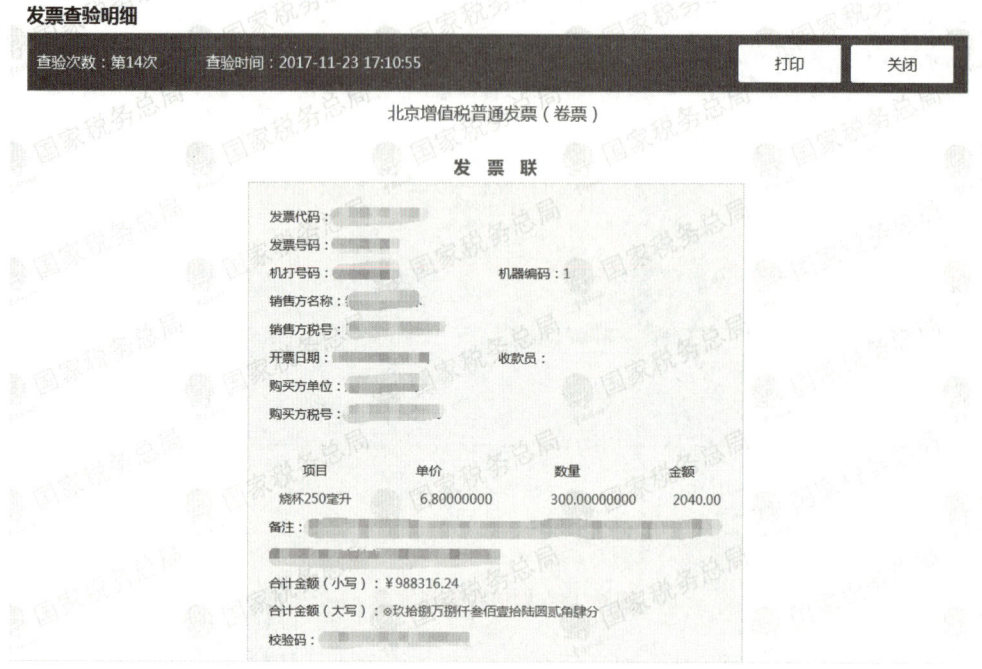

图 6-16 增值税普通发票(卷票)

(7) 增值税电子普通发票(通行费),如图 6-17 所示。

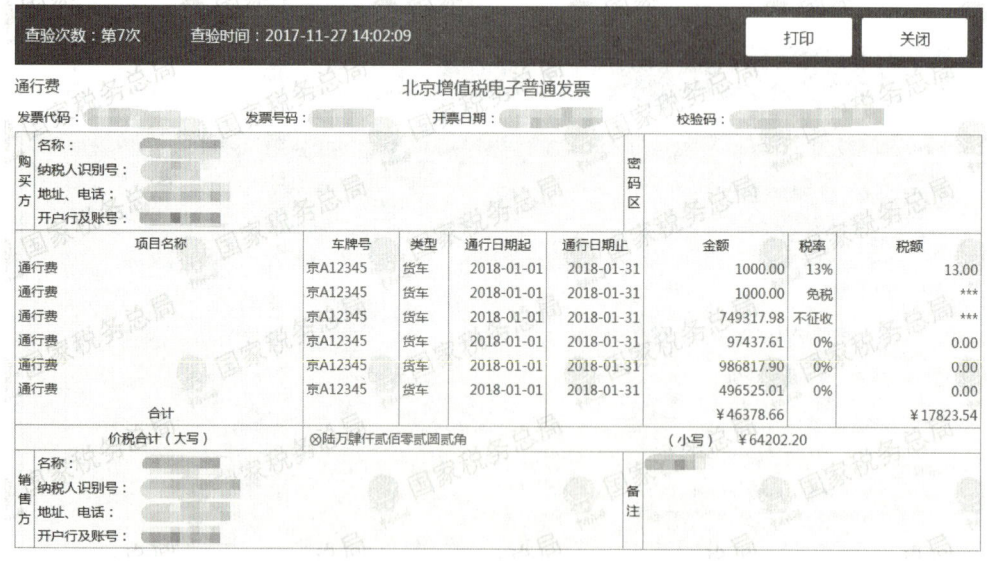

图 6-17 增值税电子普通发票(通行费)

(8) 增值税电子专用发票。对于税务局自建电子发票开具软件开具的增值税电子专用发票在查验平台中提供版式文件下载功能。在发票查验明细中，点击"版式文件下载"按钮，预览或下载增值税电子专用发票的版式文件，如图 6-18 所示。

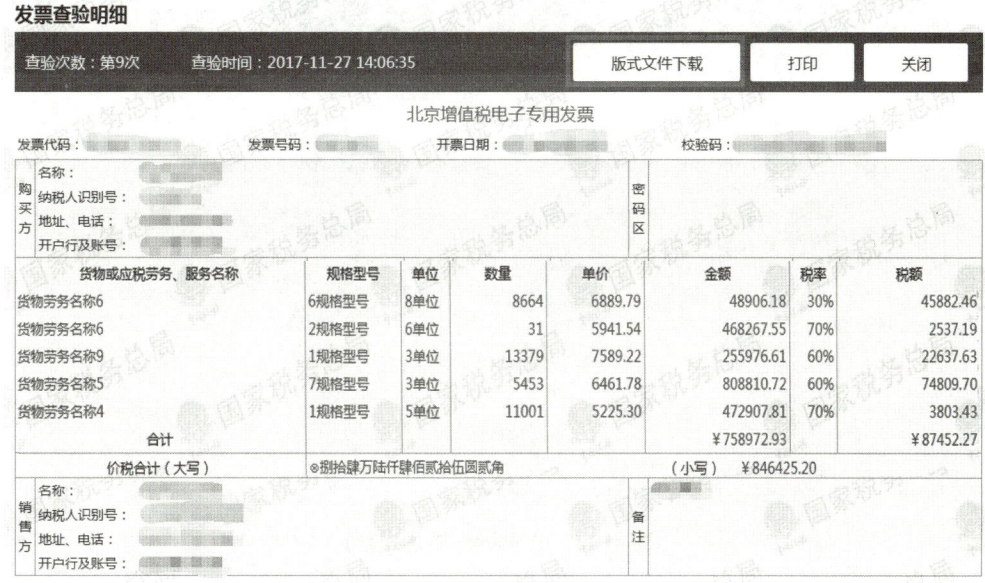

图 6-18　版式文件下载

（9）电子发票（增值税专用发票）如图 6-19 所示。

图 6-19　电子发票(增值税专用发票)

（10）电子发票（普通发票）如图 6-20 所示。

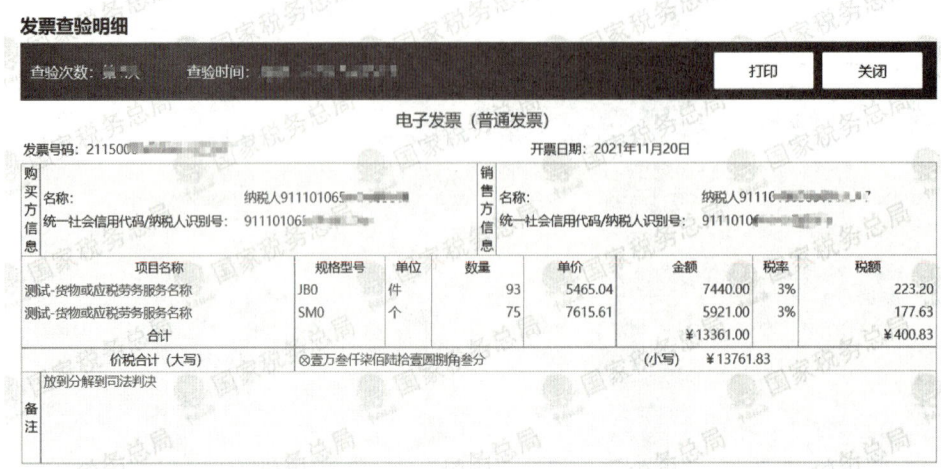

图 6-20　电子发票（普通发票）

（11）电子发票（铁路电子客票）如图 6-21 所示。

图 6-21　电子发票（铁路电子客票）

（12）电子发票（航空运输电子客票行程单）如图 6-22 所示。

(四) 发票查验结果说明

（1）发票状态为正常：纳税人输入的发票校验信息与税务机关电子信息一致，且发票处于正常状态。

（2）发票状态为作废：纳税人输入的发票校验信息与税务机关电子信息一致，但发票已被发票开具方做作废处理，此发票不可作为财务报销凭证。

（3）不一致：纳税人输入的发票信息与税务机关电子信息至少有一项不一致，如确

发票查验明细

查验次数：[illegible]　查验时间：[illegible]　打印　关闭

电子发票（航空运输电子客票行程单）

发票号码：22448784120000000001　　开票日期：2022年08月01日

	国内国际标识	国内				GP单号	GP112045678767	
	姓名	[illegible]				证件号码	[illegible]	
航段	始发站	目的站	承运人	航班号	座位等级	承运日期	起飞时间	客票级别/客票类型
1	北京	成都	南方航空	CZ1833	L	2022-7-30	15：30	L60
2	成都	广东	南方航空	CZ8848	L	2022-7-30	19：30	L60
	电子客票号码	9992131989468						
	购买方名称	[illegible]				购买方纳税人识别号	[illegible]	

特别提示：

» 本平台仅提供所查询发票票面信息的查验结果。

» 若发现发票查验结果与实际交易不符，任何单位或个人有权拒收并向当地税务机关举报。

图 6-22　电子发票(航空运输电子客票行程单)

认输入的查验项目与票面一致,请与开票方或开票方主管税务机关联系核实。

(4) 查无此票:由于存在开具方离线自开票、发票电子数据的同步滞后、查验人录入错误等问题,导致相关发票在税务机关的电子信息中无法检索到。如果确认输入项无误,请于第二天再行查验。

(5) 验证码失败:图片验证码过期或失效,请点击验证码图片重新获取验证码后再进行查验。

(6) 验证码答案输入错误:图片验证码的问题答案录入错误,请修正输入项目后重新查验或点击验证码图片获取新的验证码进行校验。

(7) 验证码请求失败:其可能原因如下:①请检查是否正确安装根证书,若未正确安装根证书,验证码将无法正常显示;②纳税人与开票方省级国税机关的网络不稳定,请稍后再查;③请尝试使用谷歌或火狐浏览器进行查验。

(8) 查验失败:存在查询请求非法、请求处理超时、该发票超过系统限定的单日查验次数(5 次)、提交的查验请求过于频繁或存在网络、系统故障等。

不同查验结果的展现示例如下:

(1) 不一致,如图 6-23 所示。

(2) 查无此票,如图 6-24 所示。

五、发票开具的注意事项

发票开具的注意事项如下:

(1) 销售商品、提供服务及从事其他经营活动的单位,对外发生经营业务收取款项时,均应向付款方开具发票。

(2) 特殊情况下,即收购单位和扣缴义务人支付个人款项时,可以由付款方向收款方开具发票。付款方应向收款方取得发票,并不得要求变更品名和金额。

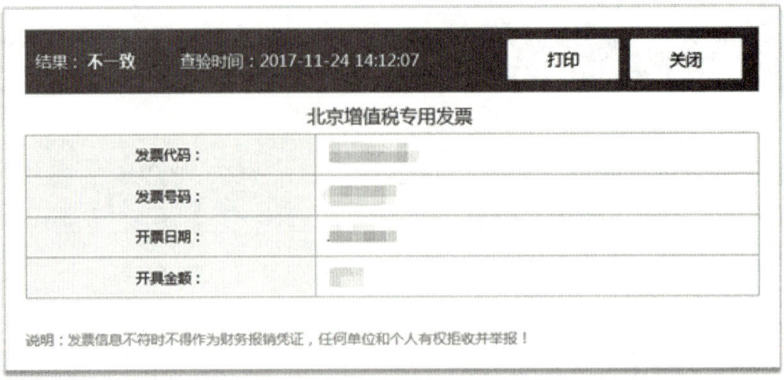

图 6-23　查验不一致

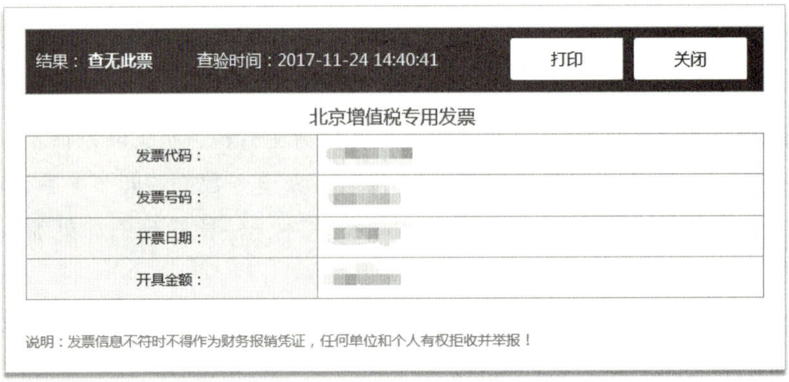

图 6-24　查无此票

（3）开具发票应当按照规定的时限、顺序、逐栏、全部联次一次性如实开具，并加盖单位财务印章或发票专用章。不符合规定的发票不得作为财务报销凭证，任何单位和个人均有权拒收。

（4）使用电子计算机开具发票，须经主管税务机关批准，并使用税务机关统一监制的机外发票，开具后的存根联应当按照顺序号装订成册。

（5）发票不得转借、转让、代开；未经税务机关批准不得拆本使用；不得自行扩大专业发票使用范围；禁止倒买倒卖发票。

（6）开具发票的单位和个人应当建立发票登记制度，设置发票登记簿，并定期向税务机关报告发票使用情况。

任务二　开具增值税普通发票

【实训目的】

通过本节课的学习，学生能够了解增值税普通发票的基本理论知识，学会开具增值税普通发票。

【知识储备】

一、增值税普通发票概述

增值税普通发票由基本联次或者基本联次附加其他联次构成,分为两联版和五联版两种。基本联次为两联:第一联为记账联(图6-25),是销售方记账凭证;第二联为发票联(图6-26),是购买方记账凭证。其他联次用途,由纳税人自行确定。纳税人办理产权过户手续需要使用发票的,可以使用增值税普通发票第三联。

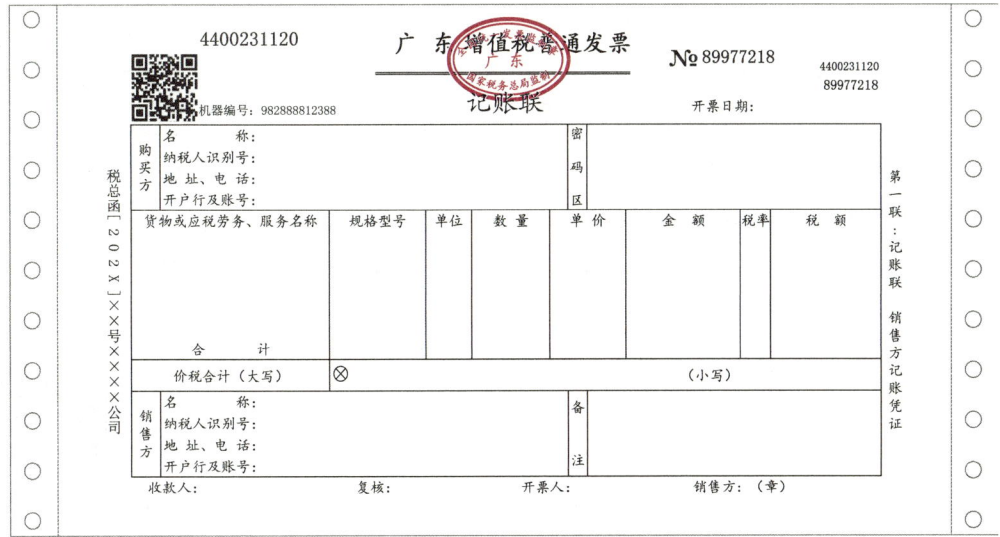

图6-25　增值税普通发票(记账联)

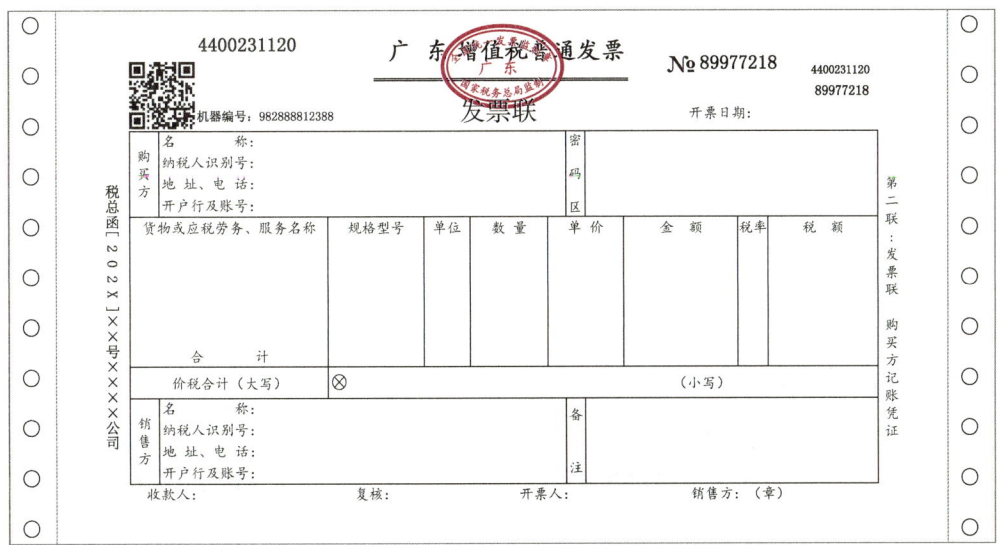

图6-26　增值税普通发票(发票联)

二、开具增值税普通发票的注意事项

（1）销售商品、提供服务及从事其他经营活动的单位，对外发生经营业务收取款项时，应向付款方开具发票。特殊情况下，由付款方向收款方开具发票。

（2）开具发票应当按照规定的时限、顺序、逐栏、全部联次一次性如实开具，并加盖单位发票专用章。

（3）使用电子计算机开具发票，须经国税机关批准，并使用国税机关统一监制的机外发票，开具后的存根联应当按顺序号装订成册。

（4）发票限于领购的单位和个人在本市、县范围内使用，跨出市、县范围的，应当使用经营地的发票。

（5）开具发票单位和个人的税务登记内容发生变化时，应相应办理发票和发票领购簿的变更手续；注销税务登记前，应当缴销发票领购簿和发票。

（6）所有单位和从事生产、经营的个人，在购买商品、接受服务，以及从事其他经营活动支付款项时，向收款方取得发票，不得要求变更品名和金额。

（7）对不符合规定的发票，不得作为报销凭证，任何单位和个人均有权拒收。

（8）发票应在有效期内使用，过期应当作废。

练习　开具增值税普通发票

【任务背景】

开具增值税普通发票

2023 年 12 月 15 日，深圳诚信电子科技有限公司销售给深圳奥丰电子科技有限公司 10 台华为电脑，开具增值税普通发票。

销售商品和客户信息如下：

商品名称：*电子计算机*华为电脑

单位：台

数量：10

单价（不含税）：8 000.00 元

金额：80 000.00 元

客户名称：深圳奥丰电子科技有限公司

纳税人类型：一般纳税人

纳税人识别号：91440305M614758013

地址、电话：深圳南山区略泓路 301 号　0755-34776407

开户行及账号：中国工商银行深圳南山区鸿盈路支行　3400150485556728718

【工作流程】

步骤 1：登录增值税发票税控开票软件，首次进入需先完成参数设置，如图 6-27 和

图 6-28 所示。

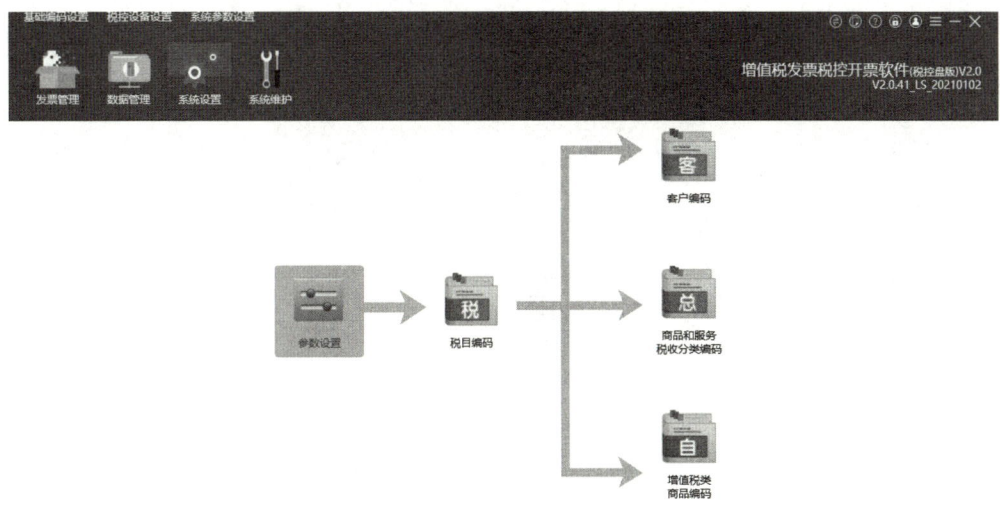

图 6-27 参数设置

图 6-28 输入纳税人信息

步骤 2：维护客户基本信息，如图 6-29 和图 6-30 所示。

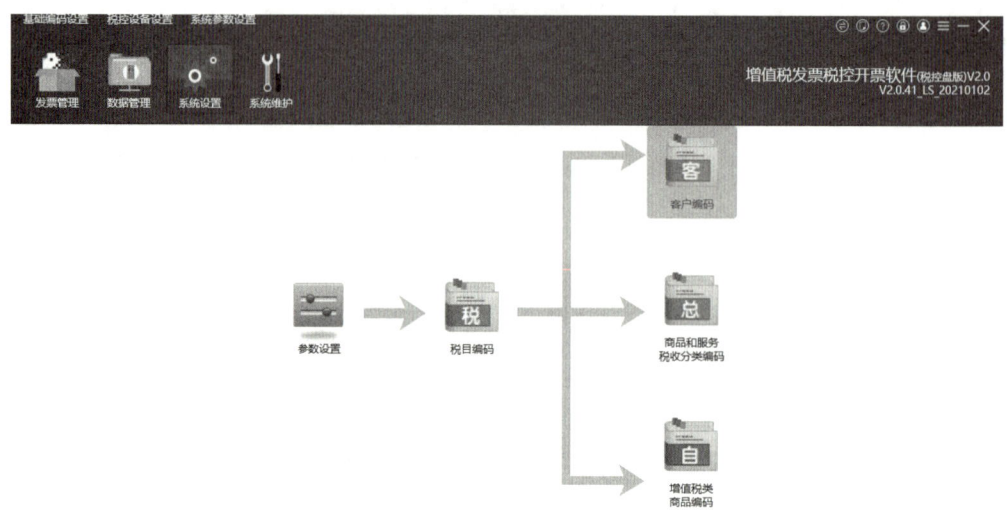

图 6-29　客户编码

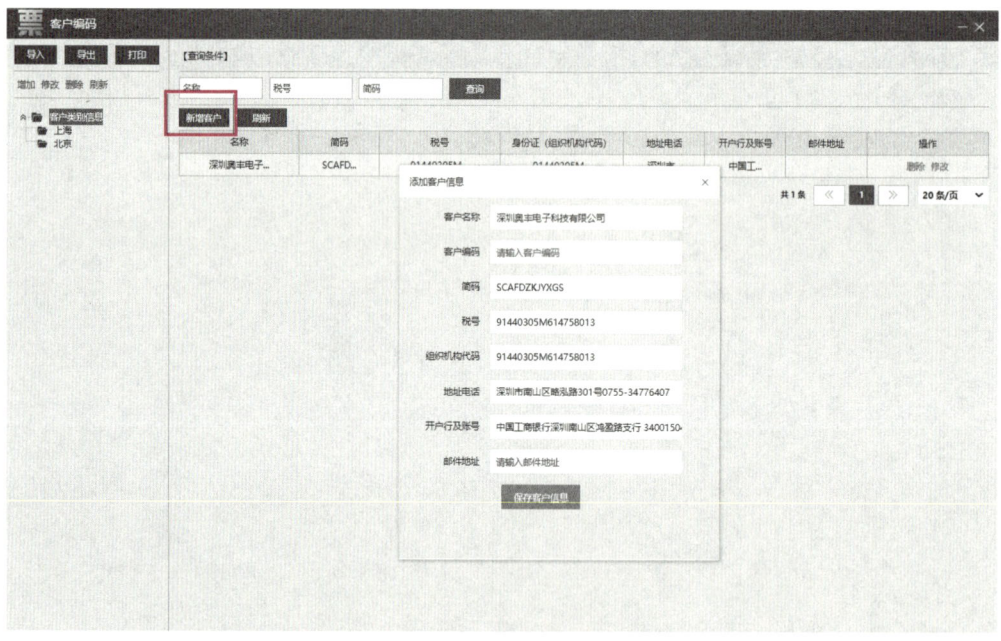

图 6-30　增加客户信息

步骤3：新增商品服务档案。

（1）新增商品名称，如图6-31和图6-32所示。

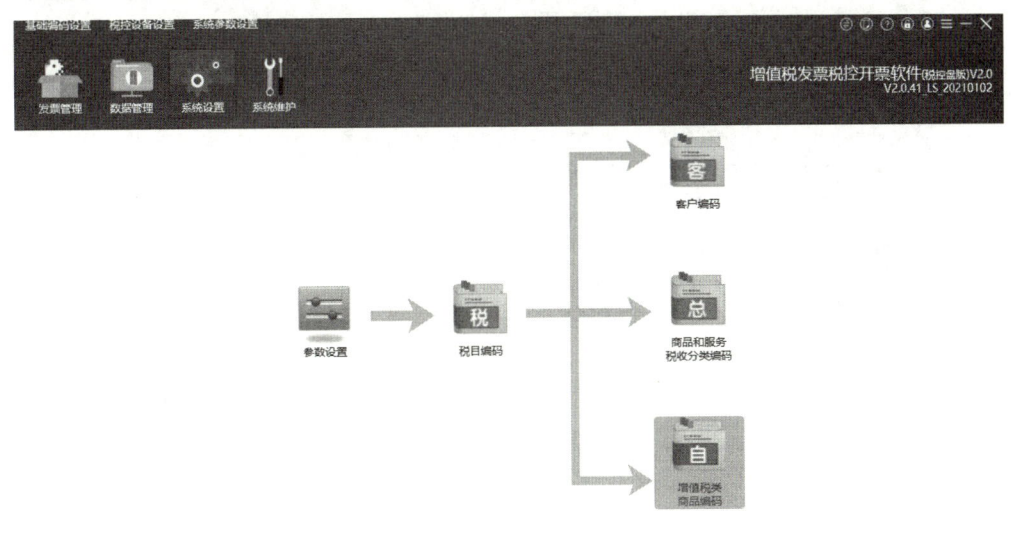

图6-31 增值税类商品编码

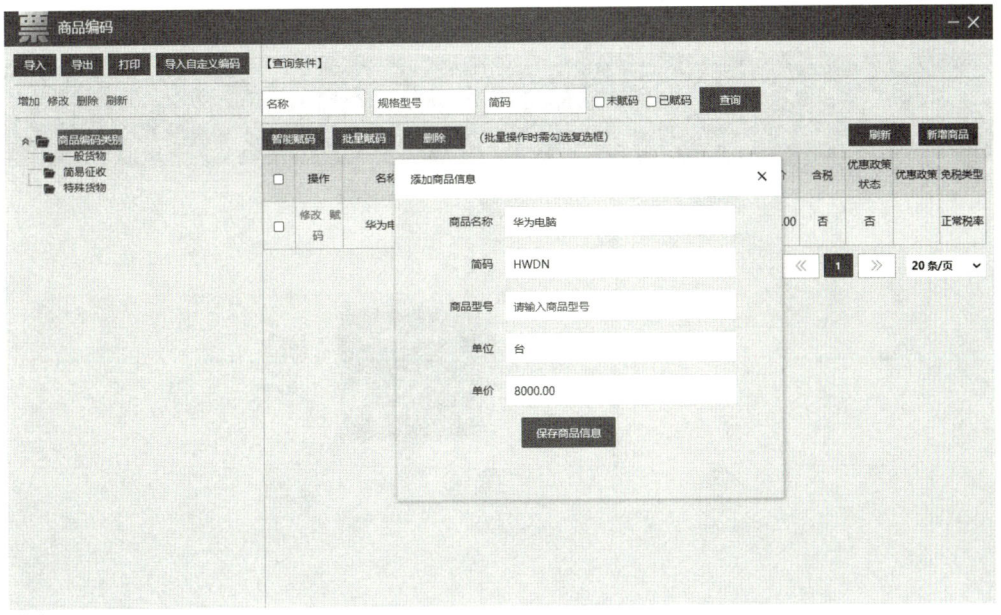

图6-32 增加商品

（2）商品赋码，选择相应税收分类，确认税率，如图 6-33 所示。

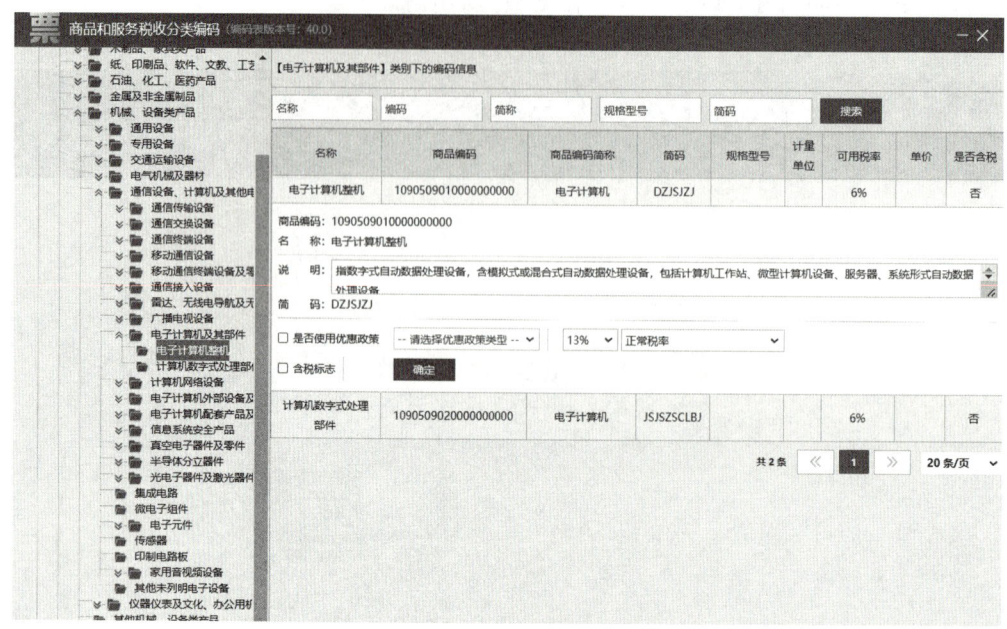

图 6-33　商品赋码

步骤 4：开具发票。

（1）选择增值税普通发票填开，如图 6-34 所示。

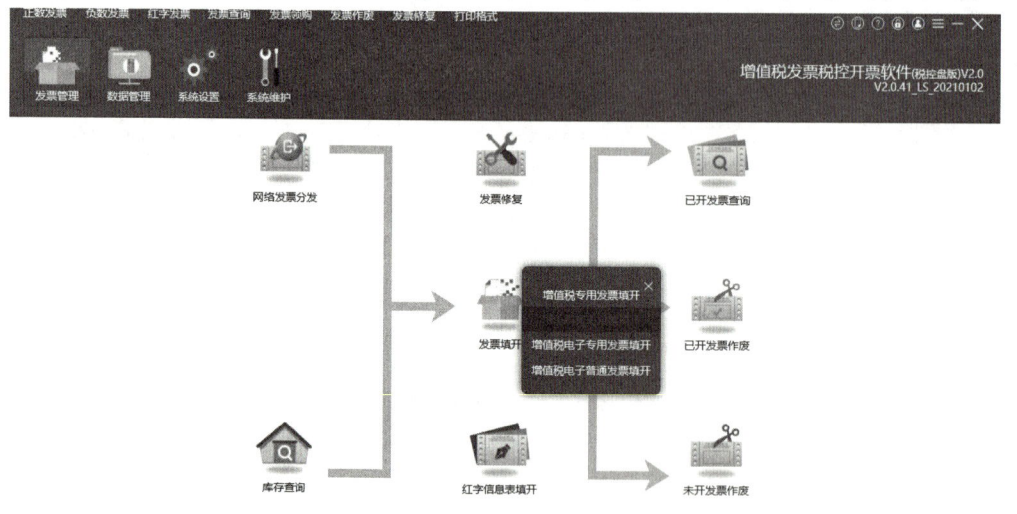

图 6-34　增值税普通发票填开

(2) 填写开票日期、客户信息、商品信息，如图 6-35 所示。

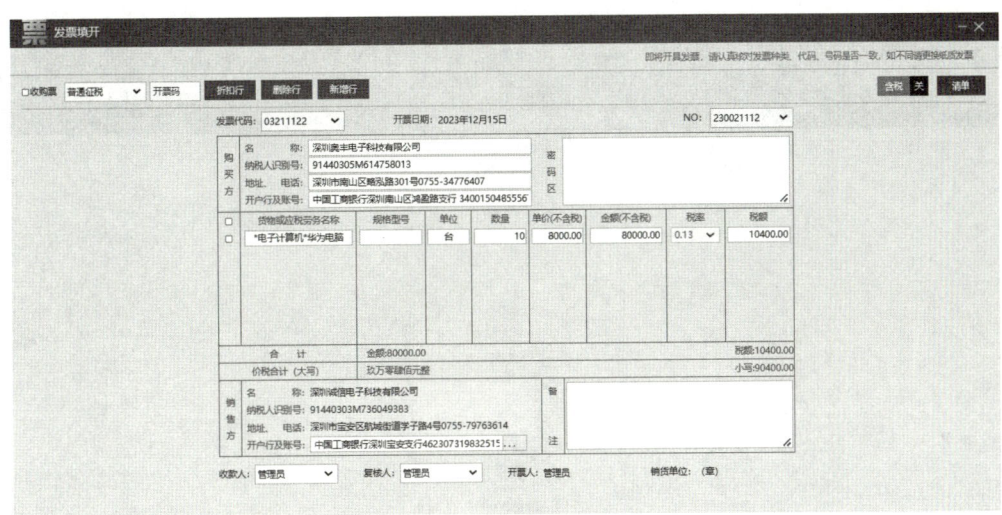

图 6-35　填写发票信息

(3) 开具发票，如图 6-36 所示。

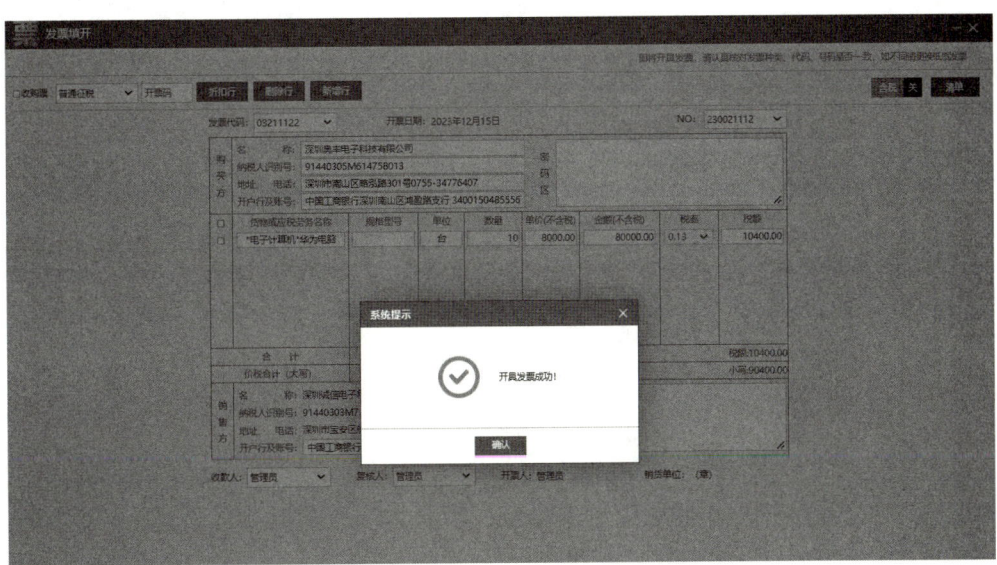

图 6-36　开具发票

（4）查询开票信息，如图 6-37 至图 6-39 所示。

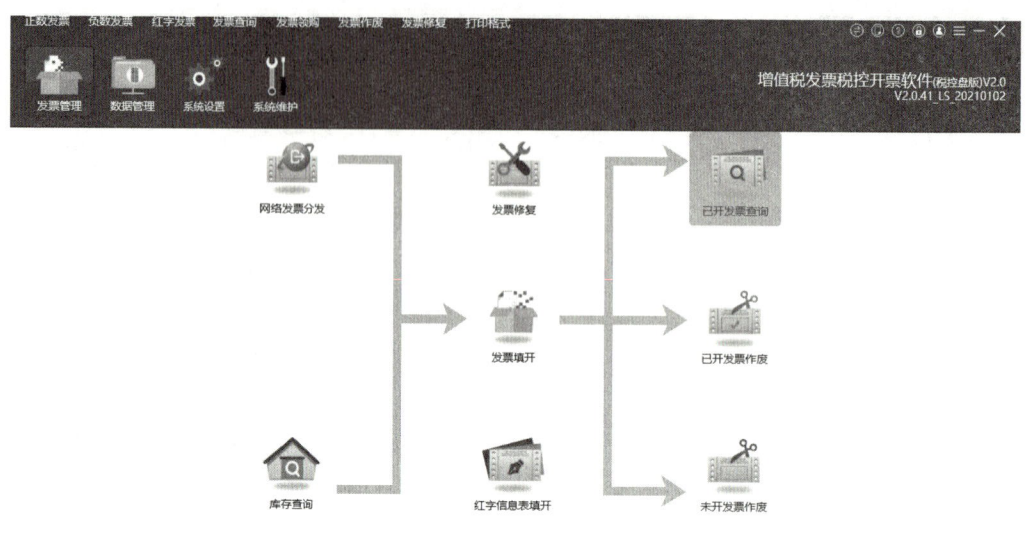

图 6-37　已开发票查询

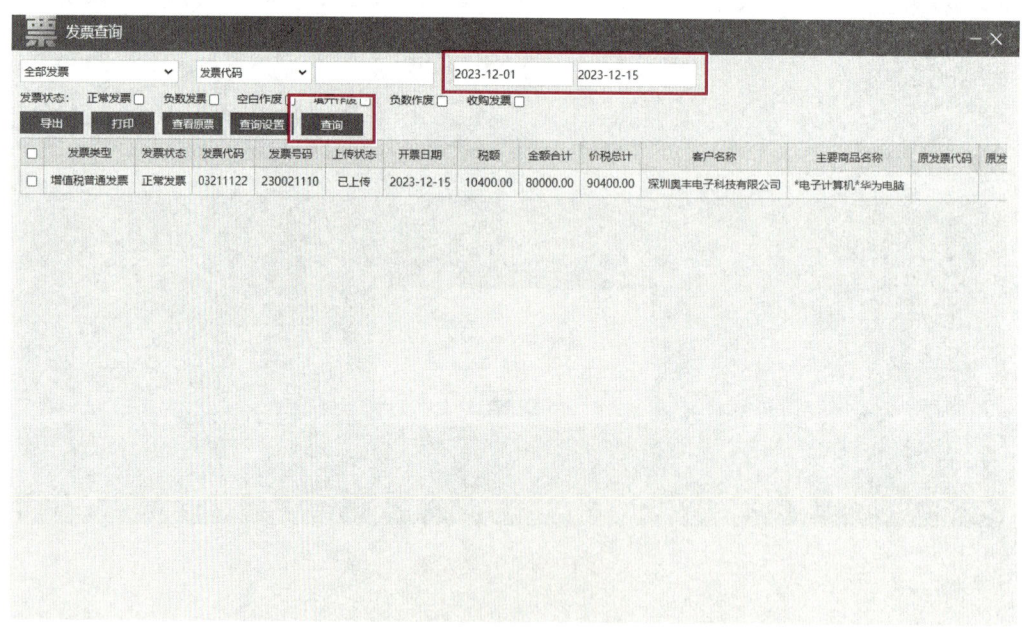

图 6-38　发票查询

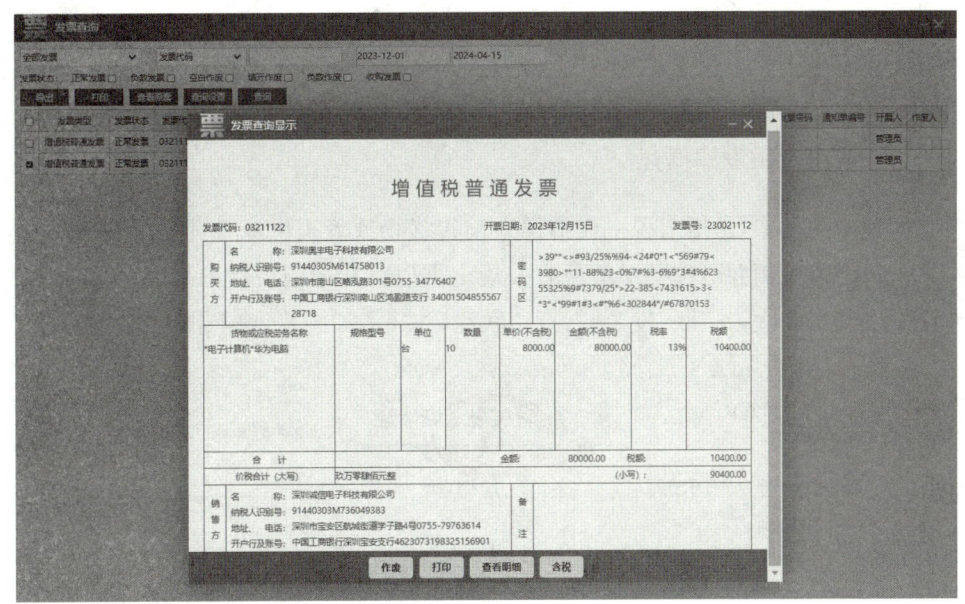

图 6-39　发票查询显示

【同步训练】

2023 年 12 月 15 日,深圳瑞致食品有限公司销售给江门香骏纸业有限公司 50 箱牛奶糖,开具增值税普通发票。

销售商品和客户信息如下:

商品名称:*糖果类食品*牛奶糖

单位:箱

数量:50

单价(含税):150.00 元

金额:7 500.00 元

客户名称:江门香骏纸业有限公司

纳税人类型:一般纳税人

纳税人识别号:91440701M787001335

地址、电话:江门市普爱路 474 号　0750－19001729

开户行及账号:中国工商银行江门市海骄路支行 4233593604415018439

任务三　开具增值税专用发票

【实训目的】

通过本节课的学习,学生能够了解增值税专用发票的基本理论知识,学会开具增值税专用发票。

【知识储备】

一、增值税专用发票概述

增值税专用发票，是增值税一般纳税人销售货物或者提供应税劳务开具的发票，是购买方支付增值税额并可按照增值税有关规定据以抵扣增值税进项税额的凭证。增值税专用发票基本联次为三联：发票联、抵扣联和记账联，如图6-40至图6-42所示。

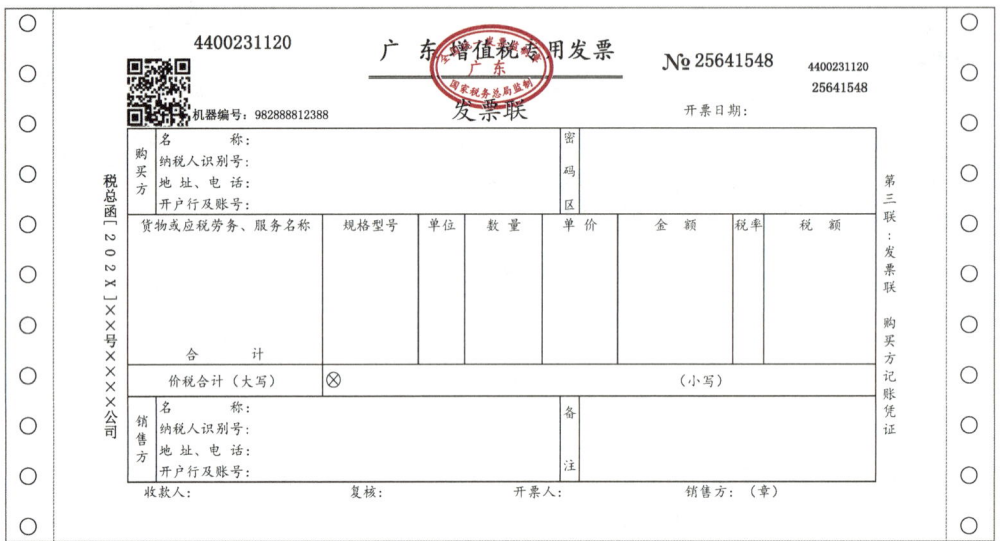

图 6-40　增值税专用发票(发票联)

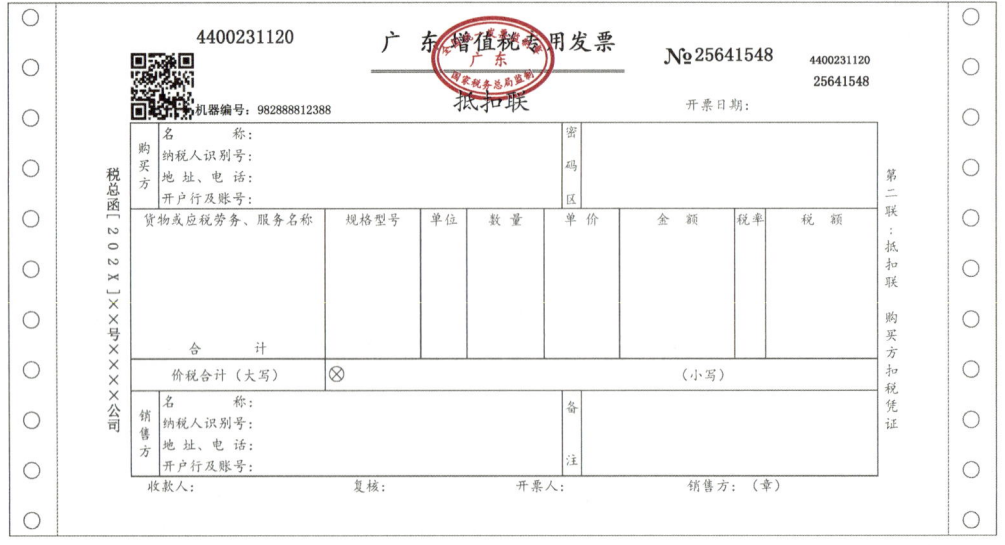

图 6-41　增值税专用发票(抵扣联)

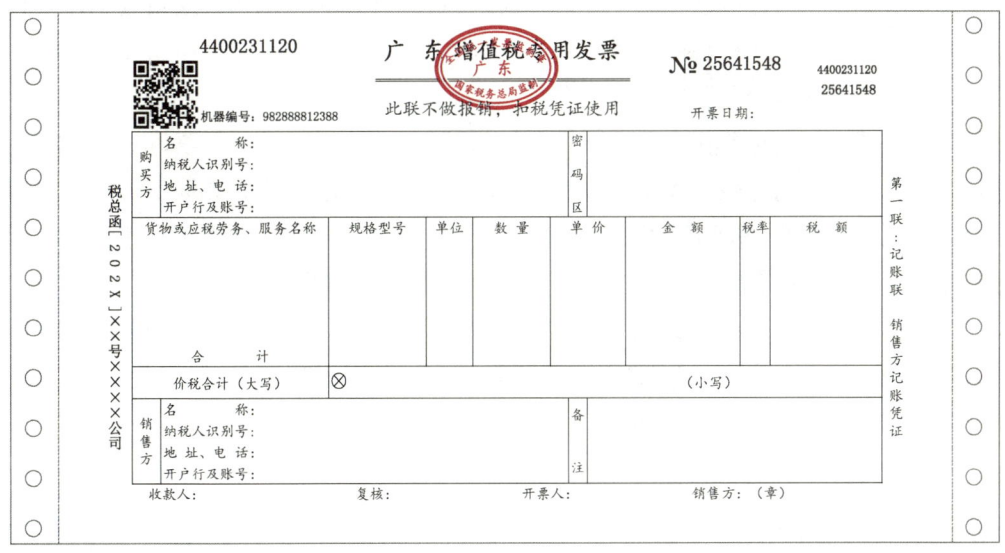

图 6-42　增值税专用发票（记账联）

（1）发票联：作为购买方核算采购成本和增值税进项税额的记账凭证。

（2）抵扣联：作为购买方报送主管税务机关认证和留存备查的凭证。

（3）记账联：作为销售方核算销售收入和增值税销项税额的记账凭证。

二、开具增值税专用发票的注意事项

开具增值税专用发票的注意事项如下：

（1）项目填写齐全，全部联次一次填开，内容和金额一致。

（2）字迹清楚，不得涂改。如填写有误，应另行开具专用发票，并在误填的专用发票上注明"误填作废"字样。如专用发票开具后因购货方不索取而成为废票的，也应按填写有误办理。

（3）发票联和抵扣联加盖单位发票专用章，不得加盖其他财务印章。根据不同版本的专用发票，财务专用章或发票专用章分别加盖在专用发票的左下角或右下角，覆盖"开票单位"一栏。发票专用章使用红色印泥。

（4）纳税人开具专用发票必须预先加盖专用发票销货单位栏戳记。不得手工填写"销货单位"栏，用手工填写的，属于未按规定开具专用发票，购货方不得作为扣税凭证。专用发票销货单位栏戳记用蓝色印泥。

（5）开具专用发票，必须在"金额""税额"栏合计（小写）数前用"￥"符号封顶，在"价税合计（大写）"栏大写合计数前用" "符号封顶。购销双方单位名称必须详细填写，不得简写。如果单位名称较长，可在"名称"栏分上下两行填写，必要时可出该栏的上下横线。

（6）发生退货，销售折让收到购货方抵扣联、发票的处理方法。销货方如发生退货、销售折让收到购货方抵扣联、发票联的，应视不同情况按以下情况办理：

销货方如果未将记账联作账务处理，应在收到的发票联和抵扣联及相应的存根联、记账联上注明"作废"字样，并依次粘贴在存根联后面，下月领购专用发票时随同其他专用发票存根联一起提交税务机关核查。

如果销货方已将记账作账务处理，可开具相同内容的红字专用发票，将红字专用发票的记账联撕下作为扣减当期销项税额的凭证，存根联、抵扣联和发票联不得撕下，将蓝字专用发票的抵扣联、发票联粘贴在红字专用发票发票联的后面，并在上面注明蓝字、红字专用发票记账联的存放地点，作为开具红字专用发票的依据。

（7）税务机关代开专用发票，除加盖纳税人财务专用章外，必须同时加盖税务机关代开增值税专用发票章，专用章加盖在专用发票底端的中间位置，使用红色印泥。凡未加盖上述用章的，购货方一律不得作为抵扣凭证。

（8）不得拆本使用专用发票。

练习　开具增值税专用发票

【任务背景】

开具增值税专用发票

2023 年 12 月 18 日，深圳诚信电子科技有限公司销售给深圳迪和计算机有限公司 5 台喷墨复印机，开具增值税专用发票。

销售商品和客户信息如下：

商品名称：*复印胶版印制设备*喷墨复印机

单位：台

数量：5

单价（不含税）：2 350.00 元

金额：11 750.00 元

客户名称：深圳迪和计算机有限公司

纳税人类型：一般纳税人

纳税人识别号：91440301M252195521

地址、电话：深圳市瑞为路 301 号　0755-41038313

开户行及账号：中国工商银行深圳市金迅路支行　2456131571909323665

【工作流程】

步骤 1：登录增值税发票税控开票软件，首次进入需先完成参数设置，如图 6-43 和图 6-44 所示。

步骤 2：维护客户基本信息，如图 6-45 和图 6-46 所示。

步骤 3：新增商品服务档案。

（1）新增商品名称，如图 6-47 和图 6-48 所示。

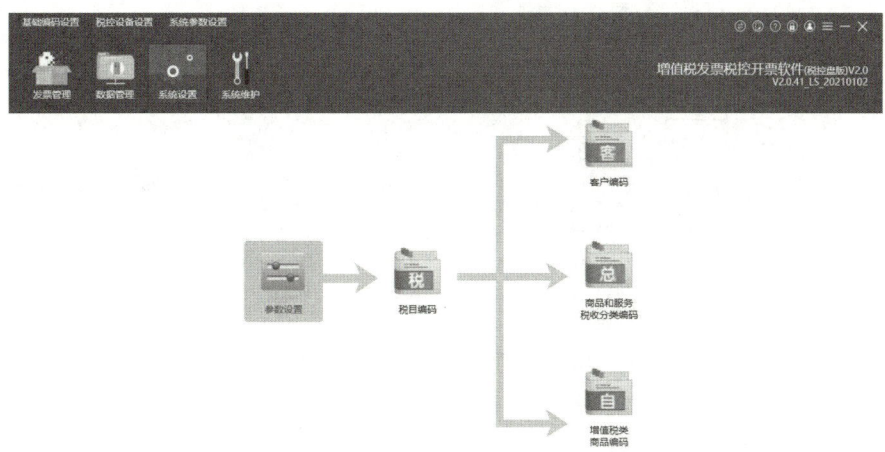

图 6-43 参数设置

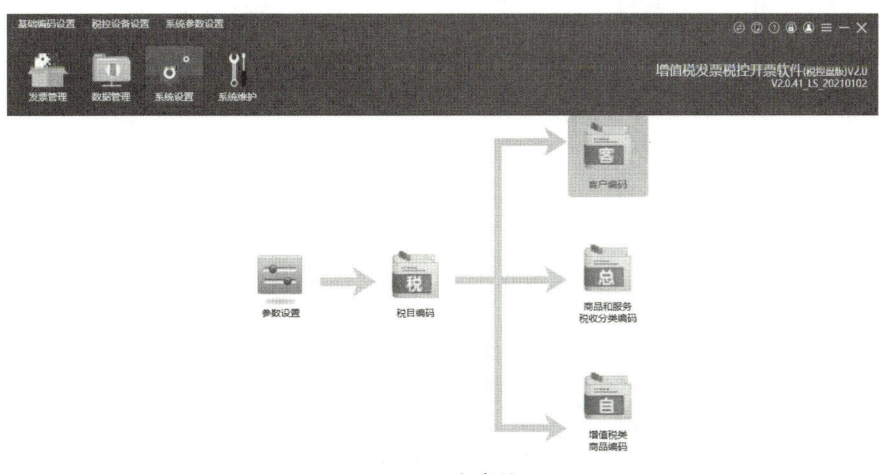

图 6-44 输入纳税人信息

图 6-45 客户编码

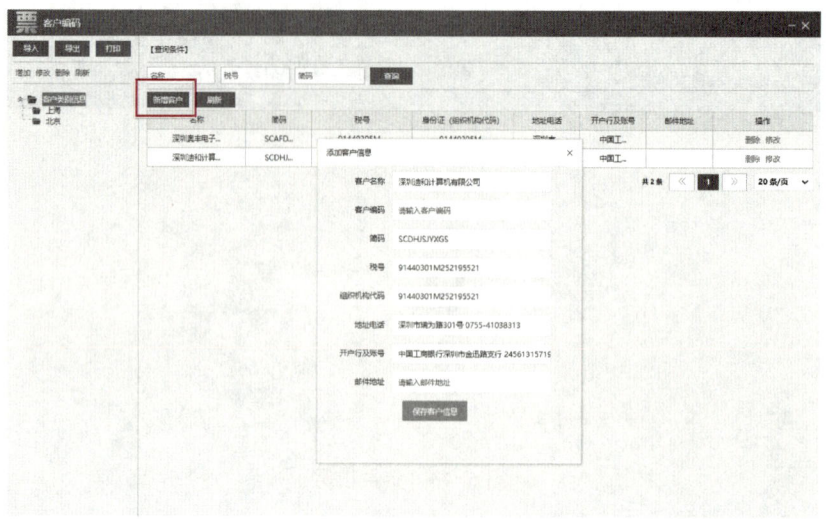

图 6-46　增加客户信息

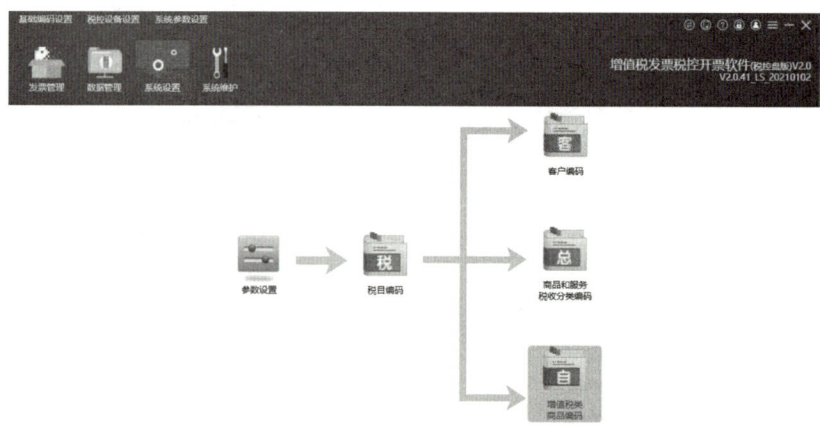

图 6-47　增值税类商品编码

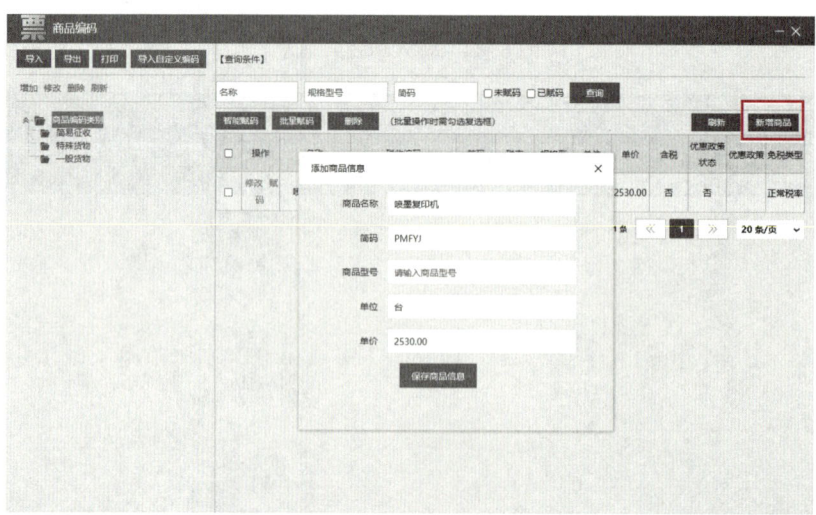

图 6-48　增加商品

（2）商品赋码，选择相应税收分类，确认税率，如图 6-49 所示。

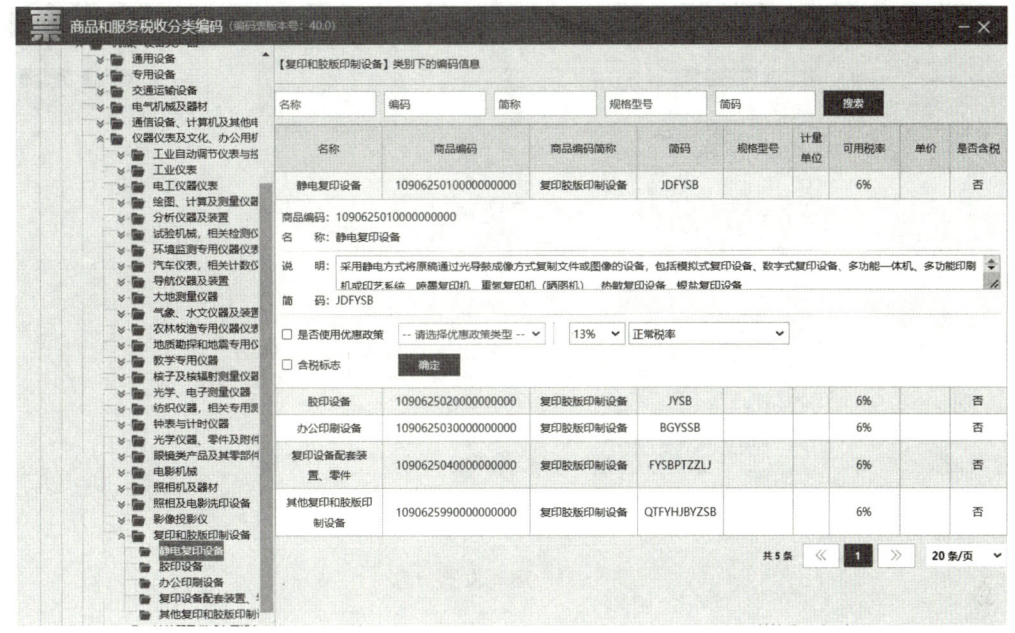

图 6-49　商品赋码

步骤 4：开具发票。

（1）选择增值税专用发票填开，如图 6-50 所示。

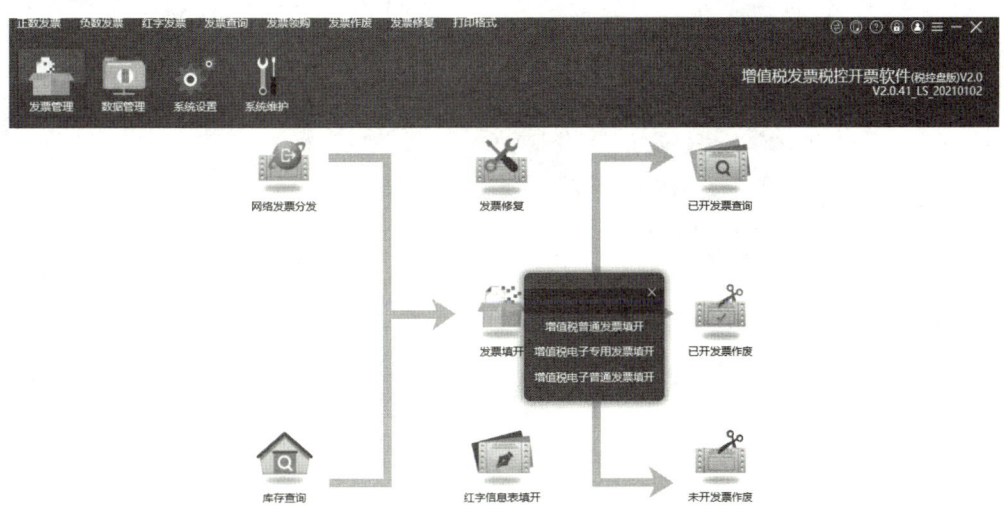

图 6-50　增值税专用发票填开

(2) 填写开票日期、客户信息、商品信息，如图 6-51 所示。

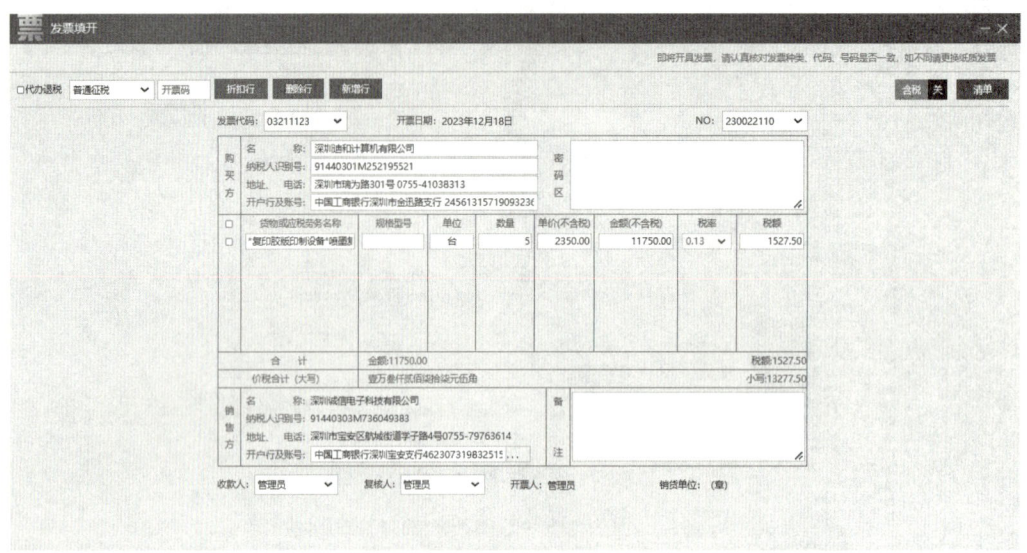

图 6-51　填写发票信息

(3) 开具发票，如图 6-52 所示。

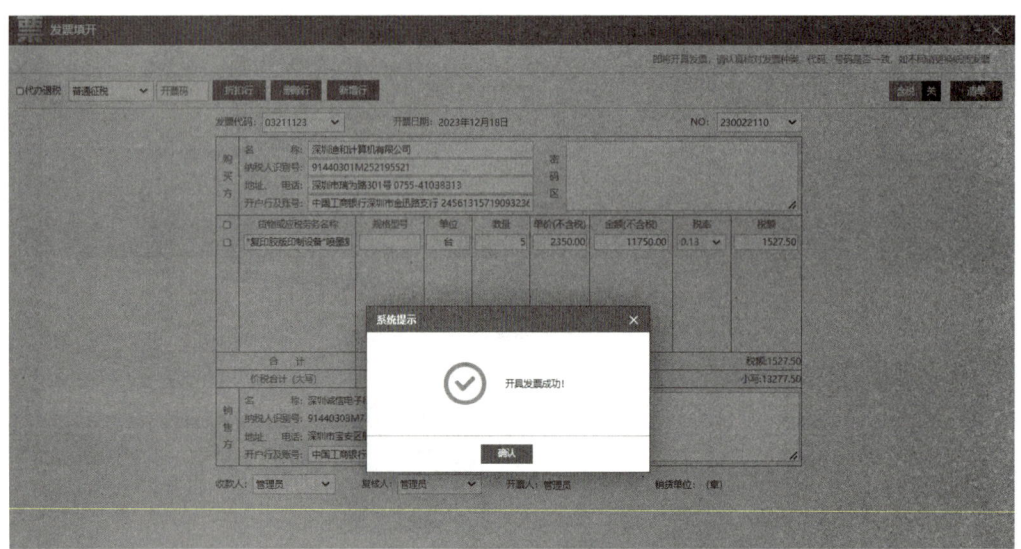

图 6-52　开具发票

(4) 查询开票信息，如图 6-53 至图 6-55 所示。

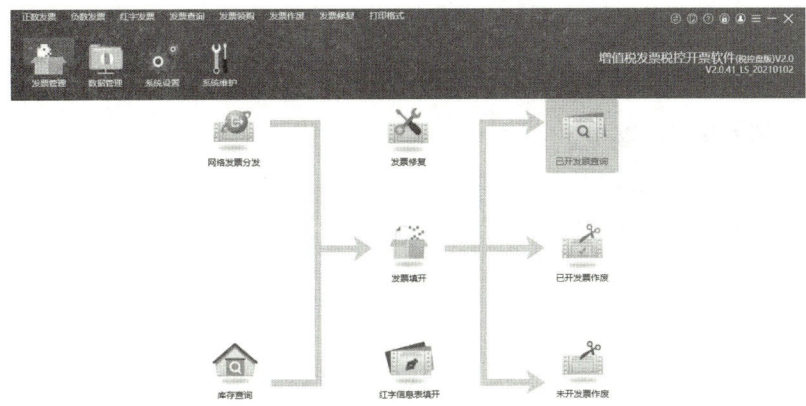

图 6-53　已开发票查询

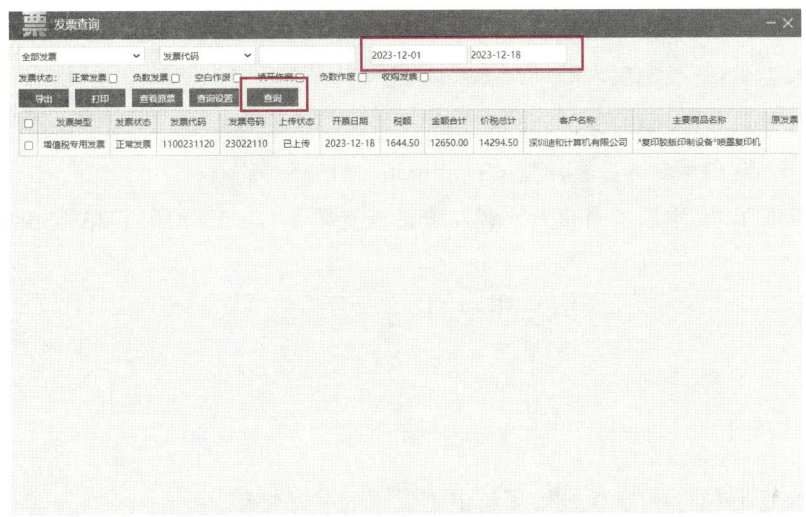

图 6-54　发票查询

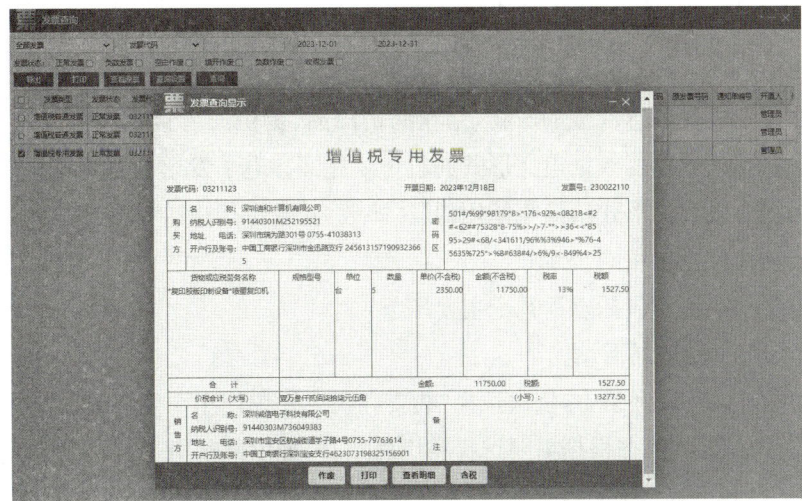

图 6-55　查询发票

【同步训练】

2023年12月18日,深圳瑞致食品有限公司销售给广州星志百货有限公司230罐芒果罐头,开具增值税专用发票。

销售商品和客户信息如下:

商品名称:*罐头*芒果罐头

单位:罐

数量:230

单价(不含税):20.00元

金额:4 600.00元

客户名称:广州星志百货有限公司

纳税人类型:一般纳税人

纳税人识别号:91440104M886944148

地址、电话:广州越秀区泰泽路689号 020-31555105

开户行及账号:中国工商银行广州越秀区蓝英路支行 1408810647455533890

任务四 电子发票概述

【实训目的】

通过本节课的学习,学生能够了解电子发票的基础知识。

【知识储备】

一、电子发票的概念和领用

电子发票是现代信息社会的产物,是在购销商品、提供或者接受服务以及从事其他经营活动中,开具、收取的数据电文形式的收付款凭证。电子发票和普通发票架构一样,采用税务局统一发放的形式给商家使用,其法律效力、基本用途、基本使用规定等与税务机关监制的增值税发票相同。

领取电子发票通常包括以下几个主要环节:

(1)登录电子税务局网站。

(2)在电子税务局网站中,依次选择"我要办税""发票使用""发票领用"。

(3)进行实名认证,并根据需要选择相应的票种,如增值税电子普通发票。

(4)在电子税务局网站的相应页面中,填写发票申领所需的信息,如申领数量、收票地址等。

(5) 核对信息无误后,提交申领申请。

(6) 申请提交后,等待审核。审核通过后,可以在电子税务局或开票软件中下载电子票号。

(7) 使用含有电子票号的开票软件,即可在线开票。

二、电子发票的检验

取得增值税电子普通发票的单位和个人,可登录国家税务总局全国增值税发票查验平台(https://inv-veri.chinatax.gov.cn)进行查验或者下载增值税电子发票版式文件阅读器查阅。

三、电子发票的优点

电子发票的法律效力、基本用途、基本使用规定等与纸质发票相同,其优点包括以下几个方面。

1. 环保节约

电子发票不需要纸质载体,减少了纸张和森林资源的消耗,对环境具有显著的节能和减排作用。这符合当今社会可持续发展的理念,有助于减少环境污染。

2. 成本低廉

电子发票的开具和领取过程简化,无需印制、打印、存储、保管和邮寄等,不需要大量的人力和物力投入,显著降低了企业的经营成本。与传统纸质发票相比,使用电子发票可以极大地降低企业的运营成本。

3. 方便快捷

电子发票可以通过互联网开具和查询,省去了传统纸质发票的诸多不便,如邮寄时间长、丢失风险大等。

4. 信息安全

电子发票采用数字化的方式存储和传输信息,提高了数据的安全性和完整性。

5. 便于管理

电子发票的数据可以实时上传至税务机关,有助于税务部门规范管理和数据应用。

四、电子发票与纸质发票的区别

电子发票与纸质发票主要有以下区别:

(1) 存在方式:电子发票以数字形式存在,可以通过电子设备下载存储,而纸质发票则以纸张形式呈现,需要进行物理保存。

(2) 开具和存储过程:电子发票可以通过互联网等电子渠道在线生成、开具和传输数据,具有快速、便捷的特点。相比之下,纸质发票的开具过程相对繁琐,且在使用过程中需要消耗纸张和能源。

（3）税务管理：电子发票的数据可以实时上传至税务机关，便于税务机关及时掌握纳税人的开票情况，加强税收征管和发票管理。纸质发票在管理上相对落后，不能及时有效地收集、统计、分析数据。

（4）环保和成本：电子发票的无纸化特点节省了发票工本费、打印机成本及相关人力成本，还具有环保节能的特点。相比之下，纸质发票在使用过程中需要消耗大量的纸张和能源。

（5）操作效率：电子发票无需通过税控机，也不需要企业负责人频繁到税务部门登记注册，操作简便易行。纸质发票需要人工操作，且容易出现遗失的情况。

（6）法律效力：电子发票和纸质发票具有相同的法律效力，可用于消费者维权或报销，作为正式的会计凭证入账。

综上所述，电子发票在便利性、税务管理、环保和成本、操作效率等方面优于纸质发票，但两者在法律效力上是一致的。

五、开具电子发票的注意事项

开具电子发票的注意事项如下：
（1）确认税控设备是增值税发票系统最新版本。
（2）明确是否领购电子发票，确认领购电子发票数量，准确选择开票类型。
（3）填写电子发票时需填写联系方式（接收手机号或电子邮箱）。

任务五　开具增值税电子普通发票

【实训目的】

通过本节课的学习，学生能够了解增值税电子普通发票的基本理论知识，学会开具增值税电子普通发票。

【知识储备】

一、增值税电子普通发票概述

增值税电子普通发票是指经营活动中开具或收取的数据电文形式的收付款凭证，即电子形式的发票，如图6-56所示。增值税电子普通发票一般为OFD格式或PDF格式文件，可以供纳税人下载储存在手机、U盘等电子储存设备中，需要时可用OFD格式或PDF格式系统进行浏览、打印。

税务U盾开具的OFD格式的增值税电子普通发票，属于税务机关监制的发票，采用电子签名代替发票专用章，其法律效力、基本用途、基本使用规定等与增值税普通发票相同。因此，税务U盾开具的电子发票版式右下角不再有发票专用章。

[图 6-56 增值税电子普通发票]

图 6-56　增值税电子普通发票

二、发票代码编码规则

电子发票的发票代码为 12 位,编码规则如下:第 1 位为 0,第 2 至第 5 位代表省、自治区、直辖市和计划单列市,第 6、第 7 位代表年度,第 8 至第 10 位代表批次,第 11、第 12 位代表票种(11 代表电子增值税普通发票)。发票号码为 8 位,按年度、分批次编制。

增值税电子普通发票的开票方和受票方需要纸质发票的,可以自行打印增值税电子普通发票的版式文件,其法律效力、基本用途和基本使用规定等与税务机关监制的增值税普通发票相同。

练习　开具增值税电子普通发票

【任务背景】

开具增值税电子普通发票

2023 年 12 月 15 日,深圳诚信电子科技有限公司销售给中山博园电子有限公司 100 条内存条,开具增值税电子普通发票。

销售商品和客户信息如下:

商品名称:＊计算机配套产品＊内存条

单位:条

数量:100

单价(不含税):150.00 元

金额:15 000.00 元

客户名称：中山博园电子有限公司

纳税人类型：一般纳税人

纳税人识别号：91442000M904795624

地址、电话：中山市普江路963号 0756-60912178

开户行及账号：中国工商银行中山市辰建路支行 6400426598889237586

【工作流程】

步骤1：登录增值税发票税控开票软件，首次进入需先完成参数设置，如图6-57和图6-58所示。

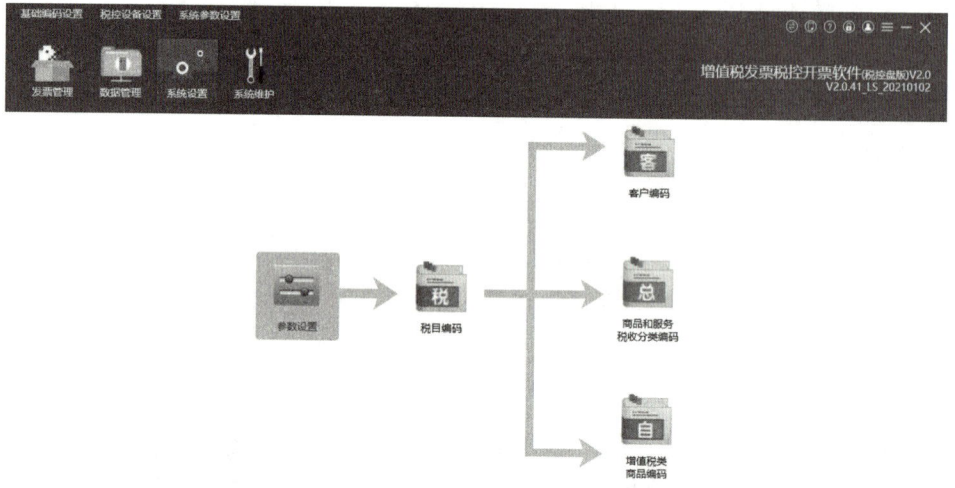

图6-57 参数设置

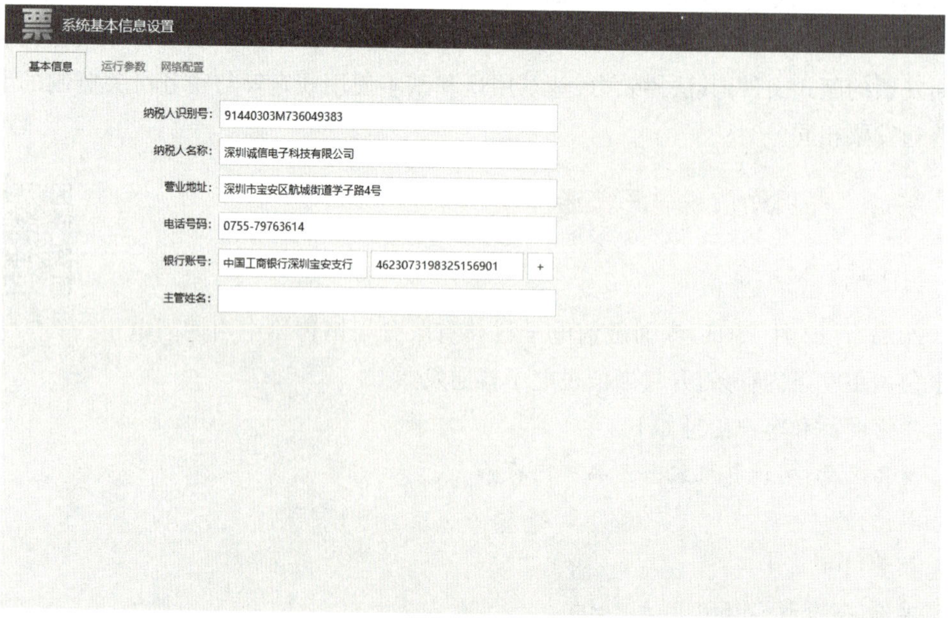

图6-58 输入纳税人信息

步骤 2:维护客户基本信息,如图 6-59 和图 6-60 所示。

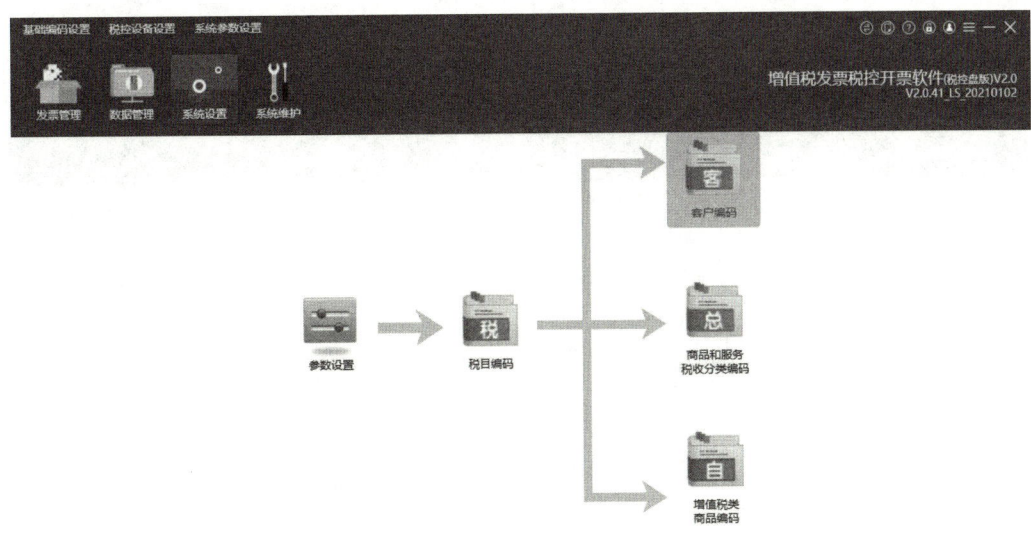

图 6-59 客户编码

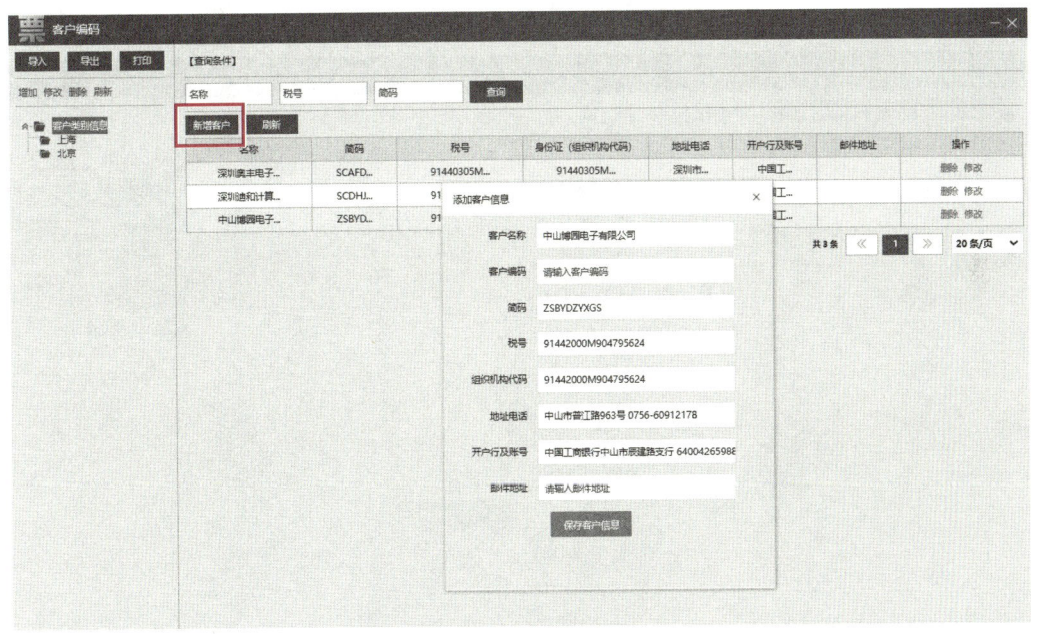

图 6-60 增加客户信息

步骤3：新增商品服务档案。

（1）新增商品名称，如图6-61和图6-62所示。

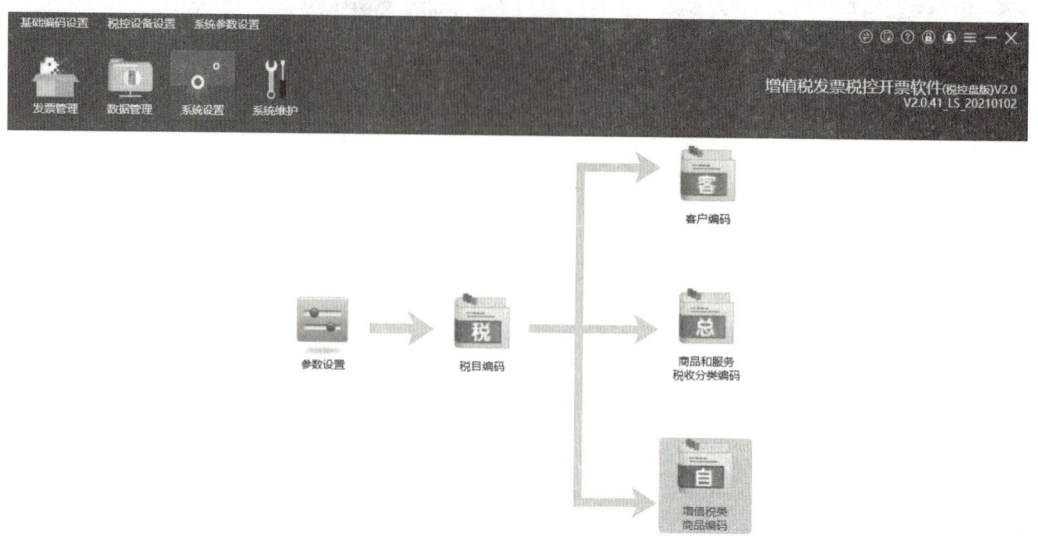

图6-61 增值税类商品编码

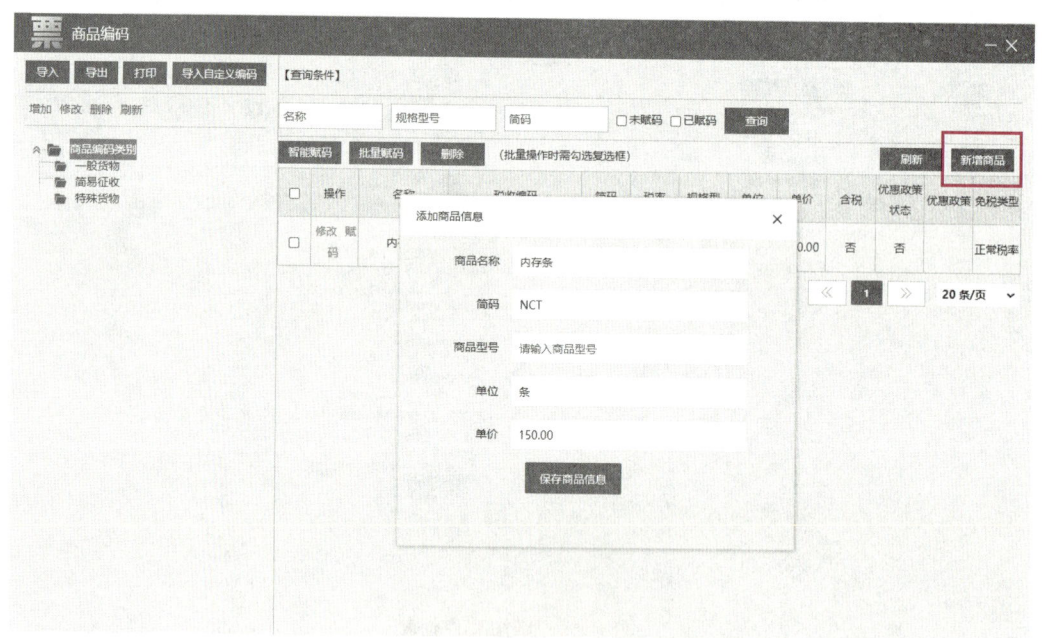

图6-62 增加商品

(2)商品赋码,选择相应税收分类,确认税率,如图6-63所示。

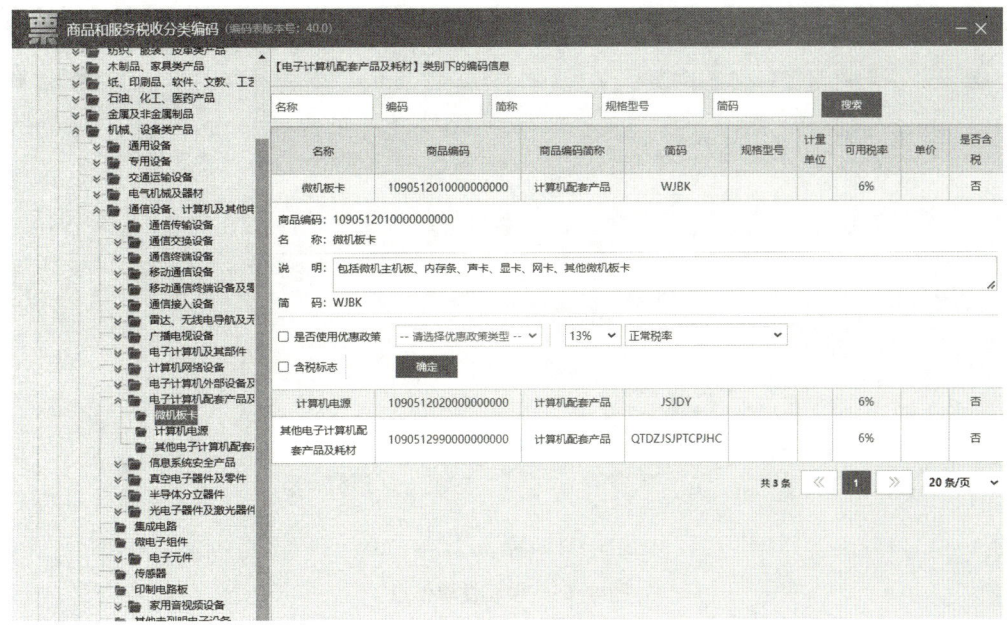

图6-63　商品赋码

步骤4:开具发票。

(1)选择增值税电子普通发票填开,如图6-64所示。

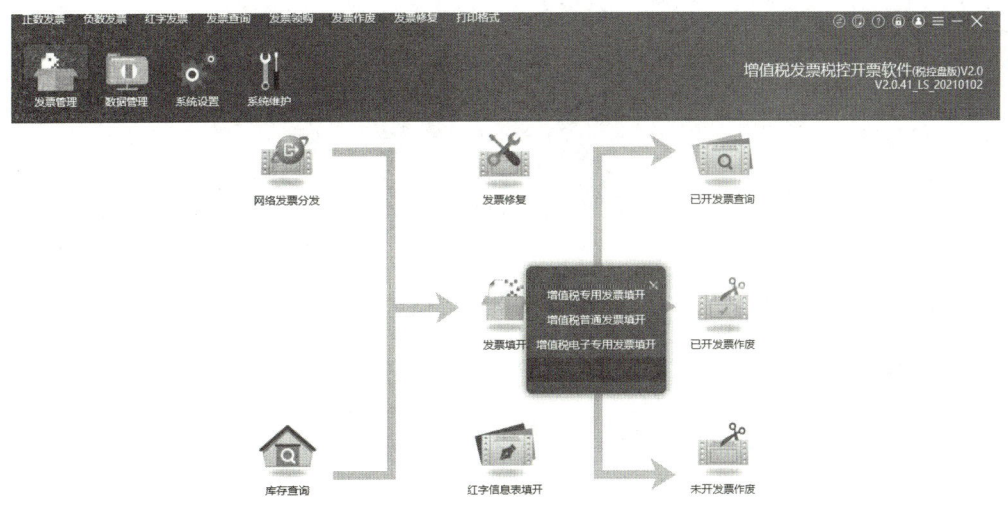

图6-64　增值税电子普通发票填开

（2）填写开票日期、客户信息、商品信息，如图 6-65 所示。

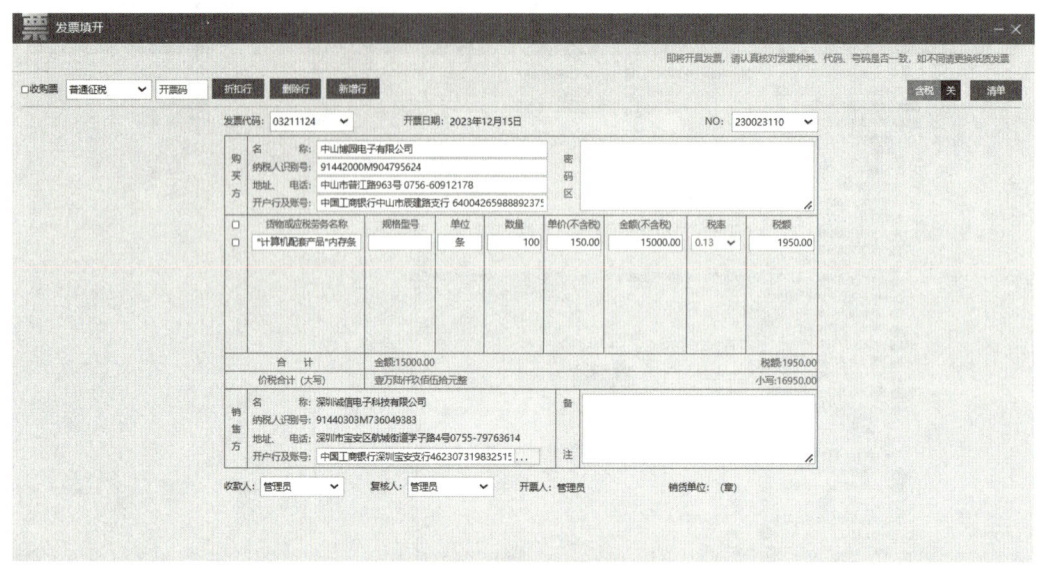

图 6-65　填写发票信息

（3）开具发票，如图 6-66 所示。

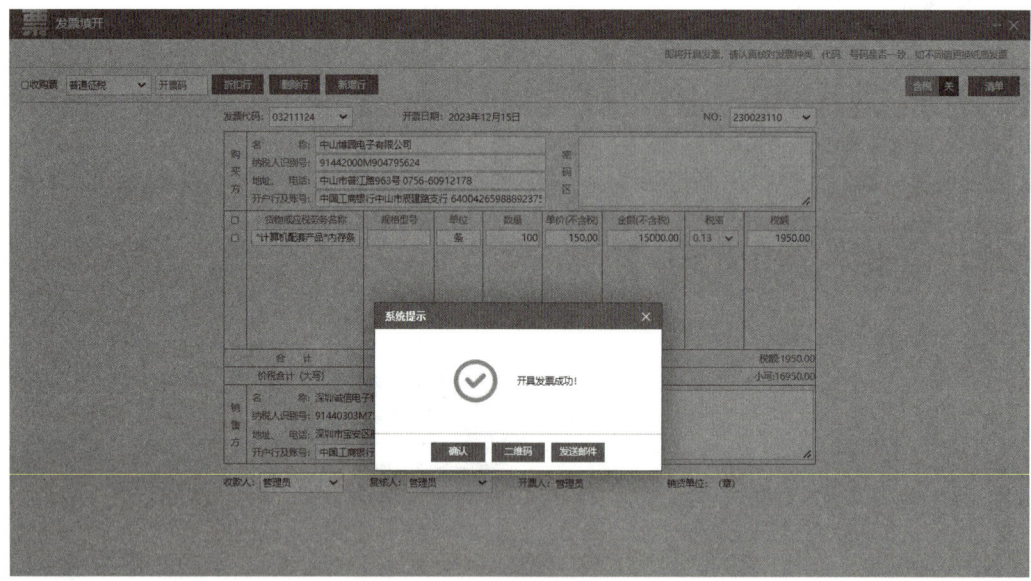

图 6-66　开具发票

(4) 查询开票信息，如图 6-67 至图 6-69 所示。

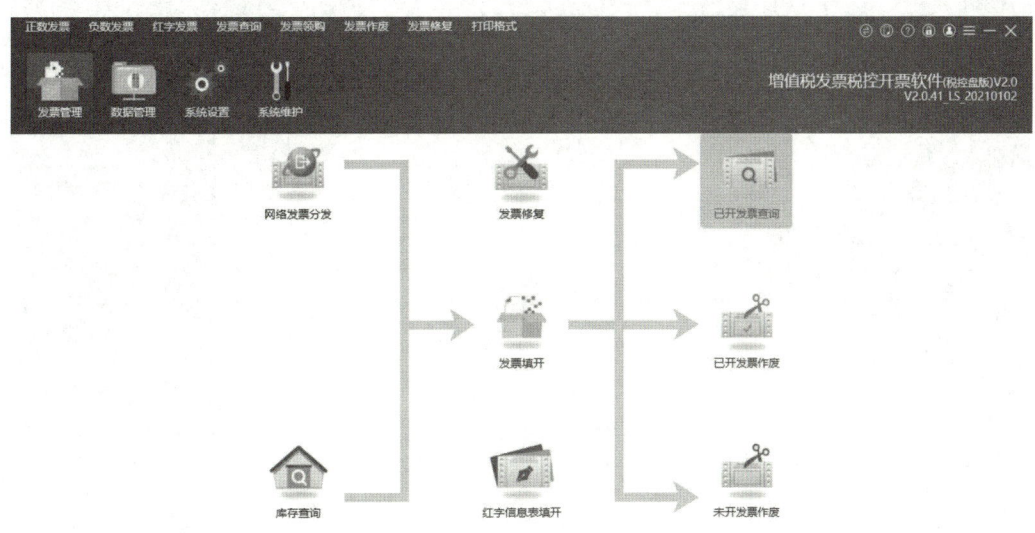

图 6-67　已开发票查询

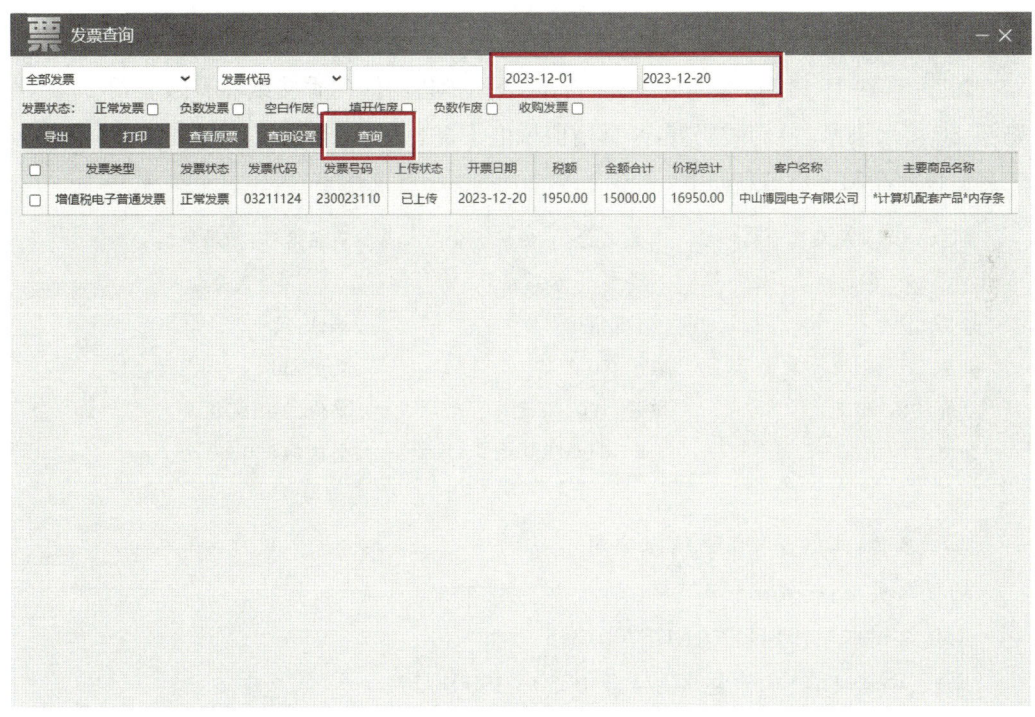

图 6-68　发票查询

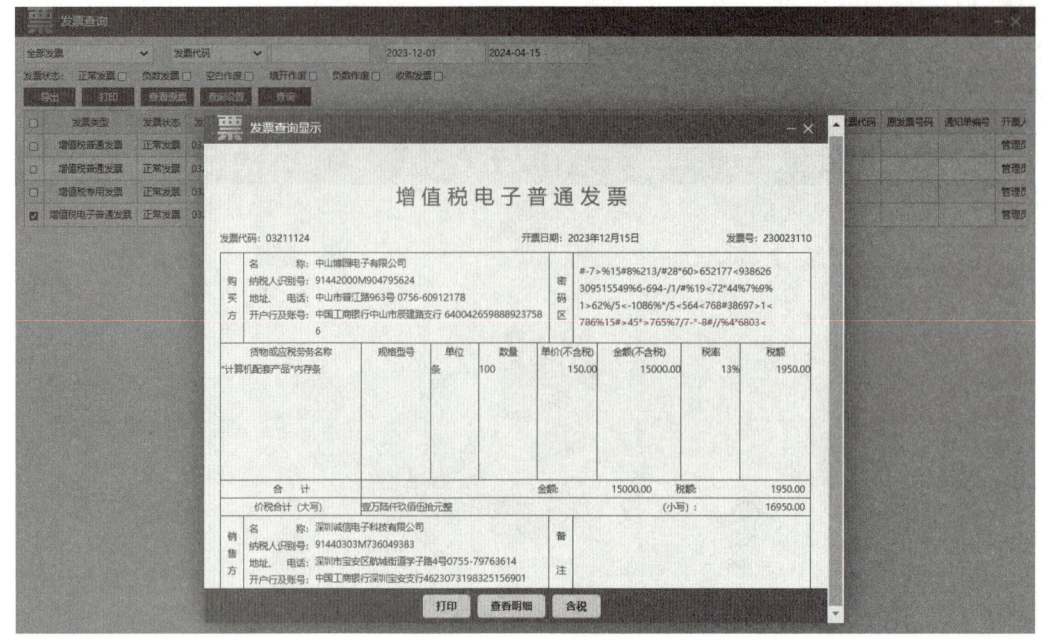

图 6-69　发票查询显示

【同步训练】

2023 年 12 月 15 日,深圳瑞致食品有限公司销售给江门香骏纸业有限公司 20 箱牛奶糖、50 箱水果糖、30 箱酸奶糖,开具增值税电子普通发票。

销售商品和客户信息如下:

商品名称:＊糖果类食品＊　　　商品名称:＊糖果类食品＊　　　商品名称:＊糖果类食品＊
　　　　　牛奶糖　　　　　　　　　　　　水果糖　　　　　　　　　　　　酸奶糖

单位:箱　　　　　　　　　　单位:箱　　　　　　　　　　单位:箱

数量:20　　　　　　　　　　数量:50　　　　　　　　　　数量:30

单价:148.00 元　　　　　　 单价:120.00 元　　　　　　 单价:240.00 元

金额:2 960.00 元　　　　　　金额:6 000.00 元　　　　　 金额:4 800.00 元

客户名称:江门香骏纸业有限公司

纳税人类型:一般纳税人

纳税人识别号:91440701M787001335

地址、电话:江门市普爱路 474 号　0750－19001729

开户行及账号:中国工商银行江门市海骄路支行　4233593604415018439

任务六　开具增值税电子专用发票

【实训目的】

通过本节课的学习,学生能够了解增值税电子专用发票的基本理论知识,学会开具增值税电子专用发票。

【知识储备】

一、增值税电子专用发票概述

增值税电子专用发票是由税务机关通过电子方式发放和管理的一种特定类型的发票。它具备与纸质增值税专用发票相同的法律效力和财务凭证属性,如图6-70所示。

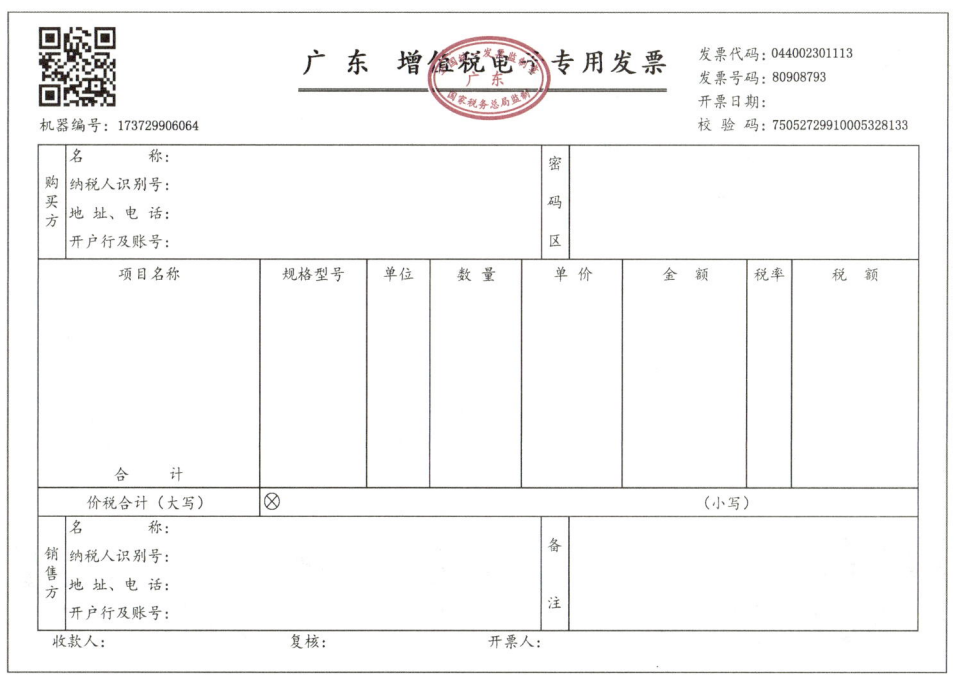

图 6-70　增值税电子专用发票

二、发票代码编码规则

增值税电子专用发票的发票代码为12位,编码规则如下:第1位为0,第2至第5位代表省、自治区、直辖市和计划单列市,第6、第7位代表年度,第8至第10位代表批次,第11、第12位代表票种(13代表增值税电子专用发票)。发票号码为8位,按年度、分批次编制。

增值税电子专用发票的开票方和受票方需要纸质发票的，可以自行打印增值税电子专用发票的版式文件，其法律效力、基本用途和基本使用规定等与税务机关监制的增值税专用发票相同。

练习　开具增值税电子专用发票

【任务背景】

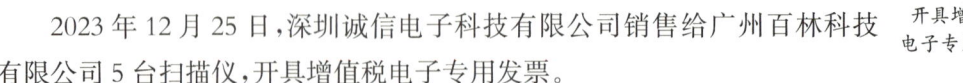

开具增值税电子专用发票

2023年12月25日，深圳诚信电子科技有限公司销售给广州百林科技有限公司5台扫描仪，开具增值税电子专用发票。

销售商品和客户信息如下。

商品名称：*计算机外部设备*扫描仪

单位：台

数量：5

单价（不含税）：6 250.00元

金额：31 250.00元

客户名称：广州百林科技有限公司

纳税人类型：一般纳税人

纳税人识别号：91440301M252195521

地址、电话：广州黄埔区诗骏路595号 020-13192027

开户行及账号：中国工商银行广州黄埔区兴虹路支行 5353712530206336729

【工作流程】

步骤1：登录增值税发票税控开票软件，首次进入需先完成参数设置，如图6-71和图6-72所示。

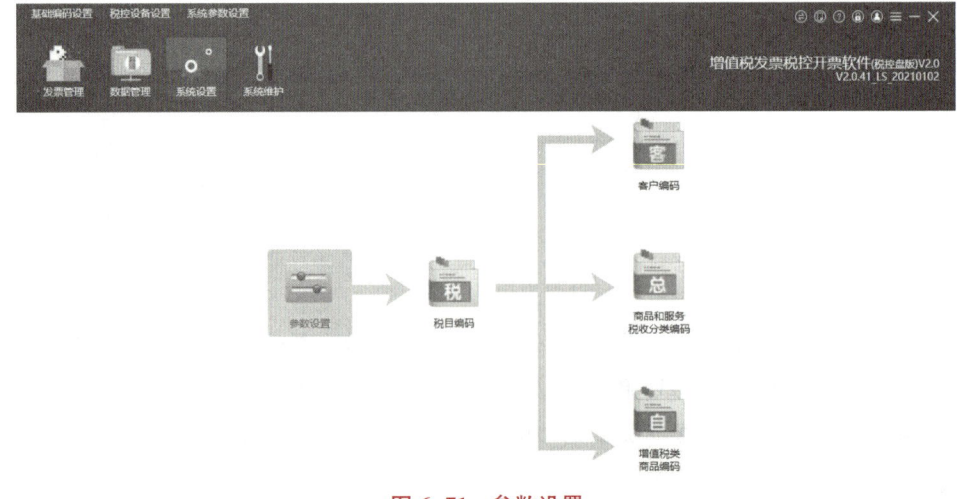

图6-71　参数设置

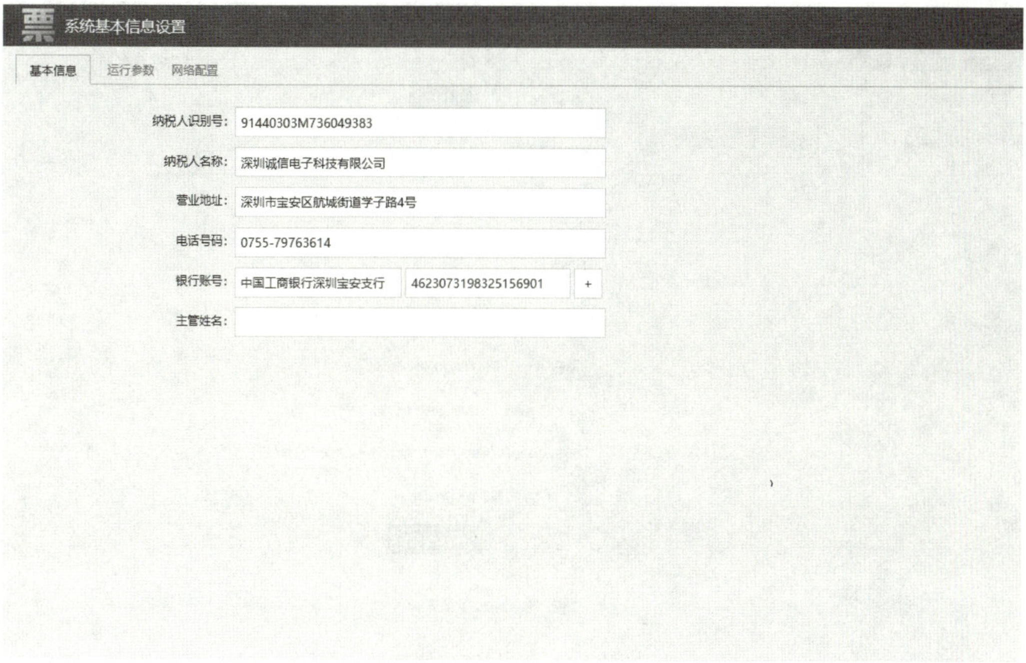

图 6-72 输入纳税人信息

步骤 2：维护客户基本信息，如图 6-73 和图 6-74 所示。

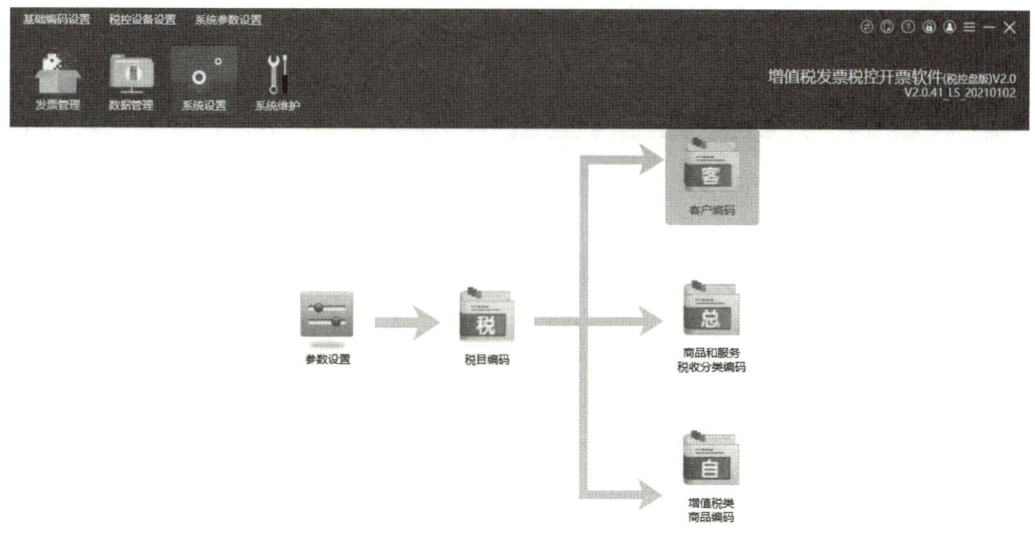

图 6-73 客户编码

图 6-74 增加客户信息

步骤 3：新增商品服务档案。

（1）新增商品名称，如图 6-75 和图 6-76 所示。

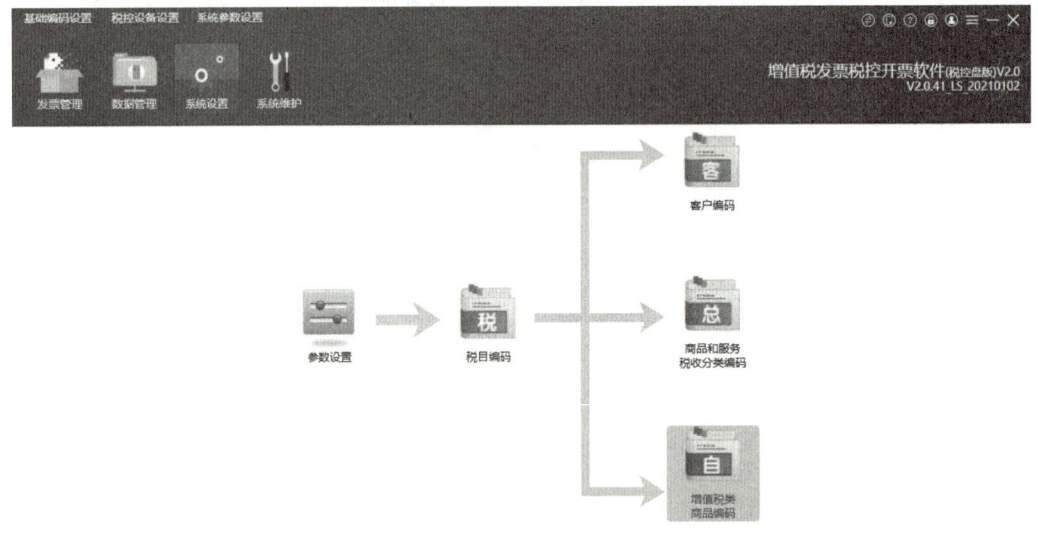

图 6-75 增值税类商品编码

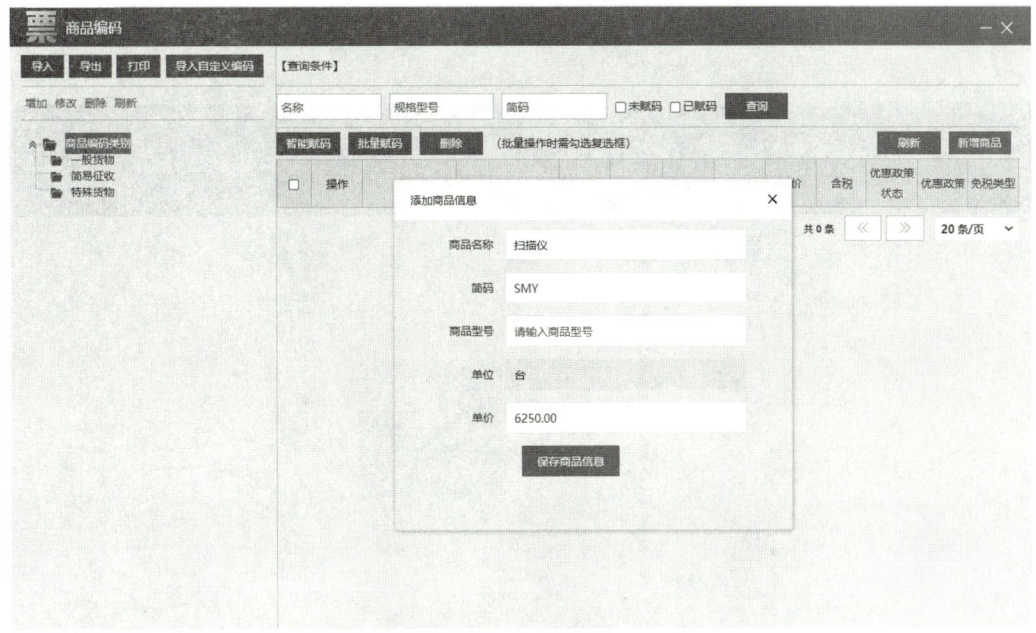

图 6-76 增加商品

（2）商品赋码，选择相应税收分类，确认税率，如图 6-77 所示。

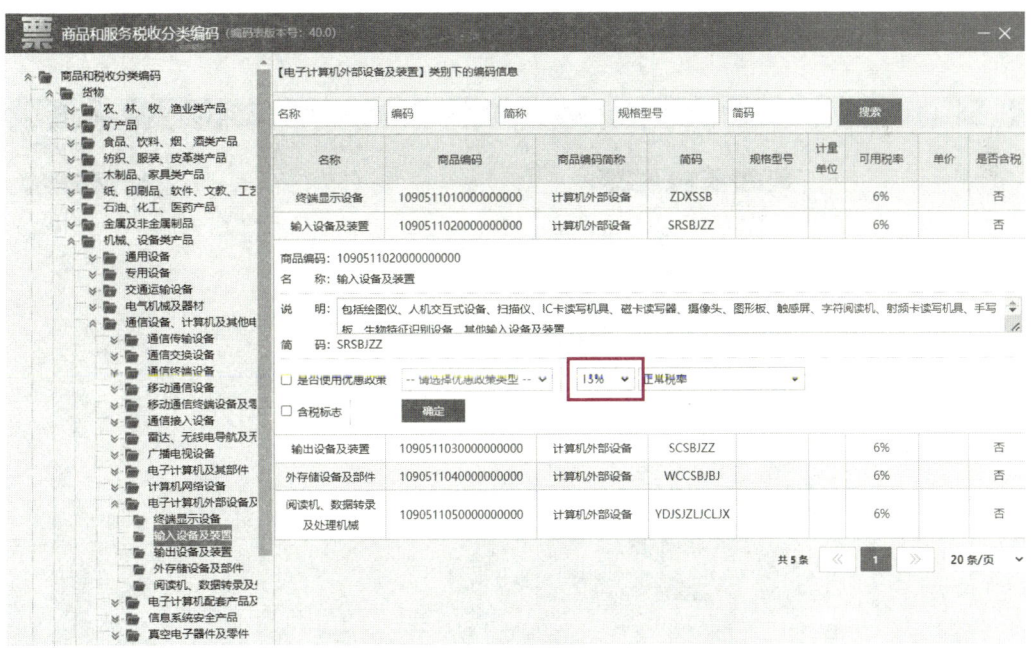

图 6-77 商品赋码

步骤 4:开具发票。

(1) 选择增值税电子专用发票填开,如图 6-78 所示。

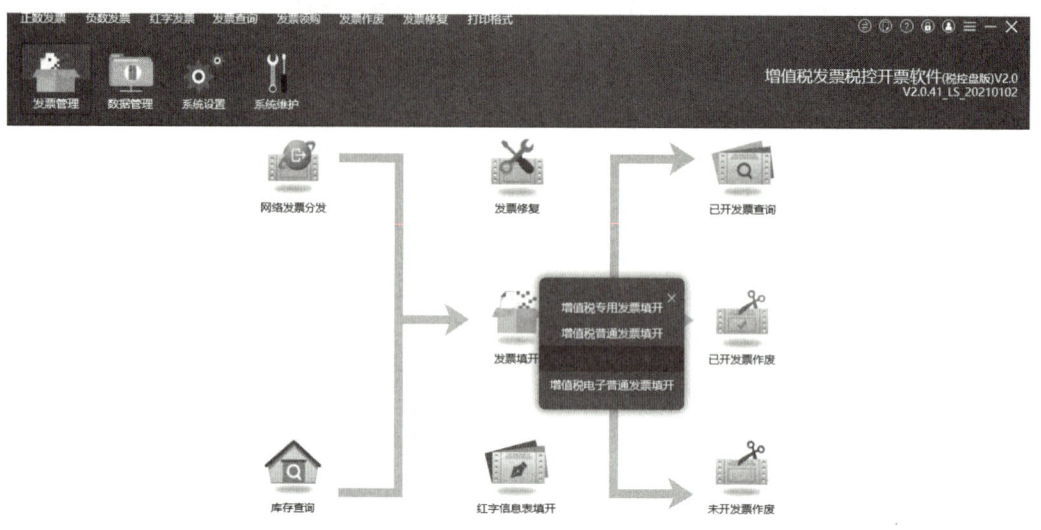

图 6-78　增值税电子专用发票填开

(2) 填写开票日期、客户信息、商品信息,如图 6-79 所示。

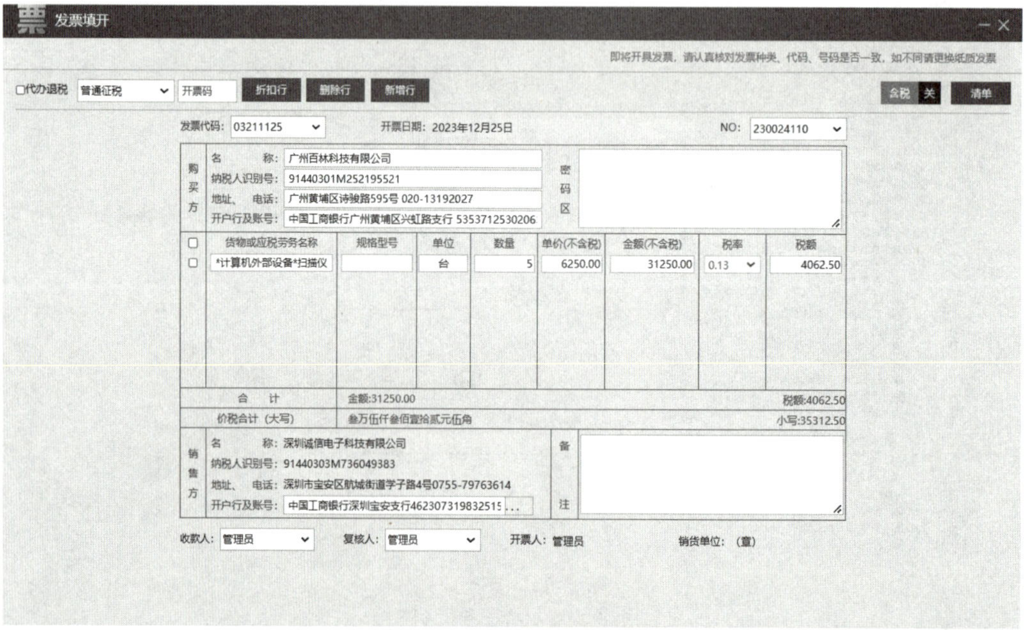

图 6-79　填写发票信息

(3) 开具发票，如图 6-80 所示。

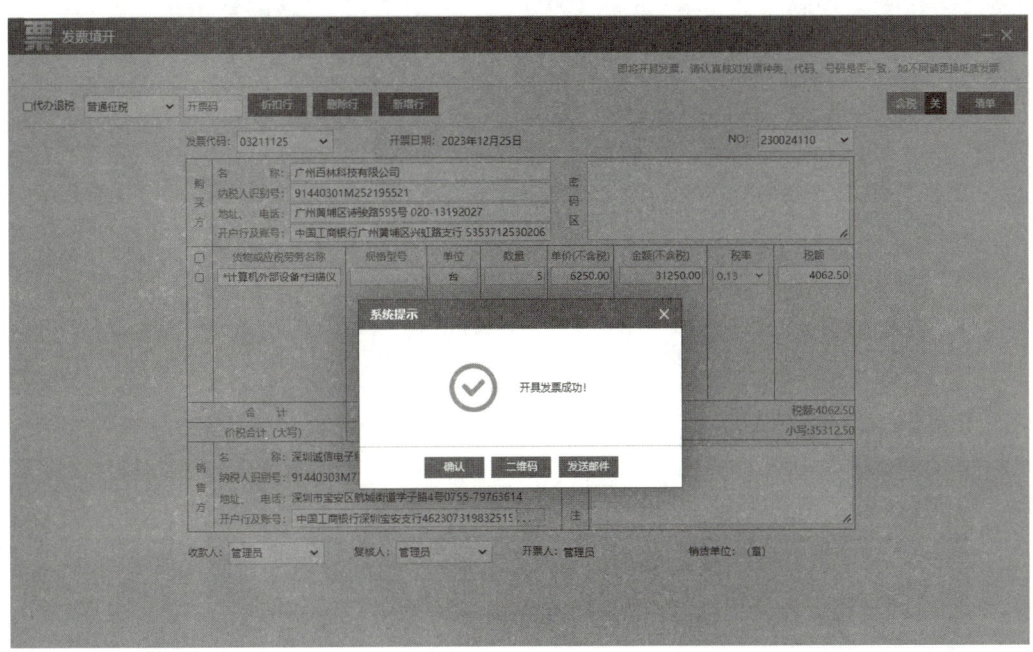

图 6-80　开具发票

(4) 查询开票信息，如图 6-81 至图 6-83 所示。

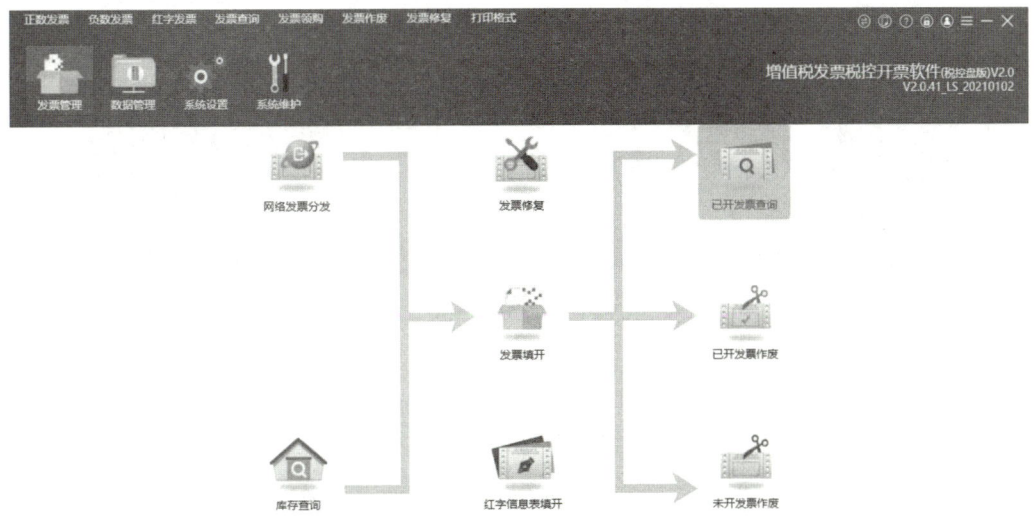

图 6-81　已开发票查询

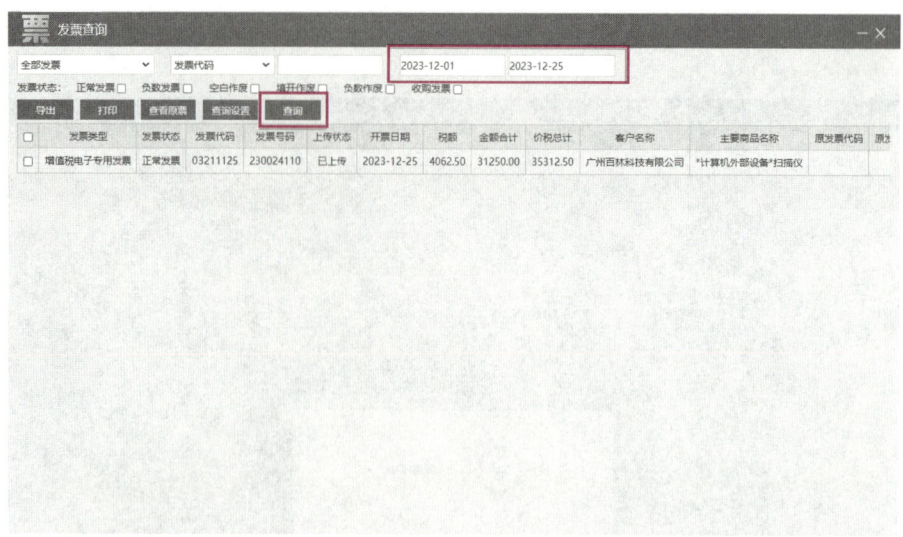

图 6-82　发票查询

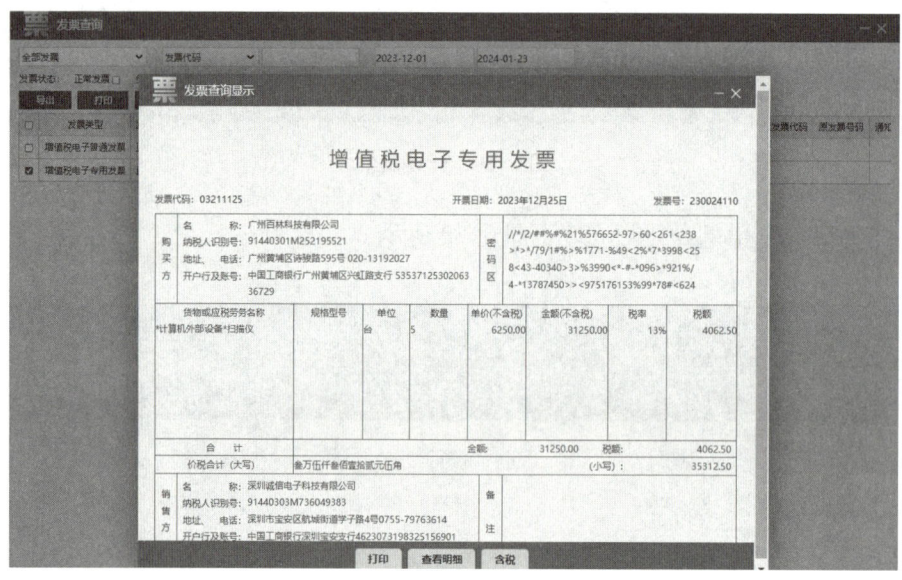

图 6-83　查询发票

【同步训练】

2023 年 12 月 26 日,深圳瑞致食品有限公司销售给广州星志百货有限公司 80 罐香橙罐头、120 瓶酸奶、100 罐黄桃罐头,开具增值税电子专用发票。

销售商品和客户信息如下:

商品名称:＊罐头＊香橙罐头　　商品名称:＊乳制品＊酸奶　　商品名称:＊罐头＊黄桃罐头
单位:罐　　　　　　　　　　　单位:瓶　　　　　　　　　　单位:罐
数量:80　　　　　　　　　　　 数量:120　　　　　　　　　　数量:100
单价:15.00 元　　　　　　　　 单价:12.00 元　　　　　　　　单价:23.00 元
金额:1 200.00 元　　　　　　　金额:1 440.00 元　　　　　　 金额:2 300.00 元

客户名称：广州星志百货有限公司

纳税人类型：一般纳税人

纳税人识别号：91440104M886944148

地址、电话：广州越秀区泰泽路 689 号 020-31555105

开户行及账号：中国工商银行广州越秀区蓝英路支行 1408810647455533890

任务七　开具数字化电子发票

【实训目的】

通过本节课的学习，学生能够了解数字化电子发票的基本理论知识，学会开具数字化电子发票（增值税电子专用发票）。

【知识储备】

一、数电发票的概念

数字化电子发票（以下简称数电发票、数电票）是与纸质发票具有同等法律效力的全新发票，不以纸质形式存在，不用介质支撑，无须申请领用、发票验旧和申请增版增量。数电发票，如图 6-84 所示。

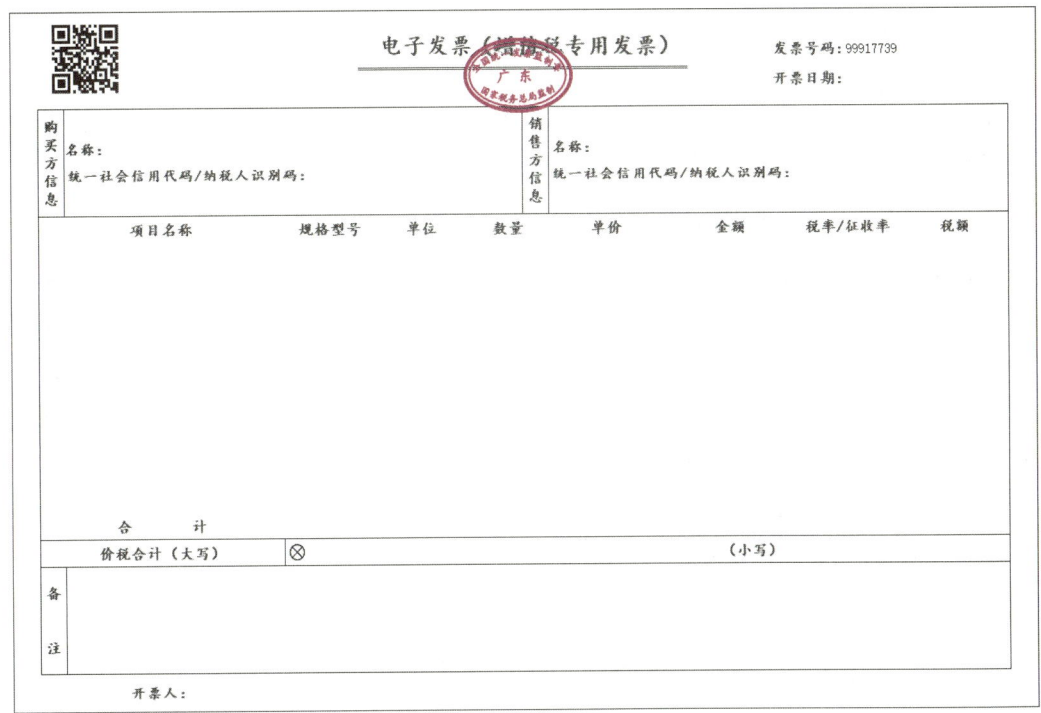

图 6-84　数电发票

二、数电发票的优点

1. 领票流程更简化

开业开票"无缝衔接"。数电发票实现"去介质",纳税人不再需要预先领取专用税控设备;通过"赋码制"取消特定发票号段申领,发票信息生成后,系统自动分配唯一的发票号码;通过"授信制"自动为纳税人赋予开具金额总额度,实现开票"零前置"。基于此,新办纳税人可实现"开业即可开票"。

2. 开票、用票更便捷

(1)发票开具渠道更多元。电子发票服务平台全部功能上线后,纳税人不仅可以通过电脑网页端开具数电发票,还可以通过客户端、移动端手机 App 随时随地开具数电发票。

(2)"一站式"服务更便捷。纳税人登录电子发票服务平台后,可进行发票开具、交付、查验以及勾选等系列操作,享受"一站式"服务,无需再登录多个平台完成相关操作。

(3)发票数据应用更广泛。通过"一户式""一人式"发票数据归集,加强各税费数据联动,为实现"一表集成"式税费申报预填服务奠定数据基础。

(4)破除特定格式要求,满足个性业务需求。数电发票增加了 XML 的数据电文格式便利交付,同时保留 PDF、OFD 等格式,降低发票使用成本,提升纳税人用票的便利度和获得感。数电发票样式根据不同业务进行差异化展示,为纳税人提供更优质的个性化服务。

(5)纳税服务渠道更畅通。电子发票服务平台提供征纳互动相关功能,如增加智能咨询,纳税人在开票、受票等过程中,平台自动接收纳税人业务处理过程中存在的问题并进行智能答疑;增设异议提交功能,纳税人对开具金额总额度有异议时,可以通过平台向税务机关提出。

3. 入账归档一体化

数电发票的入账归档流程主要涉及电子发票的接收、验证、录入、存储等环节。国家税务总局通过制发电子发票数据规范、出台电子发票国家标准,实现全电发票全流程数字化流转,进一步推进了企业和行政事业单位会计核算、财务管理信息化。

练习　开具数电发票(增值税专用发票)

开具数电发票
(增值税专用发票)

【任务背景】

2023 年 12 月 30 日,深圳诚信电子科技有限公司销售给广州百林科技有限公司 5 台扫描仪,开具增值税专用发票。

销售商品和客户信息如下:

商品名称:*计算机外部设备*扫描仪

单位:台

数量:5

单价(不含税):6 250.00 元

金额:31 250.00 元

客户名称:广州百林科技有限公司

纳税人类型:一般纳税人

纳税人识别号:91440301M252195521

地址、电话:广州黄埔区诗骏路595号 020-13192027

开户行及账号:中国工商银行广州黄埔区兴虹路支行 5353712530206336729

经办人信息如下:

姓名:李芳芳

证件类型:身份证

证件号码:445223199202280025

【工作流程】

步骤1:登录国家税务总局广东电子税务局,如图6-85所示。

图6-85 登录国家税务总局广东电子税务局

步骤2:维护客户基本信息,如图6-86和图6-87所示。

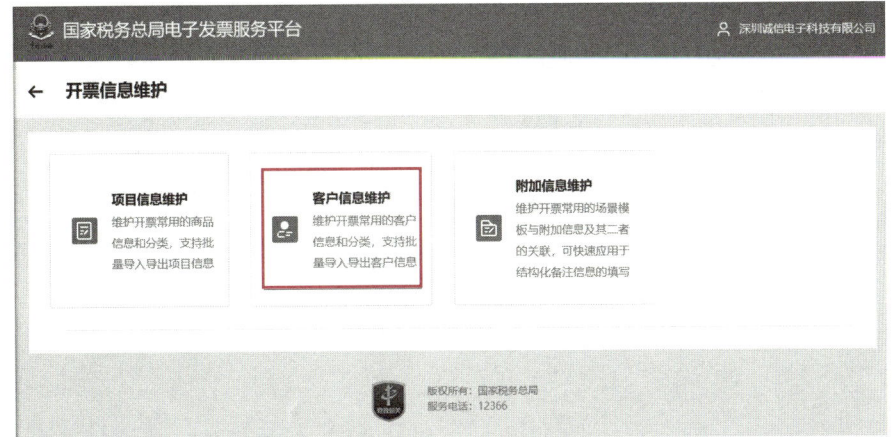

图6-86 客户信息维护

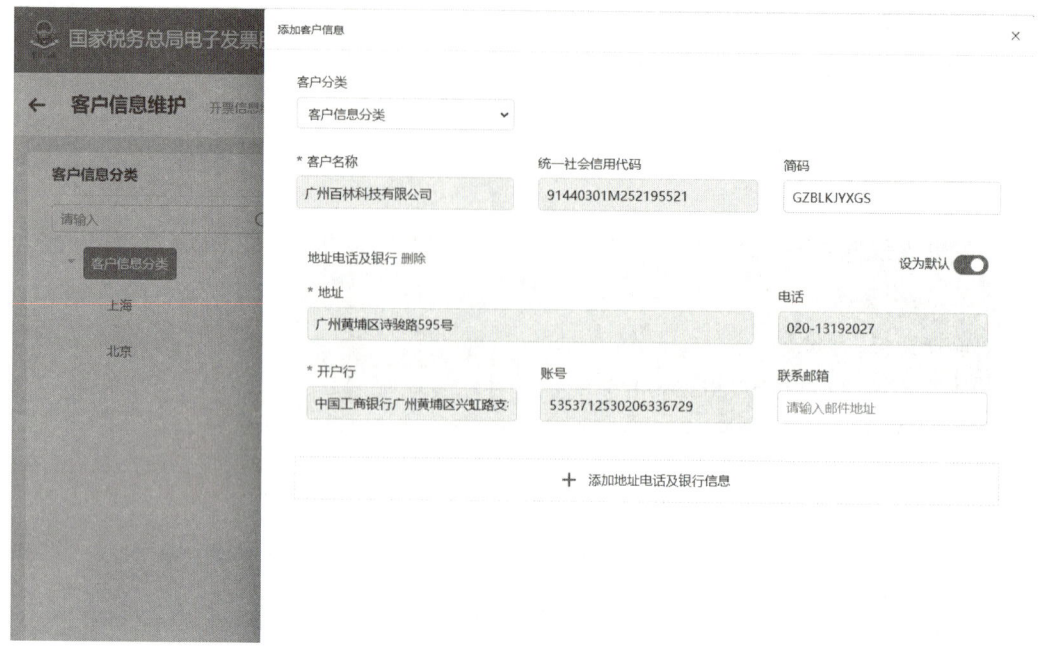

图 6-87 添加客户信息

步骤 3：维护项目信息，如图 6-88 和图 6-89 所示。

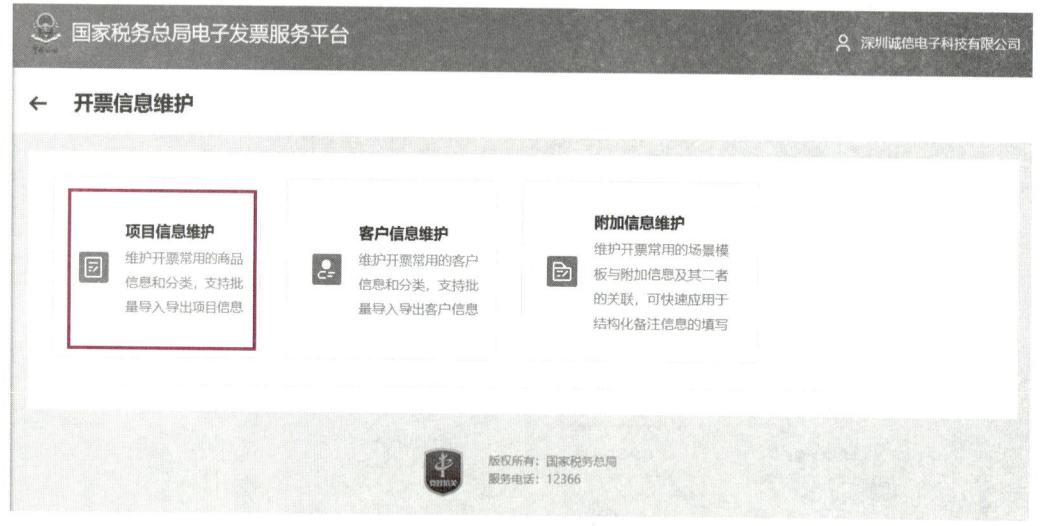

图 6-88 项目信息维护

图 6-89　增加商品

步骤 4：开具蓝字发票。

（1）选择蓝字发票开具，如图 6-90 和图 6-91 所示。

图 6-90　立即开票

图 6-91　选择发票种类

（2）填写开票日期、客户信息、商品信息，如图 6-92 至图 6-94 所示。

图 6-92　填写发票信息

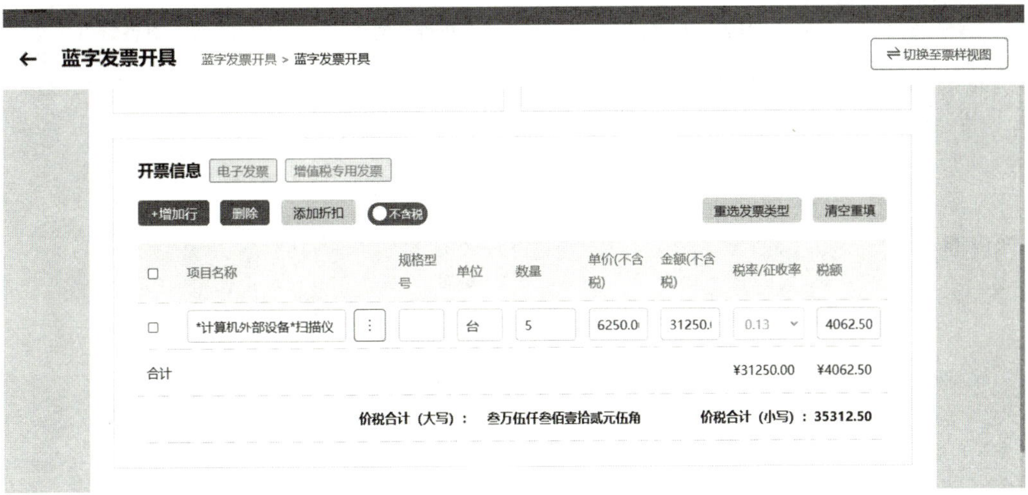

图 6-93　填写发票信息

图 6-94　填写发票信息

(3) 开具发票, 如图 6-95 和图 6-96 所示。

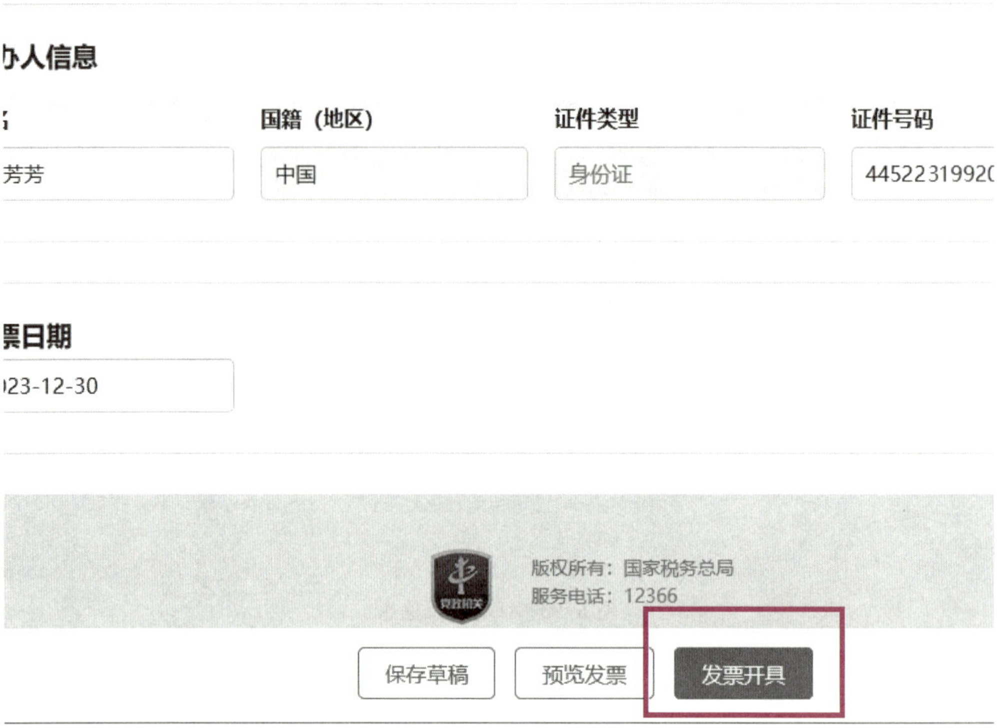

图 6-95 发票开具

图 6-96 开票成功

【同步训练】

2023 年 12 月 30 日，深圳瑞致食品有限公司销售给广州星志百货有限公司 100 罐香橙罐头、120 瓶酸奶、500 罐黄桃罐头，开具数电发票（增值税专用发票）。

销售商品和客户信息如下：

商品名称：*罐头*香橙罐头
单位：罐
数量：100
单价（不含税）：15.00 元
金额：1 200.00 元

商品名称：*乳制品*酸奶
单位：瓶
数量：120
单价（不含税）：12.00 元
金额：1 440.00 元

商品名称：*罐头*黄桃罐头
单位：罐
数量：500
单价（不含税）：23.00 元
金额：2 300.00 元

客户名称：广州星志百货有限公司
纳税人类型：一般纳税人
纳税人识别号：91440104M886944148
地址、电话：广州越秀区泰泽路 689 号 020－31555105
开户行及账号：中国工商银行广州越秀区蓝英路支行 1408810647455533890

经办人信息如下：
姓名：宋建华
证件类型：身份证
证件号码：440181198709280046

项目七　日记账的登记

任务一　日记账的理论知识

【实训目的】

通过本节课的学习,学生能够了解日记账的登记的基本理论知识。

【知识储备】

一、出纳人员应登记的账簿

在实际工作中,出纳人员除了登记现金日记账和银行存款日记账,还要根据需要登记备查簿。

二、如何启用日记账

各单位在启用日记账时,要先按规定内容逐项填写账簿启用表,如图 7-1 所示。在账簿启用表中,应写明单位名称、账簿名称、账簿编号和启用日期;经管人员一栏中应写明经管人员姓名、职别、接管或移交日期,由会计主管人员签名盖章,并加盖单位公章。

账 簿 启 用 表

单位名称										单位盖章
账簿名称										
账簿编号				年　总　　册　第　　册						
账簿页数				页						
启用日期				年　　月　　日						
经管人员	财务负责人			主办会计			记账			
	职别	姓名	盖章	职别	姓名	盖章	职别	姓名	盖章	
交接记录	职称	姓名		接管			移交			印花票粘贴处
			年	月	日	盖章	年	月	日	盖章

图 7-1　账簿启用表

三、登记日记账应遵循的规则

登记日记账应遵循的规则如下：

(1) 出纳账必须根据审核无误的记账凭证或收款、付款凭证登记，如图7-2和图7-3所示。登账时，应将记账凭证的日期、种类和编号、业务的内容摘要、金额等逐项记入账内，同时要在会计凭证上注明已登账的符号"√"，表示已经登记入账，防止漏记、重记和错记情况发生。出纳人员对认为有问题的记账凭证，应提交会计主管人员进一步审核，在审核结果未出来前，出纳人员可以拒绝入账。

图7-2　收款凭证

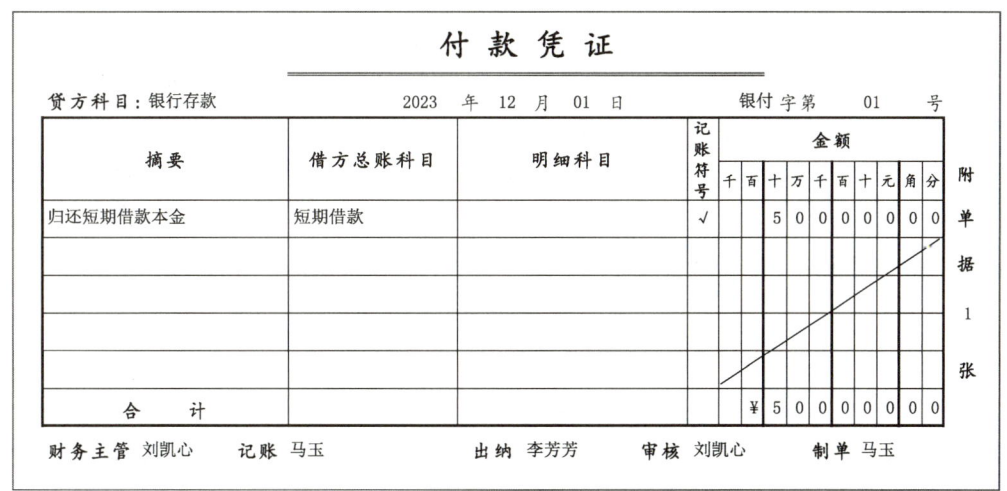

图7-3　付款凭证

(2) 各种账簿都必须逐页、逐行顺序连续登记，不得隔页、跳行，若出现空行或隔页应用红线对角划掉，并由记账人员盖章。

（3）出纳人员应每天逐笔登记已发生的经济业务，当日结出余额，在"借""贷"栏内写明"借""贷"或"平"字。现金日记账余额每天还要与库存现金进行核对。

（4）账簿中书写的文字和数据适当留空，不要写满格。书写文字应紧靠左线，书写数据应紧靠底线，一般应占格距的1/2。

（5）登记日记账要用蓝、黑墨水书写，红色墨水笔只能在结账、划线和冲账时使用。为了使账簿记录清晰，书写字迹必须要工整。

（6）每登记满一张账页结转下页时，最后一行需要结出本页发生总额，并将总额和余额转抄下页，在本页的摘要栏内写明"过次页"和"承前页"。如在登账过程中出现错误，应采用正确的方法予以更正，不得刮、擦、挖、补。

四、日记账的设置

现金日记账和银行存款日记账必须采用订本式账簿，不得用银行对账单或者其他方法代替日记账。

现金日记账和银行存款日记账的账页一般采用三栏式，即借方、贷方和余额三栏，分别反映现金或银行存款和收入、付出与结存情况，并在"摘要"栏后面设置"对方科目"栏。

五、日记账的结账

1. 结出余额

每日记完最后一笔数据，结出当日余额，同时与库存现金核对相符。

2. 结出本期发生额

结出本期发生额，分为日结和月结两种。

（1）日结。日记账须按日结出当日发生额，并在该栏下划一道通栏红线，加计本日收入发生额和本日支出发生额，在"摘要"栏内注明"本日合计"，并在下面划一道通栏红线，对于"本日合计"的余额栏可以不填余额。

（2）月结。日记账须按月结出本月发生额，每月最后一笔数据登记完并加计"本月合计"后，在下面一行结出本月发生额。其方法是把每日的收入发生额和支出发生额累加起来，在"摘要"栏内注明"本月合计"字样，并在下面划一道通栏红线。

六、日记账年末结账

（1）结账前，必须将本期内所发生的各项经济业务全部登记入账。

（2）结账时，应当结出每个账户的期末余额。需要结出当月发生额的，应当在摘要栏内注明"本月合计"字样，并在下面通栏划单红线。需要结出本年累计发生额的，应当在摘要栏内注明"本年累计"字样，并在下面通栏划单红线；12月末的"本年累计"就是全年累计发生额，全年累计发生额下应当通栏划双红线，年度终了结账时，所有总账账户都应当结出全年发生额和年末余额。

（3）年度终了，要把各账户的余额结转到下一会计年度，并在摘要栏注明"结转下年"字样，在"结转下年"字样下空格处，从右上角至左下角划一条斜线注销；在下一会计年度新建有关会计账簿的第一余额栏内填写上年结转的余额，并在摘要栏注明"上年结转"字样。

七、日记账的对账

出纳人员登记日记账的对账工作包括账证核对、账账核对和账实核对三个方面。出纳对账是指为了保证账簿记录的正确性而进行的有关账项的核对工作。

1. 账证核对

账证核对就是核对会计账簿记录与原始凭证、记账凭证的时间、凭证字号、内容、金额是否一致、记账方向是否相符。

2. 账账核对

账账核对就是核对不同会计账簿之间的账簿记录是否相符。账账核对的内容包括以下几个方面：

（1）所有总账账户借方发生额合计与贷方发生额合计是否相符。

（2）所有总账账户借方余额合计与贷方余额合计是否相符。

（3）所有总账账户余额合计与其所属明细分类账余额合计是否相符。

（4）总分类账与序时账核对，即现金日记账和银行存款日记账的余额与其总账余额是否相符。

（5）明细分类账之间的核对，即会计部门有关财产物资明细账余额与财产物资保管、使用部门的有关明细账是否相符。

3. 账实核对

账实核对是指各种财产物资的账面余额与实存数额进行核对。账实核对的内容包括以下几个方面：

（1）现金日记账账面余额与库存现金数额是否相符。

（2）银行存款日记账账面余额与银行对账单的余额是否相符。

（3）各项财产物资明细账账面余额与财产物资的实有数额是否相符。

（4）有关债权债务明细账账面余额与对方单位的账面记录是否相符。

八、日记账的管理

日记账的管理规定如下：

（1）记录入账后及时核对。每完成一笔资金进出，应立即确认其账户及金额是否准确，确保记录无误。

（2）账目整理。每年或每月末，应对账目进行整理，清理账目，及时做好归档存储管理。

（3）备份存储。日记账册及其相关会计凭证等文件必须妥善保存。从时间和空间上来考虑,可以采用多媒体进行存储,对其做好备份避免因天灾人祸导致记录丢失。

任务二　现金日记账的登记

【实训目的】

通过本节课的学习,学生能够了解现金日记账的概念;熟悉现金日记账的登记方法,能够正确登记现金日记账。

【知识储备】

一、现金日记账的概念

现金日记账是用来逐日反映库存现金的收入、付出及结余情况的日记账,如图7-4所示。现金日记账一般由单位出纳人员根据审核无误的现金收、付款凭证和从银行提现的银付凭证逐笔进行登记。为了确保账簿的安全、完整,现金日记账必须采用订本式账簿。

现金日记账

年		记账凭证	对方科目	摘要	借方									贷方									√	余额								
月	日	字号			千	百	十	万	千	百	十	元	角	分	千	百	十	万	千	百	十	元	角	分		千	百	十	万	千	百	十	元	角	分

图7-4　现金日记账

二、登记现金日记账的方法

三栏式现金日记账的具体登记方法如下:
(1)日期栏:按照记账凭证的日期登记。
(2)凭证栏:登记入账的记账凭证或收、付凭证的种类和编号。例如,"现金收款凭证"可以缩写为"现收","现金付款凭证"可以缩写为"现付"。凭证栏,还应登记凭证的编号,以便查账和核对。

(3) 对方科目栏:为了方便查看每笔现金业务的来源和去向,要按照记账凭证所列的对方科目进行登记。

(4) 摘要栏:按照记账凭证所记录的摘要登记。

(5) 借方栏、贷方栏:按照记账凭证的发生额登记。

(6) 余额栏:每次登记收入或支出后,需要计算现金余额。现金余额等于上一次余额加上本次收入减去本次支出。在现金日记账上,需要将每次计算的现金余额记录下来。

练习　现金日记账的登记

【任务背景】

深圳诚信电子科技有限公司 12 月 25 日至 12 月 28 日发生的经济业务,如图 7-5 所示,请登记现金日记账。

简 易 记 账 凭 证

题号	日期		凭证号码		摘要	总账科目	明细科目	借方金额	贷方金额
	月	日	类型	编号					
	12	25	记	45	支付电脑维修费	管理费用		600.00	
						库存现金			600.00
	12	25	记	46	提取备用金	库存现金		1,000.00	
						银行存款			1,000.00
	12	25	记	47	购买办公用品	管理费用		500.00	
						库存现金			200.00
	12	25	记	48	报销差旅费	管理费用		1,000.00	
						库存现金			1,000.00
	12	28	记	57	收回员工借款	库存现金		80.00	
						其他应收款	杨国光		80.00
	12	28	记	58	购买劳保用品	制造费用		500.00	
						库存现金			500.00
	12	28	记	59	预借差旅费	其他应收款	宋晓洋	1,000.00	
						库存现金			1,000.00
	12	28	记	60	支付运输费	销售费用		500.00	
						库存现金			500.00
	12	28	记	61	提取备用金	库存现金		1,000.00	
						银行存款			1,000.00

图 7-5　12 月 25 日至 12 月 28 日发生的经济业务

【工作流程】

根据上述业务，登记现金日记账，如图7-6所示。具体如下：

日期栏：按照记账凭证的日期登记。例如，"12""25"。

凭证栏：按照记账凭证的种类和编号登记。例如，"记""45"。

对方科目栏：按照记账凭证所列的对方科目进行登记。例如，"管理费用"。

摘要栏：按照记账凭证所记录的摘要登记。例如，"支付电脑维修费"。

借方栏、贷方栏：按照记账凭证发生额登记。

余额栏：根据"本行余额＝上行余额＋本行借方发生额－本行贷方发生额"公式填入。

现金日记账

2023年		记账凭证		对方科目	摘要	借方								贷方								√	余额							
月	日	字	号			千	百	十	万	千	百	十	元	角	分	千	百	十	万	千	百	十	元	角	分		千	百	十	万	千	百	十	元	角	分
12	25				承前页				2	3	5	6	9	0	0				1	7	5	4	9	0	0					6	0	2	0	0	0	0
12	25	记	45	管理费用	支付电脑维修费																6	0	0	0	0					5	4	2	0	0	0	0
12	25	记	46	银行存款	提取备用金					1	0	0	0	0	0															6	4	2	0	0	0	0
12	25	记	47	管理费用	购买办公用品																5	0	0	0	0					5	9	2	0	0	0	0
12	25	记	48	管理费用	报销差旅费															1	0	0	0	0	0					4	9	2	0	0	0	0
12	25				本日合计					1	0	0	0	0	0					2	1	0	0	0	0					4	9	2	0	0	0	0
12	28	记	57	其他应收款	收回员工借款						8	0	0	0	0															5	0	0	0	0	0	0
12	28	记	58	制造费用	购买劳保用品																5	0	0	0	0					4	5	0	0	0	0	0
12	28	记	59	其他应收款	预借差旅费															1	0	0	0	0	0					3	5	0	0	0	0	0
12	28	记	60	销售费用	支付运输费																5	0	0	0	0					3	0	0	0	0	0	0
12	28	记	61	银行存款	提取备用金					1	0	0	0	0	0															4	0	0	0	0	0	0
12	28				本日合计					1	8	0	0	0	0					2	0	0	0	0	0					4	0	0	0	0	0	0
					过次页				2	5	6	4	9	0	0				2	1	6	4	9	0	0					4	0	0	0	0	0	0

图7-6 登记现金日记账

【同步训练】

深圳瑞致食品有限公司12月01日至12月03日，发生以下经济业务：

(1) 12月01日，出纳到银行提取备用金1 000.00元。

(2) 12月01日，员工张志忠准备到上海出差，预借差旅费2 000.00元，现金付讫。

(3) 12月02日，以现金支付产品运输费100.00元。

(4) 12月02日，以现金支付办公费300.00元。

(5) 12月03日，收到员工梁丽丽赔偿款，现金500.00元。

(6) 12月03日，以现金支付报刊费200.00元。

已知，11月末现金日记账的借方发生额合计12 500.00元，贷方发生额合计8 500.00元，余额4 670.00元。要求：请你填写一张现金日记账。（附：空白现金日记账）

任务三 银行存款日记账的登记

【实训目的】

通过本节课的学习，学生能够了解银行存款日记账的概念；熟悉银行存款日记账的登记方法，能够正确登记银行存款日记账。

【知识储备】

一、银行存款日记账的概念

银行存款日记账是由出纳人员根据审核无误的银行存款收、付凭证，按照经济业务事项发生的时间先后顺序，逐日逐笔进行登记的账簿，如图 7-7 所示。银行存款日记账必须采用订本式账簿，不得用银行对账单或者其他方法代替日记账。

银行存款日记账

开户行：

账号：

年		记账凭证		对方科目	摘要	结算凭证		借方										贷方										√	余额									
月	日	字	号			种类	号码	千	百	十	万	千	百	十	元	角	分	千	百	十	万	千	百	十	元	角	分		千	百	十	万	千	百	十	元	角	分

图 7-7 银行存款日记账

二、登记银行存款日记账的方法

三栏式银行存款日记账的具体登记方法如下：

（1）日期栏：按照记账凭证的日期登记。

（2）凭证栏：登记入账的记账凭证或收、付凭证的种类和编号。例如，“银行收款凭证”可以缩写为“银收”，“银行付款凭证”可以缩写为“银付”。凭证栏还应登记凭证的编号，以便查账和核对。

（3）对方科目栏：为了方便查看每笔银行存款业务的来源和去向，要按照记账凭证所列的对方科目进行登记。

（4）摘要栏：按照记账凭证所记录的摘要登记。

（5）结算凭证栏：如果所记录的经济业务是采用支票结算方式付款的，应在此栏内填写相应的支票号码，以便于开户银行对账。

（6）借方栏、贷方栏：按照记账凭证的发生额登记。

（7）余额栏：每次登记收入或支出后，需要计算银行存款余额。银行存款余额等于上一次余额加上本次收入减去本次支出。在银行存款日记账上，需要将每次计算的银行存款余额记录下来。

练习　银行存款日记账的登记

【任务背景】

银行存款日记账的登记

深圳诚信电子科技有限公司 12 月 20 日至 12 月 22 日发生的经济业务，如图 7-8 所示，请登记银行存款日记账。

题号	日期		凭证号码		摘要	总账科目	明细科目	借方金额	贷方金额
	月	日	类型	编号					
	12	20	记	32	支付广告费	销售费用		3,800.00	
						银行存款			3,800.00
	12	20	记	33	对外捐赠	营业外支出		100,000.00	
						银行存款			100,000.00
	12	20	记	34	收到货款	银行存款		68,280.00	
						应收账款	深圳精益电子有限公司		68,280.00
	12	21	记	36	支付利息费	财务费用		20.00	
						银行存款			20.00
	12	21	记	37	归还短期借款	短期借款		200,000.00	
						银行存款			200,000.00
	12	22	记	38	收到货款	银行存款		873,000.00	
						应收账款	珠海鼎力电子有限公司		873,000.00
	12	22	记	39	发工资	应付职工薪酬	工资	32,300.00	
						银行存款			32,300.00
	12	22	记	40	支付货款	应付账款	广州百林科技有限公司	16,000.00	
						银行存款			16,000.00

图 7-8　12 月 20 日至 12 月 22 日发生的经济业务

【工作流程】

根据上述业务,登记银行存款日记账,如图 7-9 所示。具体如下:

日期栏:按照记账凭证的日期登记。例如,"12""20"。

凭证栏:按照记账凭证的种类和编号登记。例如,"记""32"。

对方科目栏:按照记账凭证所列的对方科目进行登记。例如,"销售费用"。

摘要栏:按照记账凭证所记录的摘要登记。例如,"支付广告费"。

借方栏、贷方栏:按照记账凭证发生额登记。

余额栏:根据"本行余额 = 上行余额 + 本行借方发生额 - 本行贷方发生额"公式填入。

银行存款日记账

开户行:中国工商银行深圳宝安支行
账号:4623073198325156901

年 月	日	记账凭证 字	记账凭证 号	对方科目	摘要	结算凭证 种类	结算凭证 号码	借方	贷方	√	余额
12	20				承前页			8 6 4 3 7 0 0 0	4 2 1 7 8 5 0 0	借	6 2 3 9 7 2 0 0
12	20	记	32	销售费用	支付广告费				3 8 0 0 0 0	借	6 2 3 5 9 2 0 0
12	20	记	33	营业外支出	对外捐赠				1 0 0 0 0 0 0	借	6 1 3 5 9 2 0 0
12	20	记	34	应收账款	收到货款			6 8 2 8 0 0 0		借	6 2 0 4 2 0 0 0
12	20				本日合计			6 8 2 8 0 0 0	1 0 3 8 0 0 0	借	6 2 0 4 2 0 0 0
12	21	记	36	财务费用	支付利息费				2 0 0 0 0	借	6 2 0 4 1 8 0 0
12	21	记	37	短期借款	归还短期借款				2 0 0 0 0 0 0	借	6 0 0 4 1 8 0 0
12	21				本日合计				2 0 0 2 0 0 0 0	借	6 0 0 4 1 8 0 0
12	22	记	38	应收账款	收到货款			8 7 3 0 0 0 0		借	6 8 7 7 1 8 0 0
12	22	记	39	应付职工薪酬	发工资				3 2 3 0 0 0 0	借	6 8 4 4 8 8 0 0
12	22	记	40	应付账款	支付货款				1 6 0 0 0 0 0	借	6 8 2 8 8 8 0 0
12	22				本日合计			8 7 3 0 0 0 0	4 8 3 0 0 0 0	借	6 8 2 8 8 8 0 0
					过次页			9 5 8 4 9 8 0 0	4 5 6 9 9 7 0 0 0	借	6 8 2 8 8 8 0 0

图 7-9 登记银行存款日记账

【同步训练】

深圳瑞致食品有限公司 12 月 05 日至 12 月 07 日,发生以下经济业务:

(1) 12 月 01 日,出纳到银行提取备用金 1 000.00 元。

(2) 12 月 01 日,员工张志忠准备到北京开会,预借差旅费 8 000.00 元,银行付讫。

(3) 12 月 02 日,以存款支付业务招待费 3 500.00 元。

(4) 12 月 02 日,以存款支付购买材料费用 23 500.00 元。

(5) 12 月 03 日,收到银行通知,深圳普爱商品批发货款已入账,金额为 85 219.00 元。

(6) 12 月 03 日,购买桌子,以存款支付费用 2 000.00 元。

已知,11 月末银行存款日记账的借方发生额合计 528 400.00 元,贷方发生额合计 280 500.00 元,余额为 354 670.00 元。

要求:请你填写一张银行存款日记账。(附:空白银行存款日记账)

项目八 出纳工作的交接

任务一 出纳工作交接概述

【实训目的】

通过本节课的学习,学生能够了解出纳工作交接的概念、要求、内容和注意事项。

【知识储备】

一、出纳工作交接的概念

出纳工作交接是指出纳人员因调动工作或者离职等原因,由离任出纳人员将有关工作和资料移交给继任出纳人员的工作过程。

出纳人员因工作调动或者其他原因离职,必须将本人所经管的出纳工作全部移交给接替人员。出纳人员没有办清交接手续的,不得调动或者离职。一般会计人员办理交接手续由会计机构负责人(会计主管人员)监交,会计机构负责人(会计主管人员)办理交接手续由单位负责人监交,必要时主管单位可以派人一同监交。

通过交接可以明确移交人员与接管人员的责任,便于继任出纳熟悉工作,做到出纳工作前后衔接。

二、出纳工作交接的内容

出纳工作交接的内容如下:

(1) 库存现金、有价证券(证券、股票、商业汇票等)、其他贵重物品,要根据会计账簿的有关记录逐一点交。

(2) 移交支票(空白现金支票、作废现金支票、转账支票等)、发票(空白发票、已用或者作废发票存根联或作废发票其他联等)时,支票、发票的号码必须是相连的,交接时要注意清点。

(3) 出纳凭证(原始凭证、记账凭证)、收款收据(空白收据、已用或作废收据存根联或作废收据其他联)、支票簿接收时要查看清楚,并妥善保管。

(4) 移交出纳账簿(现金日记账、银行存款日记账等)时,接管人应该核对账账、账实是否相符、完整,并在启用表上填写移交日期,加盖个人私章。现金日记账余额应与实际库存现金核对一致,银行存款日记账余额应与银行对账单核对一致。银行存款账户要与银行对账单核对,并编制银行存款余额调节表。

（5）企业证件及密码主要包括企业的营业执照正、副本与单位结算卡、支付密码器、U盾等。移交人应将企业网银登录、密码器密码、保险柜密码及钥匙、办公室钥匙、办公桌钥匙、门卡、计算机开机密码等一一移交给接管人,交接后应立即更换密码和有关锁具。

（6）交接印鉴,如财务专用章、银行预留印鉴、印章和印鉴卡,以及"现金付讫""现金收讫""银行付讫""银行收讫"等业务印鉴,同时由接管人更换预留在银行的印鉴。

（7）移交其他有关会计资料(银行对账单,应由出纳人员保管的合同、协议等),有关会计文件、会计用品时要列出清单,认真记载。

三、出纳工作交接的要求

出纳工作交接的要求如下：

（1）凡现金、金银、外币、有价证券在换人经营时,都必须办理交接手续。

（2）出纳人员调动工作或离职时,必须将经办的一切款、物、账移交清楚,其中管库员应将所保管的现金及金银等其他有价物品,按当日实有库存数详列移交表,与会计账簿核对相等。

（3）出纳主管人员调动工作时,应将出纳部门所保管的一切现金、金银、贵重物品等,全部填列移交表,与会计账簿核对,由财务负责人监交,点验无误后,由监交人员及交接双方签章备查。

（4）为防止现金收付凭证丢失,做到责任分明,出纳与会计两个部门间的现金收付凭证传递,也要建立登记签收手续,以便将责任落实到人,确保账款、账实相符和库款安全。

四、出纳工作移交需要注意的事项

（1）库存现金、银行存款的交接。库存现金必须与账面相符,出现长、短款要由移交人员查明原因并解决长短款问题。企业银行日记账有时会和开户行银行对账单因时间问题等出现余额不一致等情况,移交人员应编制银行存款余额调节表并说明原因。

（2）票据的交接。交接票据时,由移交者列明移交支票张数和支票号码,并核对剩余票据的张数及支票领用登记簿等是否记录完整。

（3）账簿的交接。出纳岗位一般负责编制库存现金日记账和银行存款日记账,根据公司情况,也有可能编制固定资产账簿。交接这些账簿时应查看账实是否相符,账簿资料必须完整无缺,不得遗漏等。接交人办理接收后,应在各账簿启用表上填写接收时间,并签名盖章。

（4）印鉴的交接。接交人按移交清册点收公章(主要包括财务专用章、法人章、发票专用章)。

(5) 其他事物的交接。根据移交清册所列清单,移交人、接交人共同当面认真一一点清、查看无误后交接,由监交人员监交,这里的监交人员是指企业财务负责人。

任务二　出纳工作交接的过程

【实训目的】

通过本节课的学习,学生能够了解出纳工作交接的过程。

【知识储备】

一、交接准备

交接准备分为以下六个方面:

(1) 将已经受理的经济业务处理完毕。

(2) 将尚未登记账目的登记完毕,结出余额,并在最后一笔余额后加盖出纳人员名章。

(3) 整理应该移交的各种资料,对未了事项和遗留问题要写出书面说明材料。

(4) 编制移交清册,将要办理移交的账簿、印鉴、现金、有价证券、支票簿、发票、文件、其他物品等内容列清;实行电算化的单位,移交人员还应在移交清册上列明会计软件及密码、数据盘磁带等内容。

(5) 出纳账与现金和银行存款总账核对相符,现金日记账余额要与库存现金一致,银行存款日记账金额要与银行对账单一致。

(6) 在现金和银行存款日记账扉页的启用表上填写移交日期,并加盖名章。

二、移交过程

出纳人员离职前必须将本人经管的会计工作,在规定的期限内,全部向接替人员移交清楚。接替人员应认真按照移交清册逐项点收,具体要求如下:

(1) 库存现金要根据日记账余额当面点交,不得短缺,接替人员发现不一致或"白条抵库"现象时,移交人员应在规定的期限内负责查清。

(2) 有价证券要根据备查簿余额进行点收,若出现有价证券面额与发行价不一致,要按账面金额交接。

(3) 出纳账和其他会计资料必须完整无缺,不得遗漏。如有短缺,须查明原因,并在移交清册上注明由移交人负责。

(4) 银行存款账户要与银行对账单核对一致,出纳人员在办理交接前,须向银行申请打印对账单,如存在有未达账项,还需编制银行存放余额调节表进行调整。

(5) 接交人员按移交清册点收应由出纳人员保管的其他财产物资,如财务章、人名章、收据、空白支票、科目印章、支票专用章等。

（6）实行电算化的单位，交接双方应在电子计算机上对有关数据进行实际操作，确认有关数据无误后，方可交接。

三、交接后有关事宜

交接后的有关事宜如下：

（1）出纳工作交接完毕后，交接双方和监交人员要在移交清册上签名盖章，要在出纳交接表上注明单位名称、交接日期、交接双方和监交人员的职务、姓名、出纳交接表页数及需要说明的问题和意见等。

（2）接交人员应继续使用移交前的账簿，不得擅自另立账簿，以保证会计记录前后衔接，内容完整。

（3）出纳交接表填制一式三份，交接双方各持一份，存档一份，如图8-1所示。

出纳交接表

公司名称：　　　　　　　　　　　　　　　　　　　　　年　月　日

姓名		岗位		交接时间	
出纳资料移交					
移交的项目				数量	接收人
出纳事项移交					
项目				金额	监交人	财务负责人

部门负责人：　　　　　　　　　　　部门领导：

　　　　　　年　月　日　　　　　　　　　　　　年　月　日

备注：

图8-1　出纳交接表

附 资料与单据

"深圳诚信电子科技有限公司"基本资料

企业名称	深圳诚信电子科技有限公司				
企业类型	有限责任公司（一般纳税人）				
会计制度	企业会计准则				
经营范围	生产、销售电器等电子产品				
单位地址	深圳市宝安区航城街道学子路4号				
电话	0755-79763614		法人代表		马山
统一社会信用代码	91440303M736049383		邮政编码		518128
基本存款账户	开户行：中国工商银行深圳宝安支行，账号：4623073198325156901 行号：468896301768，地址：深圳宝安区辰阳路422号				
会计主管	刘凯心	会计	马玉	出纳	李芳芳
销售主管	梁梓阳	采购主管	赵立松	仓库主管	朱少华
生产主管	杨国军	行政主管	王丽		
马山身份资料	身份证号码：445223197912236155，发证机关：深圳市宝安西乡分局				
刘凯心身份资料	身份证号码：445223198508225106，发证机关：深圳市宝安沙井分局				
马玉身份资料	身份证号码：445223198706186121，发证机关：深圳市宝安共乐分局				
李芳芳身份资料	身份证号码：445223199202280025，发证机关：深圳市宝安共乐分局				

中国工商银行 股份有限公司印鉴卡

No：49941878321985

户　名	深圳诚信电子科技有限公司	账　号	4623073198325156901
地　址	深圳市宝安区航城街道学子路4号	币　种	人民币
联系人	李芳芳	账户性质	基本账号
联系电话	0755-79763614	是否通兑	☑通兑　　□不通兑

预留银行签章式样：（深圳诚信电子科技有限公司印章、马山印章、深圳诚信电子科技有限公司财务专用章）

使用说明：

启用日期　2023 年 11 月 01 日
注销日期　　　年　　月　　日

网店经办：　　　网店复核：　　　建库经办：　　　建库复核：

"深圳瑞致食品有限公司"基本资料

企业名称	深圳瑞致食品有限公司				
企业类型	有限责任公司（一般纳税人）				
会计制度	企业会计准则				
经营范围	生产、销售糖果等商品				
单位地址	深圳市宝安区光明街道200号				
电话	0755-22313130		法人代表		陈媛媛
统一社会信用代码	91440304M364886990		邮政编码		518107
基本存款账户	开户行：中国工商银行宝安支行，账号：8935430773328758433 行号：946998325089，地址：深圳宝安区辰建路470号				
会计主管	杨伟强	会计	张竣威	出纳	黄小丹
销售主管	王浩宇	采购主管	胡婉萍	仓库主管	何海
生产主管	林乙轩	行政主管	陈帅		
陈媛媛身份资料	身份证号码：445223198306176269，发证机关：深圳市宝安西乡分局				
杨伟强身份资料	身份证号码：445223198506224571，发证机关：深圳市宝安沙井分局				
张竣威身份资料	身份证号码：445223199001153479，发证机关：深圳市宝安共乐分局				
黄小丹身份资料	身份证号码：445223199504167245，发证机关：深圳市宝安共乐分局				

中国工商银行 股份有限公司印鉴卡

No：47487430443782

户　名	深圳瑞致食品有限公司	账　号	8935430773328758433
地　址	深圳市宝安区光明街道200号	币　种	人民币
联系人	黄小丹	账户性质	基本账户
联系电话	0755-22313130	是否通兑	☑通兑　☐不通兑

预留银行签章式样

使用说明

启用日期	年　月　日
注销日期	年　月　日

网店经办：　　　网店复核：　　　建库经办：　　　建库复核：

教材空白单据练习

现金送存业务：

中国工商银行 现金缴款单

入账日期：
地区号：035344　　　时间：11:00:00
收款人户名：
收款人账号：
收款人开户行：
币种：人民币(本位币)　　　金额(小写)：
金额(大写)：
摘要：　　　　　　　　　渠道：
交易机构号：985884　　　记账柜员：30808　　　交易代码：2595
缴款人：　　　券别：　　　张数：　　　券别：　　　张数：

客户填写	收款人户名				收款人开户行										
	收款人账号														
	缴　款　人				款项来源										
	币种(√)	人民币□	大写：			亿	千	百	十	万	千	百	十	元	角	分
		外币□														
	券别	100元	50元	20元	10元	5元	2元	1元		辅币(金额)						

01003016G　210×148mm

现金提取业务：

现金支票登记簿

日期	用途	支票号	单位名称	金额	经办人	备注

填写借支单：

填写收款收据：

| 收 款 收 据 | NO.0820972 |

年　　月　　日

今 收 到 ＿＿＿＿＿＿＿＿＿＿＿＿＿＿＿＿＿＿＿＿＿＿＿

交　 来　＿＿＿＿＿＿＿＿＿＿＿＿＿＿＿＿＿＿＿＿＿＿＿

金额（大写）　　　拾　万　仟　佰　拾　元　角　分

￥＿＿＿＿＿＿＿＿＿　　　　收款单位（公章）

核准　　　会计　　　记账　　　出纳　　　经办人

第一联 存根

填写费用报销单：

费 用 报 销 单

报销部门：　　　　　　　　年　月　日填　　单据及附件共＿＿＿页

用　　　途	金额（元）	备注
		部门审核
		领导审批
合　　　计		

金额大写：　拾　万　仟　佰　拾　元　角　分　　原借款：＿＿元　　应退余款：＿＿元

会计主管　　　　会计　　　　出纳　　　　报销人　　　　领款人

销售日报表的填写：

深圳诚信电子科技有限公司销售日报表

填表日期：　　年　月　日

销售日期	存货编码	货品名称	规格型号	单位	数量	单价	金额
合计							

填写库存现金盘点表：

库存现金盘点表

年　　月　　日　　　　　　　　单位：元

票面额	张数	金额	票面额	张数	金额
壹佰元			伍　角		
伍拾元			贰　角		
贰拾元			壹　角		
拾　元			伍　分		
伍　元			贰　分		
贰　元			壹　分		
壹　元			合　计		

现金日记账账面余额：

差额：

处理意见：

审批人(签章)：　　　　　监盘人(签章)：　　　　　盘点人(签章)：

现金支票支付业务：

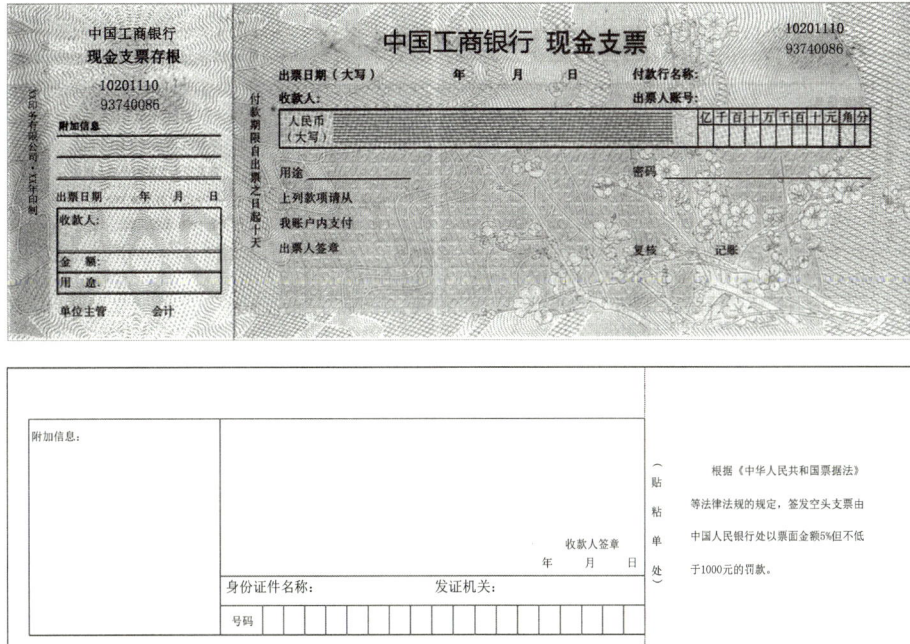

转账支票付款业务：

转账支票收款业务：

银行本票支付业务：

中国工商银行 本票申请书				
申请日期： 年 月 日			第 号	
申请人		收款人		
账号或地址		账号或住址		
用途		代理付款行		
汇款金额	人民币（大写）		亿千百十万千百十元角分	
上列款项请从我账号内支付。		科目 _____ 对方科目 _____		
申请人签章		财务主管 复核 经办		

此联汇款人留存

付款期限 个月	中国工商银行 本 票	2	10201170 00480822
	出票日期（大写） 年 月 日		第 号
收款人：		申请人：	
凭票即付 人民币（大写） 转账 □ 现金 □		￥	
备注：			
	出票行签章	出纳 复核 经办	

此联出票行结清本票时间作借方凭证

银行本票收款业务：

被背书人	被背书人	（粘贴单处）
背书人签章 年　月　日	背书人签章 年　月　日	
持票人向银行 提示付款签章：	身份证件名称：　　发证机关： 号　码	

中国工商银行 进账单（回　　单）　1　　№ 15111046

出票人	全　称		收款人	全　称		此联是开户银行交给持（出）票人的回单
	账　号			账　号		
	开户银行			开户银行		
金额	人民币 （大写）				亿千百十万千百十元角分	
票据种类		票据张数				
票据号码						
复核　　记账				开户银行签章		

- -

银行汇票支付业务：

中国工商银行　汇票申请书

申请日期：　　年　月　日　　　　　　第　号

申请人		收款人			
账号或地址		账号或住址			
用途		代理付款行			
汇款金额	人民币 （大写）			亿千百十万千百十元角分	此联汇款人留存
上列款项请从我账号内支付。		科目 对方科目 _____			
申请人签章		财务主管　　复核　　经办			

中国工商银行

银 行 汇 票 (卡片)

10201140
28170197

1

出票日期（大写）	年 月 日		
	代理付款行：	行号：	

收款人：

出票金额 人民币（大写）

实际结算金额 人民币（大写）

| 亿 | 千 | 百 | 十 | 万 | 千 | 百 | 十 | 元 | 角 | 分 |

申请人：_____ 账号：_____

出票行：_____ 行号：_____

备 注：_____

凭票付款

出票人签章

提示付款期限自出票之日起一个月

此联出票行结清汇票时作汇出汇款借方凭证

复核： 记账：

银行汇票收款业务：

被背书人	被背书人
背书人签章 年 月 日	背书人签章 年 月 日

| 持票人向银行提示付款签章： | 身份证件名称： 发证机关：
号 码 |

（粘贴单处）

中国工商银行 进账单（回 单）

年 月 日   № 89791692

1

出票人	全 称		收款人	全 称	
	账 号			账 号	
	开户银行			开户银行	

| 金额 | 人民币（大写） | | 亿 千 百 十 万 千 百 十 元 角 分 |

| 票据种类 | | 票据张数 | |
| 票据号码 | | | |

复核 记账   开户银行签章

此联是开户银行交给持（出）票人的回单

银行承兑汇票支付业务：

银行承兑汇票承兑协议

编号：215578

出票人全称：
开户银行：
账号：

收款人全称：
开户银行：
账号：

汇票金额（大写）：人民币＿＿＿＿＿＿＿＿＿＿＿＿＿＿＿＿＿
签发日期：＿＿＿年＿＿月＿＿日
到期日期：＿＿＿年＿＿月＿＿日

以上汇票经承兑银行承兑，承兑申请人（下称申请人）愿遵守《支付结算办法》的规定及下列条款：
1. 申请人于汇票到期日期将应付票款足额交存承兑银行。
2. 承兑手续费按票面金额万分之（5）计算，在银行承兑时一次付清。
3. 承兑汇票如发生任何交易纠纷，均由收付双方自行处理。票款于到期前仍按第一条办理不误。
4. 承兑汇票到期日，承兑银行凭票无条件支付票款。如到期日之前申请人不能足额交付票款时，承兑银行对不足支付部分的票款转作承兑申请人逾期贷款，并按照有关规定计收罚息。
5. 承汇票款付清后，本协议始自动失效。本协议第一联和第二联分别由承兑银行信贷部门和承兑申请人存执，协议副本由会计部门存查。

承兑银行（公章）   承兑申请人（公章）

法定代表人（或授权代理人）：   法定代表人（或授权代理人）：

中国工商银行 银行承兑汇票　（卡　片）　1

10201150
37237546

出票日期（大写）　　年　　月　　日

出票人	全称		收款人	全称	
	出票人账号			账号	
	付款行全称			开户银行	

出票金额	人民币（大写）	亿千百十万千百十元角分

汇票到期日（大写）		付款行	行号	
承兑协议编号			地址	

本汇票请你行承兑，此项汇款我单位按承兑协议于到期日前足额交存你行，到期请予以支持。

出票人签章　　　备注：　　　复核　　　记账

此联承兑行留存备查，到期支付票款时做借方凭证附件

商业承兑汇票支付业务：

中国工商银行 商业承兑汇票 （卡 片） 1					10201160　20630207
	出票日期（大写）	年	月	日	

付款人	全　称		收款人	全　称												此联承兑人留存
	账　号			账　号												
	开户银行			开户银行												
出票金额	人民币（大写）				亿	千	百	十	万	千	百	十	元	角	分	
汇票到期日（大写）			付款人开户行	行号												
交易合同号码				地址												

出票人签章

编制银行余额调节表：

银行存款余额调节表

编制单位：　　　　　　　　　　年　月　日　　　　　　　　　　单位：元

项目	金额	项目	金额
企业银行存款日记账余额		银行对账单余额	
加：银行已收、企业未收的款项合计		加：企业已收、银行未收的款项合计	
1.		1.	
2.		2.	
3.		3.	
减：银行已付、企业未付的款项合计		减：企业已付、银行未付的款项合计	
1.		1.	
2.		2.	
3.		3.	
调节后余额		调节后余额	

现金日记账的登记：

现金日记账

年		记账凭证		对方科目	摘要	借方									贷方									√	余额								
月	日	字	号			千	百	十	万	千	百	十	元	角	分	千	百	十	万	千	百	十	元	角	分	千	百	十	万	千	百	十	元	角	分

银行存款日记账的编制：

开户行：
账号：

银行存款日记账

年		记账凭证		对方科目	摘要	结算凭证		借方										贷方										√	余额									
月	日	字	号			种类	号码	千	百	十	万	千	百	十	元	角	分	千	百	十	万	千	百	十	元	角	分		千	百	十	万	千	百	十	元	角	分

同步训练空白单据练习

现金送存业务：

中国工商银行 现金缴款单

入账日期：
地区号：282006　　　时间：
收款人户名：
收款人账号：
收款人开户行：
币种：人民币(本位币)　　　金额（小写）：
金额（大写）：
摘要：　　　　　　　　　　渠道：
交易机构号：132446　　记账柜员：55674　　交易代码：4061
缴款人：　　　券别：　　张数：　　券别：　　张数：

客户填写：

收款人户名													
收款人账号					收款人开户行								
缴款人					款项来源								
币种 人民币 □ 外币：		大写：				亿	千	百	十	万	千	百	十 元 角 分
券别	100元	50元	20元	10元	5元	2元	1元				辅币（金额）		

0100301GG　210×148mm

现金提取业务：

现金支票登记簿

日期	用途	支票号	单位名称	金额	经办人	备注

附　资料与单据

填写借支单：

借　支　单

　　　　　　　　　　年　月　日　　　　　　　部门：

借支人姓名		职　务	
借支事由			
人民币（大写）		￥	
核准	会计	出纳	借支人

填写收款收据：

收　款　收　据　NO.3663709

今收到 _____

交　来 _____

金额（大写）　拾　万　仟　佰　拾　元　角　分

¥ _____　　收款单位（公章）

核准　　　会计　　　记账　　　出纳　　　经办人

第一联　存根

年　月　日

填写费用报销单：

费 用 报 销 单

报销部门：_____　　年　月　日 填　　单据及附件共_____页

用　　　　途	金额（元）	备注	部门审核	领导审批
合　　计				

金额大写：　拾　万　仟　佰　拾　元　角　分　原借款：____元　应退余款：____元

会计主管　　　　会计　　　　出纳　　　　报销人　　　　领款人

销售日报表的填写：

深圳瑞致食品有限公司销售日报表

填表日期：　　年　　月　　日

销售日期	存货编码	货品名称	规格型号	单位	数量	单价	金额
合计							

填写库存现金盘点表：

库 存 现 金 盘 点 表

年　　月　　日　　　　　　　　　单位：元

票面额	张数	金额	票面额	张数	金额
壹佰元			伍　角		
伍拾元			贰　角		
贰拾元			壹　角		
拾　元			伍　分		
伍　元			贰　分		
贰　元			壹　分		
壹　元			合　计		

现金日记账账面余额：

差额：

处理意见：

审批人(签章)：　　　　　监盘人(签章)：　　　　　盘点人(签章)：

现金支票支付业务：

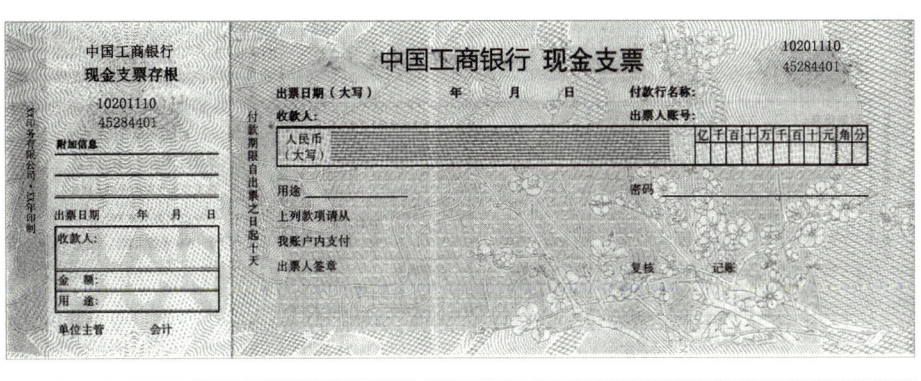

转账支票付款业务：

转账支票收款业务：

银行本票支付业务：

中国工商银行 本票申请书

| 申请日期： 年 月 日 | 第 号 |

申请人		收款人	
账号或地址		账号或住址	
用途		代理付款行	
汇款金额	人民币（大写）	亿千百十万千百十元角分	

上列款项请从我账号内支付。

科目 _____
对方科目 _____

申请人签章　　财务主管　　复核　　经办

此联汇款人留存

中国工商银行 本票

付款期限 个月

2　10201170
03372161

出票日期（大写）　年　月　日　　第　号

收款人：	申请人：
凭票即付 人民币（大写）	￥
转账 □　现金 □	
备注：	

出票行签章　　出纳　　复核　　经办

此联出票行结清本票时间作借方凭证

银行本票收款业务：

被背书人	被背书人	
背书人签章 年　月　日	背书人签章 年　月　日	（粘贴单处）
持票人向银行 提示付款签章：	身份证件名称：　　发证机关： 号　码	

中国工商银行 进账单（回单） 1　№ 91819955
年　月　日

出票人	全称		收款人	全称		亿千百十万千百十元角分
	账号			账号		
	开户银行			开户银行		
金额	人民币（大写）					
票据种类		票据张数				
票据号码						
	复核　　记账			开户银行签章		

此联是开户银行交给持（出）票人的回单

银行汇票支付业务：

中国工商银行　汇票申请书

申请日期：　年　月　日　　　　第　号

申请人		收款人		
账号或地址		账号或住址		
用途		代理付款行		
汇款金额	人民币（大写）		亿千百十万千百十元角分	
上列款项请从我账号内支付。	科目 对方科目			
申请人签章	财务主管　复核　经办			

此联汇款人留存

中国工商银行 银行汇票（卡片）

10201140
38945961

1

出票日期（大写）： 年 月 日
代理付款行： 行号：
收款人：
出票金额 人民币（大写）
实际结算金额 人民币（大写）
亿千百十万千百十元角分

申请人：
出票行： 行号：
备注：
凭票付款
出票人签章

复核： 记账：

提示付款期限自出票之日起一个月

此联出票行结清汇票时作汇出汇款借方凭证

银行汇票收款业务：

被背书人	被背书人
背书人签章 年 月 日	背书人签章 年 月 日

持票人向银行提示付款签章：

身份证件名称： 发证机关：
号码

（粘贴单处）

中国工商银行 进账单（回单）

年 月 日 1 № 95845452

出票人：全称 账号 开户银行
收款人：全称 账号 开户银行
金额：人民币（大写） 亿千百十万千百十元角分

票据种类 票据张数
票据号码

复核 记账 开户银行签章

此联是开户银行交给持（出）票人的回单

银行承兑汇票支付业务：

银行承兑汇票承兑协议

编号：223565

出票人全称：
开户银行：
账号：

收款人全称：
开户银行：
账号：

汇票金额（大写）：人民币＿＿＿＿＿＿＿＿＿＿＿＿＿＿＿＿
签发日期：＿＿年＿月＿日
到期日期：＿＿年＿月＿日

以上汇票经承兑银行承兑，承兑申请人（下称申请人）愿遵守《支付结算办法》的规定及下列条款：

1. 申请人于汇票到期日期将应付票款足额交存承兑银行。
2. 承兑手续费按票面金额万分之（5）计算，在银行承兑时一次付清。
3. 承兑汇票如发生任何交易纠纷，均由收付双方自行处理。票款于到期前仍按第一条办理不误。
4. 承兑汇票到期日，承兑银行凭票无条件支付票款。如到期日之前申请人不能足额交付票款时，承兑银行对不足支付部分的票款转作承兑申请人逾期贷款，并按照有关规定计收罚息。
5. 承汇票款付清后，本协议始自动失效。本协议第一联和第二联分别由承兑银行信贷部门和承兑申请人存执，协议副本由会计部门存查。

承兑银行（公章）   承兑申请人（公章）

法定代表人（或授权代理人）：   法定代表人（或授权代理人）：

中国工商银行 银行承兑汇票 （卡 片） **1**

10201150
87489455

出票日期　　　　年　　月　　日
（大写）

出票人全称		收款人	全称	
出票人账号			账号	
付款行全称			开户银行	

出票金额　人民币（大写）　　　　　　　亿千百十万千百十元角分

汇票到期日（大写）		付款行	行号
承兑协议编号			地址

本汇票请你行承兑，此项汇款我单位按承兑协议于到期日前足额交存你行，到期请予以支持。

出票人签章　　　　备注：　　　　复核　　记账

此联承兑行留存备查，到期支付票款时做借方凭证附件

商业承兑汇票支付业务：

中国工商银行 商业承兑汇票 （卡 片）				1	10201160 66745237
出票日期（大写） 年 月 日					

付款人	全 称		收款人	全 称	
	账 号			账 号	
	开户银行			开户银行	

出票金额	人民币（大写）		亿千百十万千百十元角分

汇票到期日（大写）		付款人开户行	行号	
交易合同号码			地址	

出票人签章

此联承兑人留存

编制银行余额调节表：

银行存款余额调节表

编制单位： 年 月 日 单位：元

项目	金额	项目	金额
企业银行存款日记账余额		银行对账单余额	
加：银行已收、企业未收的款项合计		加：企业已收、银行未收的款项合计	
1.		1.	
2.		2.	
3.		3.	
减：银行已付、企业未付的款项合计		减：企业已付、银行未付的款项合计	
1.		1.	
2.		2.	
3.		3.	
调节后余额		调节后余额	

现金日记账的登记：

现金日记账

年		记账凭证	对方科目	摘要	借方	贷方	√	余额
月	日	字 号			千百十万千百十元角分	千百十万千百十元角分		千百十万千百十元角分

银行存款日记账的编制：

开户行：
账号：

银行存款日记账

年		记账凭证	对方科目	摘要	结算凭证		借方	贷方	√	余额
月	日	字 号			种类	号码	千百十万千百十元角分	千百十万千百十元角分		千百十万千百十元角分

空白记账凭证

空白记账凭证

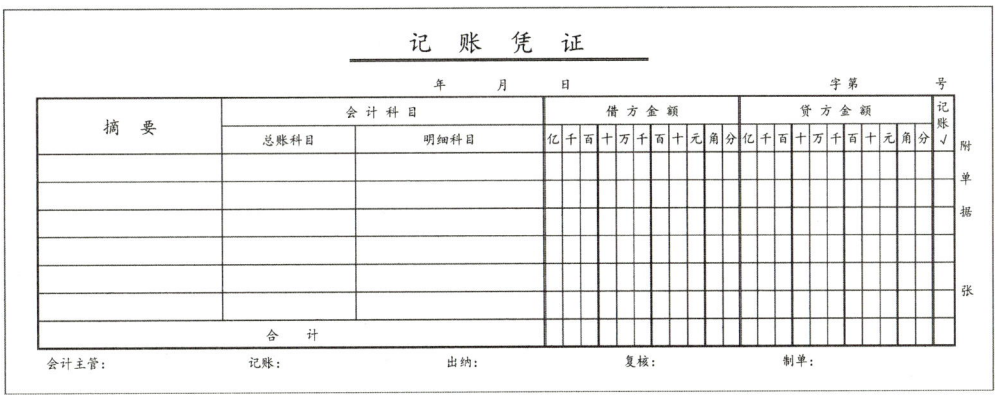

空白记账凭证

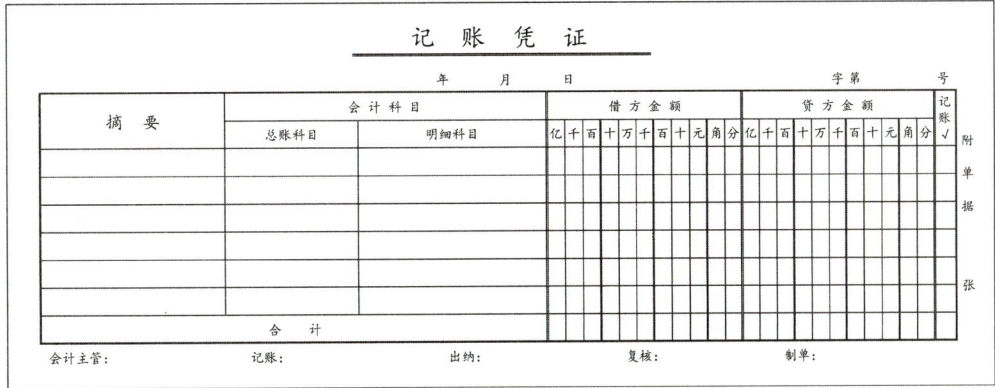

空白记账凭证

空白记账凭证

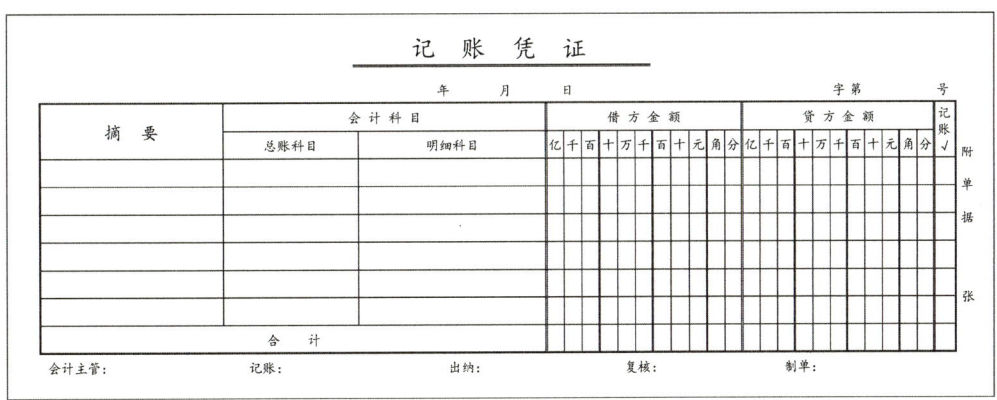

空白记账凭证

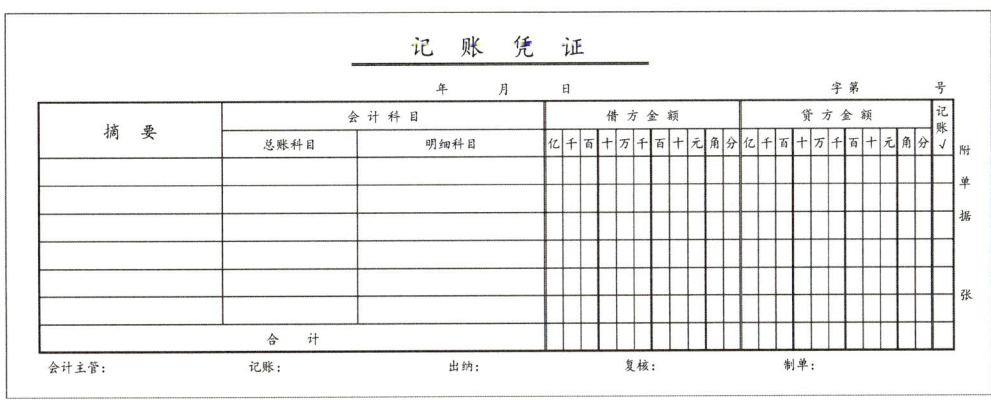

空白记账凭证

空白记账凭证

摘要	会计科目		借方金额									贷方金额									记账√
	总账科目	明细科目	亿	千	百	十	万	千	百	十	元	角	分	亿	千	百	十	万	千	百	十	元	角	分	

记账凭证 年 月 日 字第 号
合计
会计主管：　记账：　出纳：　复核：　制单：

空白记账凭证

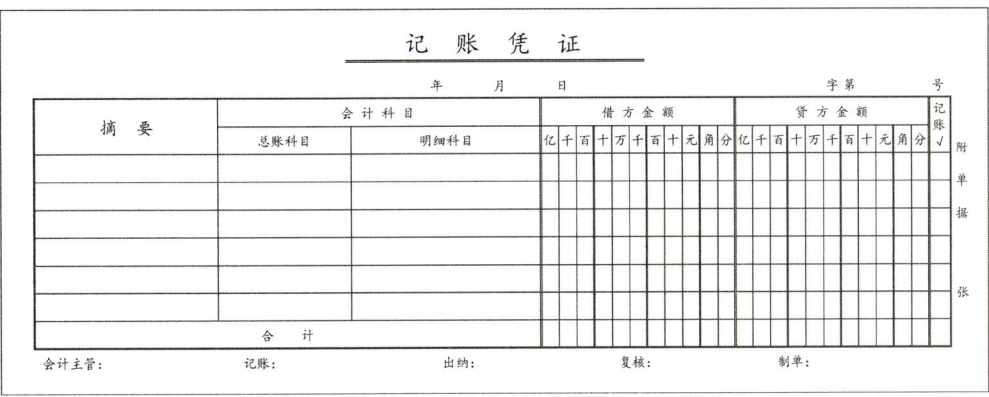

空白记账凭证

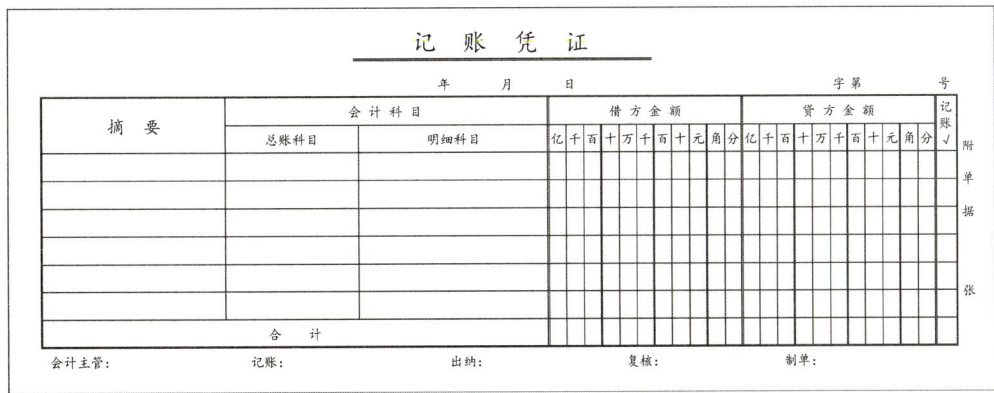

空白记账凭证

空白记账凭证

空白记账凭证

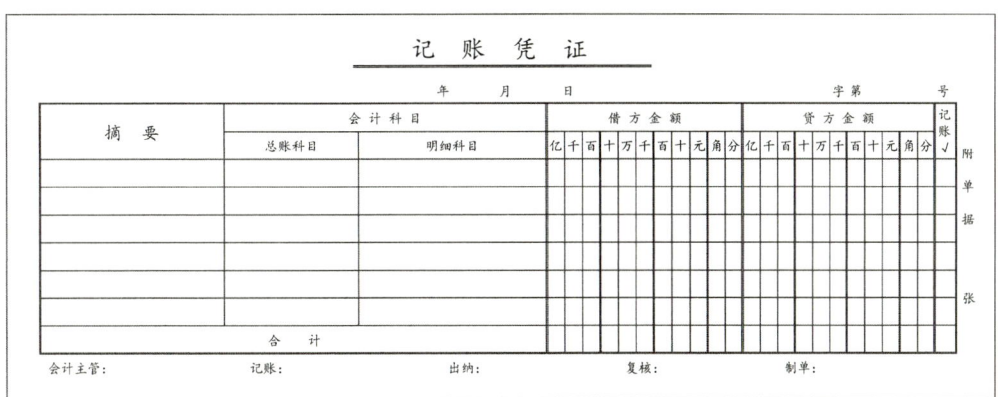

空白记账凭证

摘要	会计科目		借方金额										贷方金额										记账√
	总账科目	明细科目	亿	千	百	十	万	千	百	十	元	角	分	亿	千	百	十	万	千	百	十	元	角	分	

记账凭证　年　月　日　　字第　号
合　计
会计主管:　　记账:　　出纳:　　复核:　　制单:

空白记账凭证

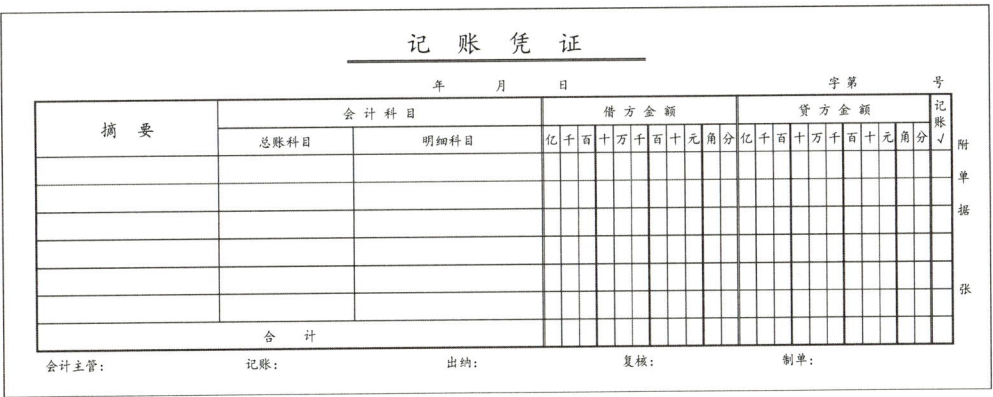

空白记账凭证

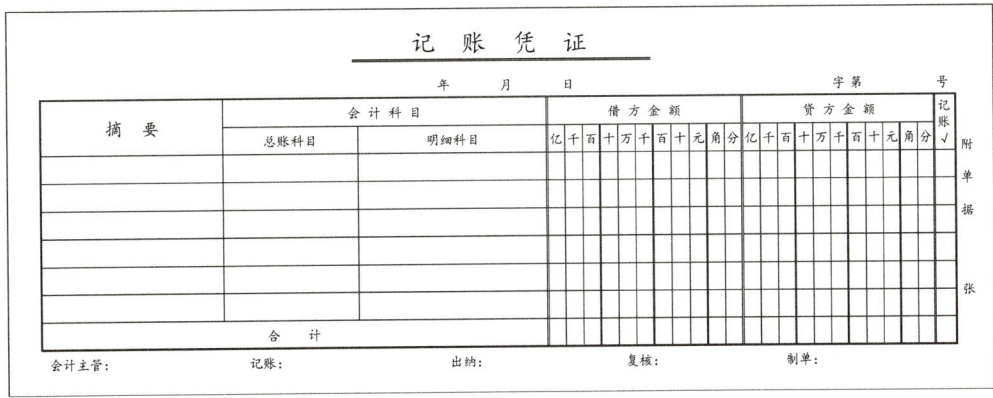

空白记账凭证

摘要	会计科目		借方金额									贷方金额									记账√
	总账科目	明细科目	亿	千	百	十	万	千	百	十	元	角	分	亿	千	百	十	万	千	百	十	元	角	分	

记账凭证　　年　月　日　　字第　号　　合计
会计主管：　记账：　出纳：　复核：　制单：

空白记账凭证

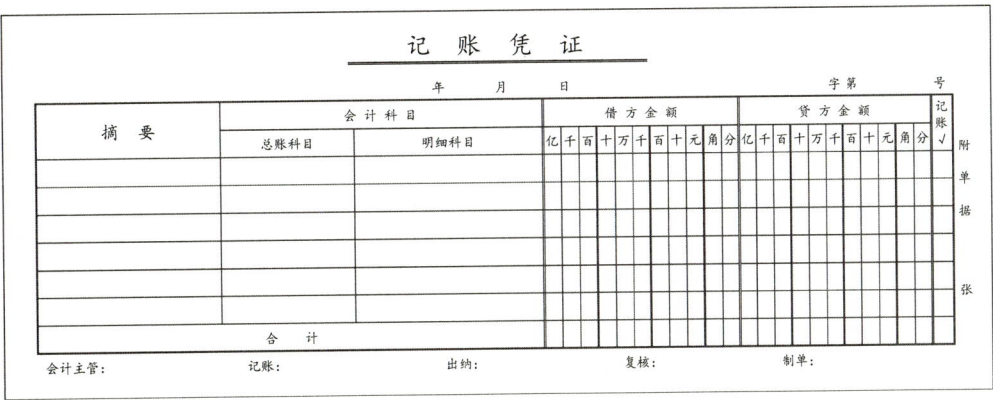

空白记账凭证

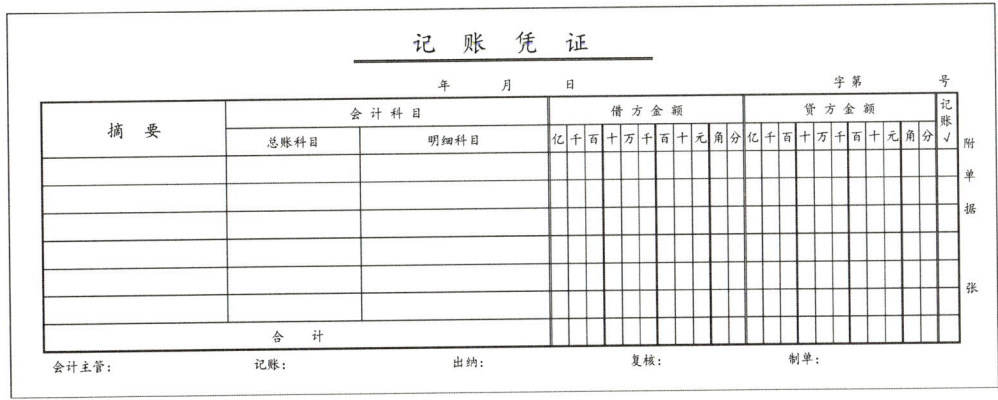

附　资料与单据

空白记账凭证

空白记账凭证

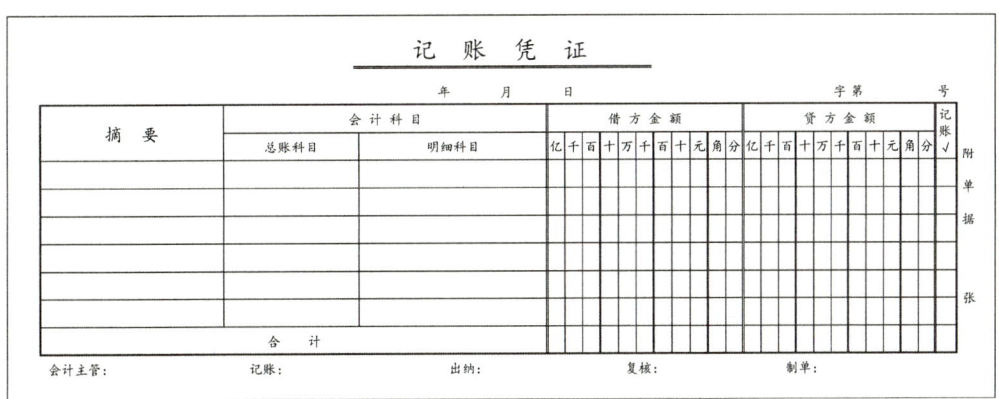

空白记账凭证

空白记账凭证

空白记账凭证

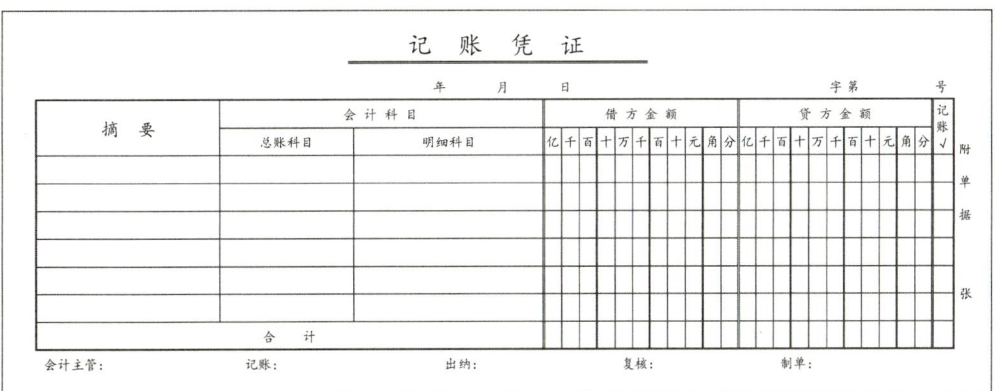

空白记账凭证

空白记账凭证

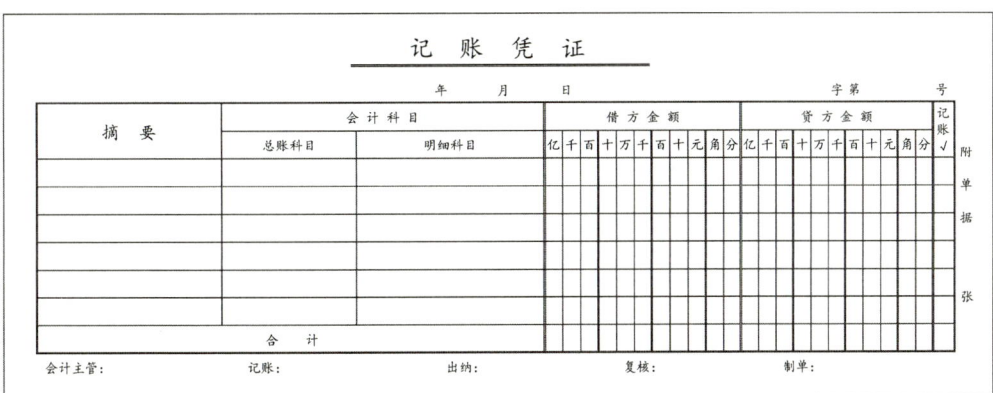

空白记账凭证

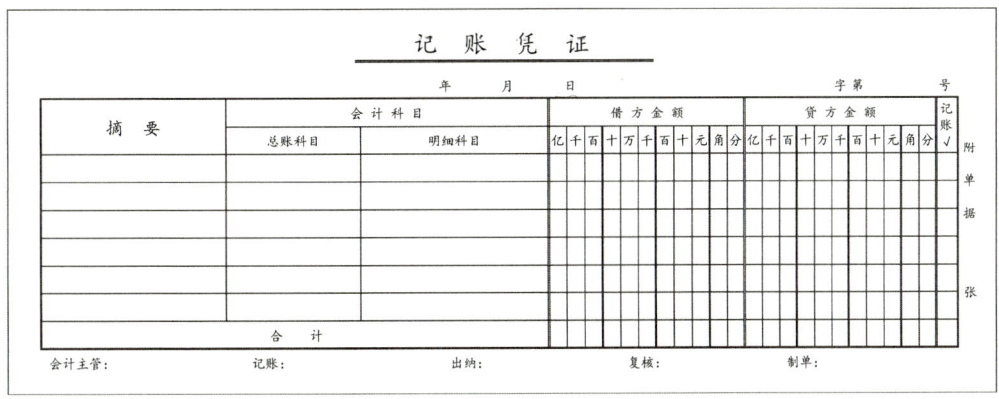

空白记账凭证

空白记账凭证

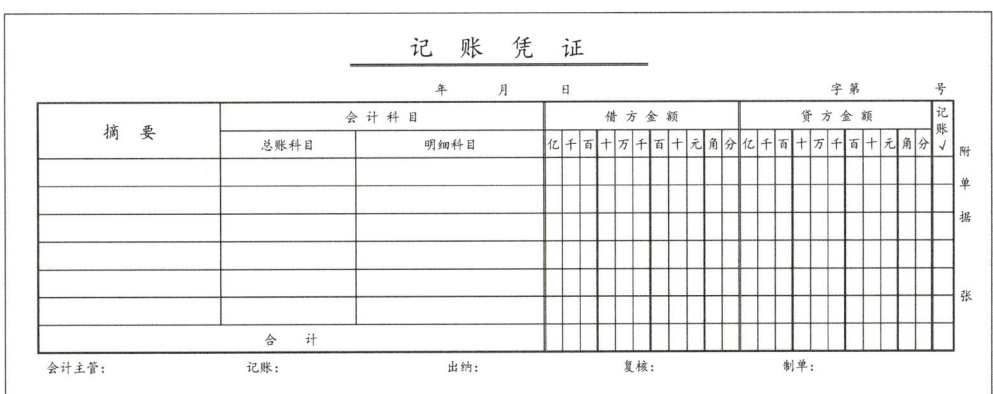

空白记账凭证

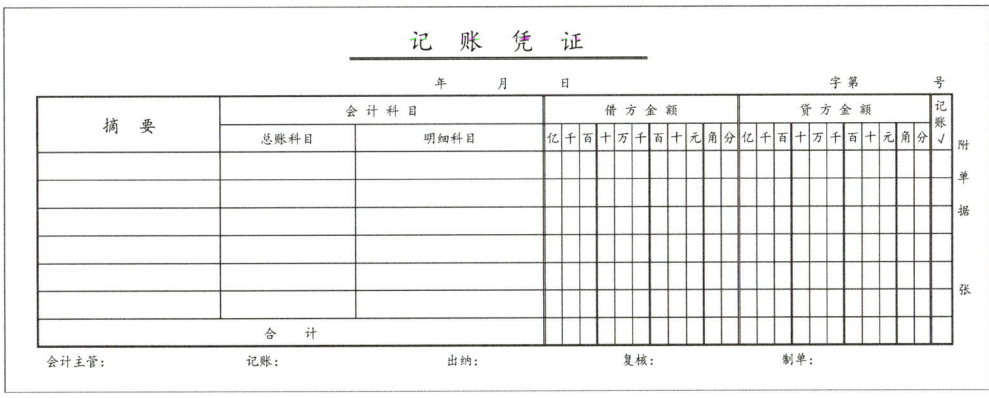

空白记账凭证